明德京華録

陶襄萍 ◎ 主　编

于淑敏　刘会军 ◎ 副主编

河南大学出版社
HENAN UNIVERSITY PRESS
·郑州·

图书在版编目(CIP)数据

明德京华录 / 陶襄萍主编. —郑州:河南大学出版社,2023.11
ISBN 978-7-5649-5313-3

Ⅰ.①明… Ⅱ.①陶… Ⅲ.①河南大学-校友-纪念文集 Ⅳ.①G649.286.2-53

中国版本图书馆 CIP 数据核字(2022)第163099号

明德京华录
MINGDE JINGHUALU

责任编辑 马　博　杨国安
责任校对 王　珂　展文婕
封面设计 李晓辉
书名题字 孟云飞
封底书法 王刘纯

出　版	河南大学出版社
	地址:郑州市郑州东新区商务外环中华大厦2401号
	邮编:450046
	电话:0371-86059701(营销部)
	0371-22860116(南方出版中心)
	网址:hupress.henu.edu.cn
排　版	金点图文设计有限公司
印　刷	郑州印之星印务有限公司
版　次	2023年11月第1版　　　印　次　2023年11月第1次印刷
开　本	787 mm×1092 mm　1/16　印　张　18.75
字　数	266千字　　　　　　　　定　价　88.00元

(本书如有印装质量问题,请与河南大学出版社营销部联系调换)

编 委 会

名誉主编 王立群　岳光鑫　李运筹
　　　　　　万伯翱　张志和

编　　委（按姓氏笔画排列）
　　　　　　于　洪　于淑敏　万伯翱
　　　　　　王立群　王刘纯　王清池
　　　　　　王瑞芳　刘会军　汤湘伦
　　　　　　李水仙　杨　奕　杨英军
　　　　　　肖　红　张志和　易　虹
　　　　　　金　勇　郑新奇　孟云飞
　　　　　　赵要风　郝文勉　骆春丽
　　　　　　陶襄萍　解志熙

序一

继往开来扬辉光

《明德京华录》为河南大学北京校友会献礼母校建校110周年的公益书籍,欣闻这一承载校友深情厚谊的图书即将付梓,作为一名见证了北京校友会创建与发展的老河大人,我内心充满温暖和感动。

2022年9月25日,是河南大学建校110周年纪念日,为此,河南大学校友总会倡议"五个一"活动,即一段祝福、一段回忆、一组文章、一份名录、一份礼物,用实际行动共庆母校华诞。北京校友会踊跃响应,迅速行动,以此为契机,广泛团结校友,发挥校友专业优势,创新性地拓展校庆工作,开展了校友之歌创作系列(音视频)、校庆雕塑献礼系列、校庆祝福寄语创作与征集,纪念书籍系列《明德京华录》(口述历史与回忆录)编撰等公益活动。

《明德京华录》浓缩了在京历届学子对母校的感恩和祝福。本书最大的特色和亮点是以口述历史的方式对河南大学创校先贤的后人和知名校友的后人进行了延展性访谈,挖掘、记录、留存了许多罕为人知的历史细节,是难得的珍贵史料,为河南大学的文脉传承增添了独特而多维的视角和丰富生动的注脚。

2022年,河南大学建校110周年,也适逢北京校友会成立30周年。作为河南大学规模最大、最重要的地方校友组织之一,北京校友会牢记公益初心,充分发挥桥梁与情感纽带作用,为校友志愿者创建了奉献、友爱、互助、进步的公益平台。在学校校友总会和广大校友的全力支持下,北京校友会创新实干、踔厉奋发,薪火相传,成绩斐然。

北京校友济济一堂,藏龙卧虎,人才辈出,群英荟萃。广大在京校友与祖国同呼吸、共命运,始终铭记"明德新民,止于至善"的校训,追梦星辰大海,平凡蕴蓄精彩。校友们在各自岗位上辛勤耕耘、勇于拼搏,用汗水与智慧书写人生篇章,取得了令人瞩目的辉煌成就,演绎着不懈奋斗的励志故事,展示了河大人砥砺前行的美好形象,为首都建设提供了河大智慧,为母校出彩贡献了校友力量!

北京校友会机构健全,组织活动精彩纷呈。主要设立了常务理事会与秘书处,成立了各专业分会,搭建了各专业微信交流平台,组织了校友芳华艺术团(合唱团、模特队)、明德书法社、读书会、健身团、明德健康讲堂与科研实践团队等,利用业余时间举办了丰富多彩的公益活动,例如新春年会与迎新活动、科普讲座、联谊沙龙等,逐步建立了老中青校友志愿者队伍,并设立了人才梯队组织建设机制,以更好地服务校友,服务母校,服务社会。河南大学90周年校庆,北京校友会向母校献礼了"京友石";100周年校庆,北京校友会为母校献礼了"京友林"与"京友亭"及"校友通讯录"……赢得母校师生和各地校友的好评。

110周年校庆之际,北京校友会精心组织,群策群力,为母校献上了数样厚礼:两首原创歌曲(音视频)——校友之歌《我的大学》《我的母校》;两座《大河泱泱》纪念雕塑,一座位于郑州校区友兰学堂,一座位于开封明伦校区校史馆;校友巨幅书法作品《中华颂》,校庆寄语书法作品(甲骨文),以及特制校庆文化衫;即将出版的公益纪念书籍《明德京华录》。

"大河泱泱,桃李芬芳,明德新民,国家栋梁",这是北京校友会为母校110周年校庆创作的祝福寄语,凝聚了广大校友的赤子情怀,更是新时代河大人的使命担当。希望广大校友充分利用各自的资源和优势,继续支持母校的"双一流"建设,为百年名校振兴持续助力。

站在新的历史起点,使命光荣而艰巨,任重而道远。全体河大人将齐心协力,团结奋斗,在解放思想中深化改革,在开拓创新中谋求发展,在真抓实干中提升质量,以创新引领未来,为教育振兴、科技创新、文化传承、社会进步和人类文明作出更大贡献。

母校是校友们的温暖港湾和精神家园,校友是母校的情感牵挂和珍贵财富,亲爱的校友们,让我们携手同心,踔厉奋发,勇毅前行;让我们传承"明德新民,止于至善"的校训,发扬"百折不挠,自强不息"的精神,笃行不息,奋楫争先,"继往开来扬辉光"!

2023 年 9 月 16 日

序二

百十载风华正茂 始终与祖国共进步

今年是河南大学建校110周年。河南大学北京校友会为了庆祝母校建校110周年,专门编辑出版了这本《明德京华录》。作为一名在京老校友,我看了之后也勾起了对往事的回忆,为校友们的事迹而振奋,为校友们的精神而感动。

1912年,以林伯襄先生为代表的一批河南仁人先贤,睁眼看世界,创办了河南大学的前身——河南留学欧美预备学校——当时与清华学堂和上海公学并肩而立的三大留学培训基地之一。1925年,李大钊在河南大学作了《大英帝国主义侵略中国史》的演讲,大大激发了学生们的爱国热情。此后,河南大学经历了战争和动荡的考验,走过了不平凡的110年历程。

"嵩岳苍苍,河水泱泱。"河南现在有一亿人口,经济上位居全国第五,植根于中原沃土的河南大学,在中国和世界的大学中理应有一席之地。自改革开放以来,河南大学得到社会各界的支持,在各级领导和教职员工的辛勤付出下,终于得以飞跃式发展,取得了有目共睹的喜人成就。

在这喜迎校庆的日子里,我把心目中的"河大精神"总结为"海纳百川,百折不挠"。河大根植于中华文化的重要发源地——中原大地,在民国时期已经与海内外的各类学术机构展开广泛交往,剑桥大学博士李约瑟两次访问抗战中的河大,在《科学与民主》的演讲报告中高度评价中国文化和河南大学的成就。经历了新中国成立后"折枝成林"的阶段后,学校于1984年恢复河南大学校名,于2017年入选"双一流"建设高校,重返"国家队"。正如大海有浪峰也有波谷,但是终能汹涌澎湃。就像我们伟大的祖国,自古就是重要的世界文明国家之一,虽然经历了鸦片战争以来百年的耻辱,但终归走上了伟大的民族复兴之路。

鲁迅先生曾说,中国自古以来就有埋头苦干的人,有拼命硬干的人,有为民请命的人,有舍身求法的人。我想说,这些人里面必定有我们河大的人。这就是我们的底气,也是我们的动力。2005年,中央电视台《百家讲坛》栏目组来河南大学"海选",对河大印象深刻、赞叹有加,称赞"河南大学卧虎藏龙"。这其中,王立群教授等人就是杰出代表。他们默默耕耘,积蓄力量,当机会到来时,最终一鸣惊人,成为河大的骄傲。

我国自古以来就有京城"居大不易"的感叹。河大校友能够闯荡首都北京,并在各自的工作岗位上作出优异成绩,尤其令人感到敬佩。我相信,更多的"铁塔牌"毕业生,牢记校训,不懈奋斗,终能与母校河南大学相互成就。

河南大学北京校友会于1992年9月成立,今年恰好30周年。记得成立大会那天正好是教师节前的一个星期日,地点在教育部大院东侧"中山纪念堂"会议室。河南大学在京著名校友万伯翱、老校友、民政部原部长王国权同志,杰出校友、作家姚雪垠同志参加了当日的成立大会。当时有上百人参加了成立大会,我与宋德民校友分别当选为首任会长和秘书长。从此,河大校友在北京有了自己的精神家园。

北京校友会成立30年来,我们团结广大在京校友,在历年组织的公益活动中,追忆友情,出谋划策,共谋母校更好的发展。在母校110周年来临之际,校友会更是积极为这一隆重的庆典组织各种活动,大家发挥各级各届校友的学科优势,编撰书稿,谱写歌曲,创作雕塑,征集校友祝福。其中对学校创始人后代和著名校友后人的访谈,更是功德无量。这是我们回忆校史,缅怀先贤;这是我们对母校作出杰出贡献的前人的最好纪念。因时间关系,收入这本书的访谈录只是原计划中的一部分,希望后续的访谈录更精彩,更吸引人,也希望校友会凭借口述历史这一方式,肩负使命,达到为母校存史的目的。

河南大学,是所有校友的精神纽带,是在京校友的共同记忆。本书收录的十几篇回忆录,是奋斗在各行各业的校友们与母校关系的最真实记录。他们以自己的亲身经历,回忆当年的读书岁月和在母校接受知识哺育的成长过程,深情回顾在校园感受到的老师之爱、同学之情,汇报自己取得的点滴成绩。时间虽已过去几十年,但青春的记忆永不泛黄,永远明丽,永远生动。他们的文字,从不同角度叙述描写,不仅为母校留下了珍贵的资料,也使我们的校庆更有纪念意义。

校友们对母校的感念,都化作真诚的祝福,大家有一个共同的心声——"河南大学,我的大学",大家发自心底的祝福寄语,或质朴,或抒情,都是为母校110周年送上的难得的珍贵礼物。

展望未来,我们河大毕业生定将与母校河南大学一起融入中华民族伟大复兴的历史征程中,为实现"两个一百年奋斗目标"作出自己应有的贡献。

铁塔铃声远,河大文脉长。河南大学北京校友会的历届学子永远感谢母校的培养教导,会永远聆听母校的春风消息和铁塔铃声,并再次向母校110周年华诞献上最美好、最诚挚的祝福!

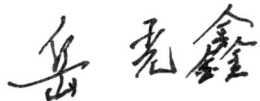

(岳光鑫:河南大学北京校友会首任会长,入选河南大学首届最美校友)

目 录

序一　继往开来扬辉光 ……………………………………… 1
序二　百十载风华正茂　始终与祖国共进步 …………… 1

访谈录：中原文化悠且长

信奉"事成于人，人成于学"的林校长
　　——河南大学首任校长林伯襄先生后人访谈录 ………… 2
一生追求真理和光明的人
　　——邓拓先生在河南大学 ……………………………… 14
人民音乐家马可在河南大学的前前后后
　　——马可先生的女儿马海莹访谈录 …………………… 25
"猗欤吾校永无疆"
　　——嵇文甫后人嵇立群访谈录 ………………………… 36
河南大学，我的大学
　　——王立群校友访谈录 ………………………………… 50
书中悟道翰墨香
　　——张志和校友访谈录 ………………………………… 68
从河南大学走出的中国科学院院士
　　——张锁江校友访谈录 ………………………………… 83

回忆录：最忆读书好时光

难忘母校情 ………………………………… 万伯翱　98
复甦 ………………………………………… 万伯翱　104

我在金秋沐春风……………………………………杨　奕　108
我终生难忘的大学生活…………………………席来旺　112
我的恩师 Carolyn Dirksen 教授
　　——为母校河南大学 110 周年校庆而作………杨英军　119
母校文化薪火相传………………………郑新奇　刘海燕　124
塔影书香逐梦来
　　——漫忆河大读书生活…………………………王志俊　126
1981—1985：我和师友们的铁塔情缘………………于　洪　140
"导师"的意义
　　——刘增杰师八十华诞感言……………………解志熙　159
饮水亦思源，薪火永相传……………………………陶襄萍　174
汴水流，静静地流……
　　——忆张如法老师………………………………于淑敏　183
弦歌不辍，雅音妙绝…………………………………梁晓云　190
铁塔湖，那荡漾的波
　　——35 年往事琐忆………………………………王灿发　195
河大四忆………………………………………………赵要风　205
学海传灯
　　——张豫林先生纪事……………………………张政法　210

北京校友会志愿者掠影：反哺母校梦魂牵

明德新民，京华岁月
　　——北京校友会名誉会长岳光鑫、李运筹访谈录………216
《大河泱泱》——校庆献礼雕塑诞生记
　　………………………………………北京校友会秘书处　224
校庆献礼歌曲创作纪实
　　………………………………………北京校友会秘书处　231

我的冬奥之旅……………………………………… 李阿漫 242
我的冬奥志愿者故事……………………………… 齐元元 245
护佑生命，抗疫有我
　　——北京校友抗疫剪影 …………… 北京校友会秘书处 249

校友祝福寄语及书法美术
音频作品精选：祝福吾校永无疆

河南大学110周年校庆祝福寄语……………………………… 260
校友书法美术作品…………………………………………… 269
音频作品……………………………………………………… 278

后记　薪火永相传，一起向未来……………………………… 279

访谈录 —— 中原文化悠且长

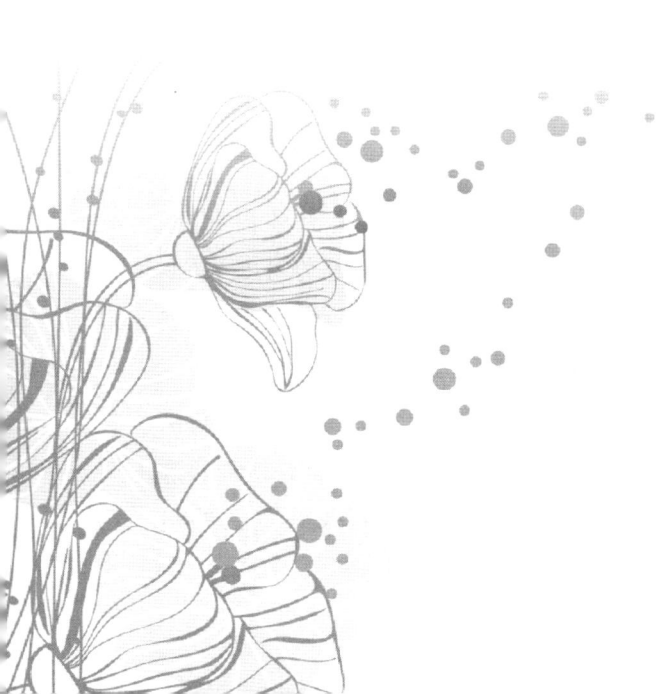

信奉"事成于人，人成于学"的林校长
——河南大学首任校长林伯襄先生后人访谈录

受访人：茹建国，林伯襄外孙，曾任开封市高级中学校长，开封市教育局局长，开封市副市长。（其子茹向阳协助访谈与资料整理）

访谈人：陶襄萍，河南大学医学院1982级，就职于北京大学第一医院，河南大学教育发展基金会理事，河南大学校友总会理事，河南大学北京校友会常务副会长兼秘书长。

易虹，河南大学教育系1984级，就职于全国妇联，二级巡视员。

金勇，河南大学中文系1983级，就职于中国妇女报社，副总编辑。

访谈时间：2022年4月12日。

访谈形式：线上访谈。

问：林伯襄先生是河南留学欧美预备学校（河南大学的前身，以下简称预校）的第一任校长。他既是一位德高望重的教育家，更是著名的爱国主义学者。您能介绍一下，是什么样的历史机缘促成林伯襄先生1912年9月参与了预校的创建吗？

茹建国：我的外祖父林伯襄，1878年出生于河南信阳商城南溪乡后湾村（现属安徽金寨县）。他育有二子三女，我母亲林承懿是他的二女儿。我的父母于1948年去台湾。此后我一直在外祖父身边长到十几岁,深得他的教诲。他平时很少谈自己,关于他的很多往事都是通过历史资料和亲朋好友口中得知的。

当年,预校作为国家的留学生培训基地,全国共有3所。另两所是北京清华学校(清华大学的前身)和上海南洋中学(上海交通大学的前身)。大家很好奇,河南是个内陆省份,相比当时的京、沪有着明显的劣势,为什么会在1912年创办一所主要以西方教育为蓝本的学校?

1912年4月29日,开封《大中民报》上发布过一篇《筹备留学欧美预备学校公启》(以下简称《公启》),力陈办学之必要,算是回答了这个问题。《公启》中说道:"夫国之强,强于学,一省亦然。"更结合当时形势说:"共和成立,民国肇基,河流嵩峡间黯然无色之老大河南,亦将随之焕然一新,变为美丽庄严之乐土也乎?吾窃望之,而未敢信。"因为"何问事成于人,人成于学,平日之学不足以陶冶人才,而欲有人焉,足以遗大投艰,无不世之伟勋,造自由之真福,盖亦难矣"。做事要靠人,人要靠培养,平日里不培养,怎么会有经世英才?

清朝灭亡,民国初建,一个新时代需要满足社会需求的新人才,"夫当今之世,普通之识人人宜有,而其担当大事,则非有世界知识及专业知识,必不能胜任而有功"。为培养新人,教育必须改革。如何改?《公启》接着说:"欧美强盛,我们需要多多派遣留学生向人家学习,东南各省已经先于河南这样做了,且成效显著,若河南再不奋起直追的话,则之后的竞争必永无河南人之立足地。"

出国留学需要经费,为了节省留学费用,需要先在国内学习语言与学科的基础知识,而旧式学堂因"迟钝、腐靡,不足养成留学资格固矣",去外地学习又因为"人寡而费巨"也不可行。河南若想在现代教育实现弯道超车,"此预备学校所以不能不专设也"。并再三强调:"百年之计,端在树人;亡羊补牢,晚而未晚。"

《公启》虽发布在100多年前,至今读来,仍让人热血沸腾。让我们看到了在那个大变革时代,河南教育界一批有识之士广阔的胸襟和伟大的抱负。外祖父当时任河南提学司科长,这篇《公启》就是他联合九位知名人士发布的,肯定代表了他的观点。

1912年8月,在时任河南都督兼民政长张镇芳的提议下,河南临时议会议定:创建河南留学欧美预备学校,择定开封铁塔以南、中国科举考试的终结地"河南贡院"为校址。经时任河南提学使兼河道使陈善同的举荐,委任外祖父为校长。

1912年8月25日至9月2日,《自由报》连续发布《河南提学司招考留学欧美预科学生广告》,介绍了学校的办学宗旨、招生对象和条件、学习年限和收费标准,以及报名时间与办学地点。据说,消息传开后,报名的有1000多人,最后只录取了100多人,一个新式学堂就这样在河南正式诞生了。

▷ 茹建国老师与林伯襄先生雕像合影

问:林校长生于晚清,少读经书,但却乐于接受新思想。早在1903年就顶着压力在家乡创办了"明强学堂",您能讲一讲这段历史吗?

茹建国:南溪林家本是望族,素有诗书传家之遗风。外祖父出生在一个家道中落的读书人家,其父林维垣是黉门秀才。受父亲教育的影响,他幼年苦读经书,14岁参加汝宁府考试,就取得了第二名的好成绩。受内忧外患的时局影响,他常常研读《时务报》《申报》和国外的一些进步书刊,接受了爱国民主思想,认识到"强国必先广启民智",而"广启民智"就需要办教育。

1903年,他毅然放弃科举考试,通过向亲族邻里倡议捐款,在林氏祠堂与族人林维镐、林琴舫共同创办"明强学堂"(取"明耻所以教战,强身即以兴邦"之意),林维镐任校长,他任学监,设置策论、格致、博物等科目,广收弟子。1900年庚子之变后,中国社会更加动荡,心系国家安危的他将学堂交给族弟主持,自己则变卖家产、筹集学费,先后考入河南优级师范和上海吴淞公学继续深造。在上海读书期间,他不仅与胡适等同窗,还与河南在沪的革命志士交往密切。1908年学成返乡后,他继续在明强学堂任教,提倡新学,注重实用,还率先剪掉发辫,以示不为清政府奴才,在家乡广为影响,被传为佳话。

外祖父身材修长,常常身着一袭蓝布长衫,戴一副眼镜,整日里风尘仆仆,为乡邻治愚发蒙启智,声名远播。又因他学识渊博,治学严谨,育人有方,在其家乡附近光山、潢川、固始、息县、商城5县,所到之处皆被尊称为"圣人",享有极高威信。

随着外祖父的影响和名声越来越大,1910年,他应邀到开封受聘为河南优级师范教习。1911年辛亥革命后,河南成立都督府,其族叔林维镐被推举为省议会议员,他被推举为提学司科长。当时共和初立,百废待兴,在任期间,他力主学习西洋,发展实用科学,倡议派遣优秀学子出国学习科学技术,并致书省议会,向议长陈善同敷陈育才计划。他还为河南《自由报》撰写发刊词,并经常在上面发表文章,宣传民主共和、自由平等,力举"以教育致国家于富强,以科学开发民智"。不仅力促预校的筹办,还与河南提学使、省议会议长陈善同,河南教育总会会长、河南学务公所议长李时灿等上书民国政府力陈开办新学之迫切,倡导效法欧美,引进西学,谋求强国富民之良方。应该说,1912年预校之所以能成功筹办,是外祖父等一批河南籍有识之士一直力争的结果,而学校的创办,

明德京华录

▷ 茹建国老师与夫人在留学欧美预备学校校门前合影

又为实现他的教育理想提供了更广阔的历史舞台。从此,历史把河南大学和"林伯襄"这个名字紧紧地联系在一起。

问:作为开启河南省高等教育先河的提灯者,林校长创办预校时,此类学校国内少有,教学模式更无成规可循,其困难可想而知,能否讲一下他在办学中有哪些创新之举?

茹建国:外祖父一直以教育英才为乐。担任预校校长后,他深感责任重大。在创办之初,便秉承开放理念,胸怀世界,放眼欧美,自觉融入世界教育的范畴,显示出非凡的意识和胆略。

成立之初,预校就实行男女同校,首开河南之先河,体现了外祖父追求自由平等的进步思想。

为发展实用科学,预校课程设置非常新颖,如一到二年级开设的课程有英文、国文、数学、物理、中国历史、化学、中国地理、体操、图画等内容,既摆脱了当时尊孔读经的封建教育窠臼,也和近代其他学堂不尽相同,为国家培养了一大批实用的理工科人才。

为迅速提高学生的外语水平,预校许多科目采用外语原版教材,英语课时占到总课时的百分之三十,外籍教师占教师的三分之一,从第四个学期开始,学生就能用外语写作、用原版教材上课了。这样的英语水平,得到了当时中美教育界的高度肯定,后来许多美国名校对预校的学生基本都免试接收。

由于预校学生年纪小且学习紧张,他非常注重学生的全面发展,并一直认为健身是强国之本。学校成立有足球队、网球队、篮球队、田径队、武术团等,对学生的体育锻炼非常重视。除开设有体育、体操课之外,每天下午4点半到晚饭前是固定的体育锻炼时间,教室、寝室全部关闭,学生一律到操场参加锻炼。这种活跃的气氛既融洽了师生关系,也促进了良好校风的形成。

外祖父当预校校长的4年间,学校招收有第一届英文班150余人,德文班140人。这些学生,毕业后有的出国留学,有的考取国内其他大学继续深造。他们刻苦勤奋,后来大都成栋梁之材,不少人成为国内外知名的教授、学者。

问：清华大学老校长梅贻琦说："大学者，非谓有大楼之谓也，有大师之谓也。"林校长也说："办学就要办得有个名堂，没有好的教习，学生能学到什么？"您能讲一些林先生与预校老师的故事吗？

茹建国：外祖父十分重视教师在教学中的主导作用，为了建立一支优秀的教师队伍，付出了巨大心血。

他任预校校长时，选聘教师总是坚持严格的标准。政治上要开明、进步、爱国；业务上要求有真才实学，是国内外名流。凡新聘教师，必先到校试讲，他亲临听课一两周，认为合格者才录用，不合格者决不录用。在他的影响下，预校名流云集，人才荟萃。有以效果良好出名的美籍教师哈亨利博士，有以知识渊博、讲课诙谐幽默的德籍女教师伊福兰，有开封有名的数学教师郑琴堂，有15岁中举人，具有"神童"之称的国文史地教师王北方，有精通英、德、日三国文字的吴肃等。为聘到优秀教师，他不惜重金。如哈亨利博士的月薪是400银圆，伊福兰的月薪是300银圆，郑琴堂、王北方、张维元等名师的月薪也都在150银圆以上。

他对老师要求也很严格，有一位英语教师业务能力很强，但教学态度不够认真，学生很有意见。他知道后，经常去听这位教师的课，查看他批改的作业。在他的耐心工作和严格监督下，这位教师的教学得到了较好的改进。

外祖父还在学校大力提倡尊师之风，并率先垂范。家在校外的老师，上下班因路远或遇雨雪，他总是以车接送。当时农业专门学校校长吴肃也在预校兼课，每周两次从开封南关来校讲课，外祖父必派车接送，如果遇到刮风下雨，他都亲往校西的惠济桥上迎候。预校的教师，没有不被他感动的。

这支名师队伍为提高预校的教学质量奠定了坚实的基础。首届英文科毕业时,参加了河南省公费留学生考试,分给预校20个名额,其他大学河南籍考生也是20名。但考完后,预校的考生被录取20名,其他大学仅录取10名,才达半数,可见预校外语程度明显优于其他大学。

20世纪二三十年代,河南大学名师荟萃,群星闪耀,也应该是外祖父重视名师办学思想的延续吧。

问:林校长为人正派,诚信笃实,以"宽肩膀"著称。他掌校期间纪律严明、不徇私情的故事有很多,比如开除军阀刘镇华之子刘献捷。您能讲一下详细经过吗?

茹建国:预校的学生都是十四五岁的少年,大多是第一次远离家人。常听家人说,外祖父总是以校为家,他的身体力行堪为师生表率。

他常说,"人应当走一步一个脚印,决不能马马虎虎"。他平时生活俭朴,衣着朴实,虽有百元工资,仍身穿蓝布长衫,脚着黑粗布鞋,常被人误认为是校工。他学识广博、才华过人,国文、英文、数学、史地等各科俱佳。一旦得知有学生对授课教师讲课有不满意之处,他便立即前去听课,了解情况,促进教师改进教学方法。若有教师告假,他必以身补缺莅临授课,决不以此贻误学子课业。

他爱生如子,对学生"既仁爱又严格"。白天随时与学生接触,听课查斋,甚至连学生脖子纽扣不扣也不放过;晚上就寝时,他手提小马灯到各宿舍巡视,安顿秩序,为学生盖好被子,待学生安寝,才离校回家。

他还十分注意树立朴实整洁的学风,对学生的宿舍要求衣物、被子整洁,对学生的仪表要求朴素大方。在建立良好的校风方面,他既重言教、更重身教。凡要求别人做到的,他首先做到。作为校长外出办事,完全有资格坐三轮、洋车,但他只坐一辆小土车。在林校长的教育和影响下,团结、朴实、严谨、勤奋的校风在预备学校逐步形成,学生普遍崇尚俭朴之风,衣着朴素,布衣布鞋。

不过,老人家坚持原则也是出了名的。清末民初军阀刘镇华在豫陕两省是一个举足轻重的人物,手握十万镇嵩军,身居政界要位,与吴佩孚、张作霖、阎锡山鼎足而立,是叱咤风云的一代枭雄。他的儿子刘献捷当时也在预校读书。预校对学生的学习、生活要求非常严,每周只有一天休息日,这一天若有学生在宿舍打牌,连围观的都要一起记大过,三次大过就要被开除。刘镇华的儿子刘献捷就是因为连续记过三次而被开除的。后来他虽当上了国民党第十五军中将军长,但仍是预校的肄业生。

外祖父还因学生私自走出校门等过失,开除了预校语文教员之子。可见他执行学校纪律时,既不徇私情,又不畏权贵,公平无私于此可见。他曾以"刚毅宁静"条幅题赠门人,其实,这4个字也是他一生人品的真实写照。学生们都很敬佩他,接触过或者没有接触过他的学生都甘认他的门人。

教学严肃认真,管理严格细致。任内4年,他把预校办得有声有色,朝气蓬勃,形成了勤奋、严谨、朴实的校风。因为预校校园毗邻宋代开宝寺塔——铁塔,又有如此校风,当时人们便称预校学子为"铁塔牌"。如今这个名号仍是河南大学学生的别称,延续至今。

问:六号楼是河南大学最早的一座现代建筑,也是最具标志性的建筑之一,极具中西合璧的和谐、韵律之美。您能讲一下林校长和六号楼之间的故事吗?

茹建国:1915年筹措资金兴建六号楼,是外祖父当预校校长的最后一年付出精力最多的事情,可见他对学校硬件建设的重视。

在现代高等教育于国内刚刚起步的时候,他就意识到硬件建设对学校发展的重大作用,这一点非常难能可贵。还有一个有力的证据是,建校初期,他在筹办经费非常短缺的情况下,专门划拨一批钱用于购买图书资料,还指定3间平房作为专门的图书室。

离开预校后,他断断续续地在河南省教育厅工作,做的很多事情还是和学校有关。

教育经费是办好教育的经济基础。1922年他任职河南省教育厅第一任科长时,主管教育经费与人士任免。当时河南教育经费存在的主要问题是没有教育专款,他便与教育界人士协力筹划,主张契税独立开征,统归教育部门管理,以保障专款专用。这样,河南的教育经费有了着落,拖欠教师的工资也得以陆续补发,有力促进了教育事业的发展。1930年,他在河南教育厅任职时,又为如何管理好教育经费做了不少工作,比如提议派遣专人分赴各县清理教款,剔除中饱。这项工作历时半年,使全省教育收入增加了近5万元。为解决学习优良而家境贫寒学生的上学问题,他还建议设立学生助学金制度,凡符合条件的都可以申请助学贷款,毕业后分4年无息偿还。1931年8月他任河南教育款产处处长时,提议减低税率和罚项,广开税源,结果税收由年280万元增至350万元,税收从此稳增。

很多人惊叹河南大学有众多气势恢宏、中西合璧的精美的民国建筑,这背后可能也有外祖父帮助解决教育经费的功劳吧。

问:林校长一生信奉"人成于学",对家族后辈有什么影响?

茹建国: 那时候,外祖父的家位于河南省政府旁边一个二进的四合院,在开封算是比较大的房子。当时家里的常住人口有二三十人,除家人外,大多是沾亲带故的学生,都是他资助的。后来这些学生大都学成,培养了一批各领域的人才。

生活在这样的教育世家,我自己受到外祖父的影响也很大,从小就知道学习对一个人成长有多重要。后来我长期从事教育工作,更理解了外祖父"事成于人,人成于学"这句话的深刻含义。

▷ 茹建国老师与家人在河南大学明伦校区南大门前合影

问：林校长一生追求光明，清廉而简朴，这在家风传承中有体现吗？

茹建国：外祖父留下来的家风影响着每一名家庭成员，我很为自己是林伯襄先生的后人而感到自豪。外祖父一直要求我们晚辈要多读书，为国家和民族而努力，有担当和责任感，要自强。同时，在为人处世上，外祖父又要求我们严于律己、宽以待人。与别人相处，要讲中庸之道，干什么都不要太过分，要顾及别人的感受，对持有不同观点的人要包容，对人要谦逊、和善。外祖父是这么说的，也是这么做的。既有言教，又有身教。我这大半生不管是当老师还是做公务员，之所以没有什么差评，还有一些好的口碑，和外祖父的教诲是分不开的。

问：今年是河大建校110周年，作为林校长的后人，您最想跟河大师生说点什么？

茹建国：我听说从2002年外祖父的铜像在河大明伦校区建成后，每年的清明节，河大师生都会前去举办祭奠仪式，缅怀他作为首任校长的丰功伟绩、高贵品质和崇高风范,以表达对他的敬重和怀念。在此,我代表家人,表示深深的敬意和感谢!

河南大学历经百余年风雨洗礼,有深厚的历史积淀和文化传统,为国家培养出很多杰出人才,每一位河南大学的教职工和学子都应该为学校过去 100 多年的辉煌历史而感到骄傲和自豪!希望河南大学在今后的新征程中更加光彩、更加辉煌!

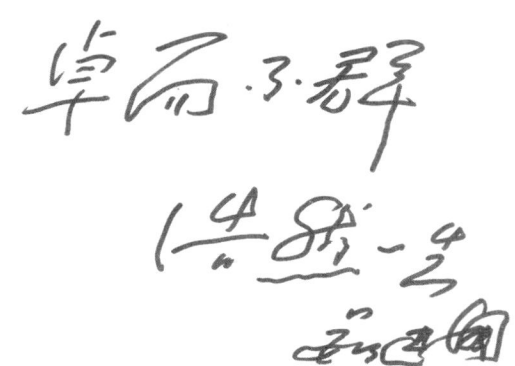

▷ 茹建国老师题写的校庆寄语手迹

(本文图片由受访人提供)

一生追求真理和光明的人
——邓拓先生在河南大学

受访人：邓小虹，邓拓先生的二女儿。

访谈人：金勇，任职于中国妇女报社。

访谈时间：2022年4月25日。

访谈形式：线上访谈。

问：邓拓先生是我国著名新闻家、历史学家、诗人、杂文作家，也是河南大学杰出校友，请问邓拓先生是哪一年到的河南大学？他为什么会到河南大学就读？

邓小虹：父亲的一生中曾有3年是在河南大学度过的，具体时间是1934年至1937年。因为父亲过世得太早，没有给我们讲过这段经历，我们也是通过整理他的资料才知晓的。

父亲原名邓子健，出生于福建福州。他的家位于乌山脚下，近代抗英爱国将领林则徐的祠堂，在戊戌政变中被捕遇害的"戊戌六君子"之一的林旭，还有参加黄花岗起义而从容就义的林觉民的故居，都离他家很近，父亲从小就以英雄辈出的故乡自豪。

1927年国民党发动"四一二"反革命政变后，正在读高中的父亲宁静的书斋生活被打破，用他自己当年的话来说，是从醉心辞章、义理之学，转向了经世之学。他开始关心国内外大事，阅读徐光启的《农政全书》、顾炎武的《天下郡国利病书》等大量经世致用的书籍，同时也接触如《新青年》《新潮》《晨报副刊》等进步书刊，从中探求中国民主富强之路。

当时的上海,是革命文化活动的中心。1929年高中毕业后,父亲来到上海,在光华大学的社会经济系读书。

父亲到上海时,正是革命形势急转直下极端艰难的时期,大革命的失败和反革命的高压,到处腥风血雨,党组织被迫转入地下,大批共产党员和进步人士被捕被杀。父亲就读光华大学后不久,就秘密加入了地下党领导的革命文化团体"社联",并于1930年冬天加入中国共产党。这一年,他刚刚18岁。

▷ 在上海光华大学读书时期的邓拓

父亲入党后,一面继续读书,一面投身工人运动和学生运动。1932年12月,父亲在上海南市组织"广州暴动"五周年纪念活动时被捕。1933年秋,在苏州反省院被囚半年后,爷爷才打听到他的下落,后来是三伯父邓叔群(著名科学家,当时身为南京中央大学一级教授、中央研究院研究员)等人多方奔走,联系了蔡元培等知名人士,才被保释出狱回到福州。

父亲出狱后,与党组织暂时失去了联系。1933年11月,福州发生了著名的"闽变",本来被蒋介石调到福州"剿共"的十九路军将领陈铭枢等公开宣布和蒋介石决裂,成立抗日反蒋的人民革命政府。十九路军的正义行为让父亲感到欢欣鼓舞,他立即参加了福建人民革命政府的工作。1934年1月,"闽变"失败,父亲遭到通缉,被迫回到上海,过着避难的生活。

父亲有兄妹 7 人,他是老小,上面有 3 个哥哥、3 个姐姐。他的大哥叫邓伯禹,当时在河南省政府任职,大伯母是当地著名的妇产科医生。这年秋天,大伯父从河南来信,让父亲到开封继续学习。于是他便来到了开封,插班进入了河南大学经济系。为了让父亲安心读书,大伯父专门从自己的住房中腾出一个小房间给他。也就是在这间简陋的小屋里,父亲孜孜不倦地开始了对历史学的研究。

问:在河南大学这 3 年的经历对邓拓先生一生有什么影响?

邓小虹:在这 3 年里,父亲充分利用了河南大学优秀的教学资源,在学术研究上取得了显著成绩。他写出了第一本历史学专著《中国救荒史》,还发表了《近代中国资本主义发展的曲折过程》等若干篇引人注目的学术论文,为他今后从事历史学研究奠定了深厚的功底。

问:邓拓先生于河南大学求学期间在学术上收获颇丰,您能简单介绍一下吗?

邓小虹:父亲在河南大学学习期间曾经发表了一系列社会科学论文,针对当时中国社会的各种错误思潮进行有力批判与回击。20 世纪 30 年代,当时史学界一些被称为学术权威的反动文人鼓吹所谓"外铄论",他们不仅否认 1840 年鸦片战争后,在外国列强的侵略下,中国人民蒙受的屈辱和苦难,反而讴歌外国的侵略,认为帝国主义促进了中国经济的进步。有人甚至说,鸦片战争以后,由于外力的作用,中国已从封建主义进入了资本主义。按照他们的逻辑,中国人民不仅不应该反对帝国主义的侵略,反而应该对它感恩戴德。

面对这种荒谬的论调,1935 年父亲以邓云特的笔名,在《中山文化教育馆季刊》4 卷 1 期上发表了《近代中国资本主义发展的曲折过程》一文批驳"外铄论"。他指出:"外因虽对社会发展起重大作用,但起决定作用的却是内因。"分析了"外铄论"者在理论上的错误,并通过深入剖析中国近代历史的发展过程,证明了崇洋媚外的"外铄论"只能将中国变成帝国主义的原料基地和商品市场,使中国沦落为半殖民地半封建社会,而不会发展成资本主义社会。父亲在这篇文章里,还满怀信心地指出了中国革命今后的道路,他说:"我们现在还可以进一步相信,所谓新的产业革命,绝不会是资本主义的,而必然是社会主义的。因为旧中国的命运,已经昭示了资本主义的'此路不通'。"

当时严灵峰等托派分子歪曲中国封建社会历史,断言鸦片战争之前中国已经进入了"商业资本主义社会"。为了驳斥他们的错误论点,1935年至1936年间,父亲在《中山文化教育馆季刊》二卷第三、四期发表了《论中国封建社会"长期停滞"的问题》《再论中国封建制度的"停滞"问题》两篇文章,就中国社会性质问题同托派分子展开论战。他分析了大量的历史材料,对划分社会经济形态的基本标准和商业资本的作用进行了论述,鲜明地指出,中国"从西周到清代鸦片战争以前,在这一时期,都是封建制度的历史",粉碎了严灵峰等人借否认中国半封建半殖民地社会性质之名,进而否定共产党反帝反封建的民主革命纲领的妄想。

为批驳当时社会上关于马克思主义不适合中国国情的错误观点,1936年父亲又在《新世纪》发表《论中国社会历史上的奴隶社会》一文,运用马克思主义原理,研究了世界各国的奴隶制度,并与中国古代历史相对照,通过大量历史事实论证了马克思关于人类历史的五种生产方式,在全世界都是普遍存在的,有力驳斥了马克思主义不适合中国国情的论调。

父亲写的这些带有鲜明战斗性的论文,引起了当时学术界的震动,也为宣传马克思主义做出了重大贡献。因为史学界在20世纪30年代关于中国社会性质和中国社会史分期的论战,不仅是当时激烈的政治斗争和思想斗争的一个组成部分,也是反对国民党文化围剿斗争的一个重要的方面。

▷ 2012年邓小虹、邓壮、邓小岚在河南大学明伦校区南大门留影

▷ 1962年邓拓在北京遂安伯家中

问：邓拓先生在河南大学求学时完成了历史专著《中国救荒史》，他为什么会写这本书呢？

邓小虹：这本书是父亲在河南大学经济系毕业论文的基础上写成的。1937年，这本专著在上海商务印书馆出版时他才25岁，真是很了不起！他之所以能完成《中国救荒史》这本书，也得益于河南大学图书馆丰富的图书资料。父亲在三联书店重印《中国救荒史》时，曾写过一篇《写在重印本的前面》，把他当时为什么要写这本书的原因讲得比较清楚。他说："我原先写'中国救荒史'的用意，只是把它作为中国社会经济史研究的副产品的一种。这一部分的史料触目惊心，在研究过程中随时引起了我的注意，所以很容易把它们编在一块。本打算把各部分的材料都逐步整理出来，不料我的研究计划受了战争的影响半途而废，不仅是其他附属的材料，就连主体部分的草稿和资料也散失了，独有这个副产品因为已经印行却保存了下来。"

▷ 邓小岚在邓拓纪念碑揭幕仪式上向河大赠送邓拓著作
（前左一为邓壮，右后为邓小虹）

作为我国现代学术史上第一部研究中国历史灾荒的专著，这本书一直受到国内外学术界的重视。1937年，上海商务印书馆把它列入了中国历史研究名著丛书出版，并很快被译成日文出版，还有俄文版本。1957年，三联书店让父亲把原来的文言文改成白话文再版了一次。1998年，我国长江、松花江、嫩江流域洪水暴发，北京出版社与母亲商量，做成简体大字版本再版了一次。这本书一直到现在都很有价值，别人曾送给我一本日文版的，我捐给了中国现代文学馆收藏。

这本书是父亲用马克思主义的基本原理认识问题、分析问题的一次成功实践。他从社会经济学角度分析了历史上造成灾荒的原因、救灾的措施和救荒思想的发展，明确提出："所谓'灾荒'乃是自然界的破坏力对人类生活的打击超过了人类的抵抗力而引起的损害；而在阶级社会里，灾荒基本上是由于人和人的社会关系失调而引起的人对于自然条件控制的失败所招致的社会物质生活上的损害和破坏。"他批驳了"自然条件论"和"人口条件论"等唯心主义的历史观点，认为"从来灾荒的发生，根本性的原因，无不在于统治阶级的剥削苛政"。

从发表针砭时弊的一系列论文到出版《中国救荒史》，父亲在河南大学时期的学术活动为他以后办报和杂文创作打下了良好的基础。

问：邓拓先生在河南大学读书期间曾第二次入狱，您能讲述一下事情的经过吗？

邓小虹：父亲在河南大学读书期间，虽然暂时与党组织失去了联系，但他在学术研究领域努力钻研的同时还积极参加了开封学生的抗日活动。

1935年"一二·九"运动爆发后，北平学生在党的领导下举行了震撼全国的示威游行，之后北平学生联合会成立了中华民族解放先锋队（简称"民先"），各地学生纷纷建立"民先"组织，支持北平学生。1936年暑假后，河南大学学生中开始建立"民先"组织。父亲很快在开封青年学生中树立了威信，被推举为"民先"开封支队总支队长，他居住的砖桥街三号（大伯父邓伯禹的住房）也成了开封市"民先"大队部地址。

他经常深入学校，参加青年学生的读书会、座谈会，为大家讲解时事，分析全国救亡运动的形势。在父亲等人的积极工作下，河南大学很多进步学生纷纷加入到"民先"活动中，河南大学的抗日救亡运动达到了一个新的高潮。

这年，鉴于开封地下党组织被严重破坏，中共北方局派刘子厚到开封联系工作。刘子厚一到开封，地下党员首先向他介绍了邓拓。在邓拓和刘子厚的共同努力下，开封"民先"与北平"民先"取得了直接联系，邓拓协助刘子厚往来奔走，做了大量工作。

父亲在开封的一系列活动引起了军统特务"蓝衣社"的注意。1937年6月下旬，当父亲参加完河南大学毕业最后一门功课的考试后，走出河南大学七号楼（教学楼）北门时，被埋伏在此的特务逮捕。

这时赶上"七七"卢沟桥事件爆发，全面抗战开始，国共两党再度合作，中共中央便利用此时的革命形势要求国民党释放"政治犯"。因大伯母郑中硕当时是开封市有名的妇产科医生，认识不少社会名流，在她的积极活动下，1937年7月，父亲被捕不到一个月就被释放。

出狱后不久，他便辗转来到太原八路军办事处，在那里遇到了北平市委书记黄敬，两个年轻人一见如故，随后他们一起到达五台山，进入晋察冀抗日根据地。在这里，他改名为邓拓，意喻开拓新的革命天地，从此开始了烽火十年的办报生涯。

问：您的父母都是革命前辈，并留下了忠贞不渝的爱情佳话，能否谈谈邓拓先生是如何在家庭中传承红色家风的？

邓小虹：我的父母把自己的一生都融入中国人民解放的革命事业中。他们对祖国、对人民的热爱，不是用话语而是用行为教育我们成长。

我的姐姐邓小岚，退休后来到父亲当年工作的《晋察冀日报》驻扎过的河北阜平县马兰村，为村里的孩子成立了一支"马兰小乐队"，义务教孩子们唱歌、学乐器。为了能让孩子们感受到音乐的美好，让他们走出大山，看到外面的世界，姐姐往返于北京和马兰村之间，一干就是18年，直到把大山里的孩子带到了2022年北京冬奥会的舞台。姐姐的事迹感动了无数人，大家都说，她不愧是我们杰出父母的好女儿！

问：您去过河南大学吗？

邓小虹：2012年是父亲诞辰100周年，刚好也是河南大学建校100周年，我们接受学校的邀请曾去参加过学校的百年校庆，这是我第一次到河南大学。在学校经济学院院史馆里，我发现他们收集了很多父亲当年发表学术文章的杂志，感到非常亲切。

▷ 2012年邓小虹与家人参加河南大学百年校庆活动，左起为邓小虹、邓壮、邓小岚

那次去河南大学，还参加了在父亲当年被捕处竖立的诗碑揭幕式，诗碑镌刻着他写的一首题名为《入狱》的诗词手迹：

去矣勿彷徨，人生几战场？
廿年浮沧海，正气寄玄黄。
征侣应无恙，新猷尚可长。
大千枭獍绝，一士死何妨。

去之前我们都以为，父亲在河南大学被捕的时间是1937年，70多年过去了，当时的房子可能都没有了吧？没想到去了之后才发现，河南大学的建筑非常精美，我父亲上学时的教学楼保存得非常完好，现在是国家级文物保护单位。学校的老师告诉我们，父亲当年是从教学楼哪个门出来时被捕的，诗碑就立在那个教学楼的门前。

不久前，我的姐姐邓小岚去世后，河南大学经济学院的路福来老师发给我一张照片，在父亲的诗碑前有人敬献了一束美丽的黄菊花，花上别着一张卡片，写着"一处山村，寻根溯源"。我回忆起姐姐曾经告诉我马兰村小乐队有一个男孩子考上了河南大学,他说在校园里看到了邓拓的诗碑感到非常亲切。我想这束花应该就是这个孩子以此寄托对姐姐的哀思吧!

问:您对河南大学的110岁生日想说点什么?

邓小虹:河南大学在历史上非常了不起。河南大学的图书资料非常丰富,为学生创造了非常好的自学条件。办大学最重要的是要有大师,父亲就读时,河南大学有罗章龙、范文澜等众多名师,人才济济,学术氛围开放活跃,让父亲获益匪浅。希望河南大学今后能吸引更多的大师级人才,越办越好。

(本文图片由受访人提供)

有一种音乐,它引起我们享受精神的愉悦

有一种歌曲,它引起我们重温峥嵘的岁月

有一种声音,它引起我们缅怀深深的回忆

人民音乐家马可在河南大学的前前后后

——马可先生的女儿马海莹访谈录

受访人:马海莹,马可先生的女儿。

访谈人:王清池,中文系1984级校友,就职于中央广播电视总台。冯亚,音乐二系1994级校友,职于中国传媒大学。

访谈时间:2022年5月18日。

访谈形式:线上访谈。

问:马老师,您好!今年是河南大学建校110周年,您的父亲马可是河南大学杰出校友、人民音乐家,我们想知道马可先生少年时的家世和考上河南大学前的求学情况?

马海莹:爸爸1918年生于徐州西关一个普通的基督教家庭里。我的爷爷是一个虔诚的基督教教徒,他经营了一爿小牛奶作坊,为乡邻和传教士提供牛奶。因为有这种条件,爸爸4岁时,爷爷把他送入教会办的幼稚园。爷爷希望自己的儿子从此接受基督教的熏陶,长大成人后能在教会里谋一个神职。然而天有不测风云,两年后,爷爷猝然辞世。爷爷的去世使这个家庭的经济状况发生了根本性的变化。从此爸爸被接回家里,不能再去幼稚园了。

爸爸是他们兄妹4人中最小的一个。他的哥哥和两个姐姐都在教会中学读书,他到入学年龄则读教会小学。奶奶为了让4个孩子能继续读书,开始变卖家产,辛勤劳作,维持生计。虽然这个家庭仍旧充满着教会家庭的气氛,但是慈祥的奶奶并不约束孩子们思想的发展。这对爸爸的成长有很大的好处。

1928年,由于徐州战事频繁,学校停课,爸爸兄妹4个办起了一个"马氏家庭乐园"进行读书讨论、时事评议、文艺娱乐等活动,并办了一个家

▷ 马可少年时就爱好音乐

庭刊物——《乐园》。爸爸受这个家庭乐园的影响很大,他从哥哥和姐姐那里知道了许多事情,了解了社会和生活。这是一个10岁的孩子在学校里所不可能得到的。在家庭乐园中,他了解最多的是文学。他知道了创造社和太阳社。他读郭沫若、徐志摩和戴望舒的诗,也读张资平、郁达夫的小说。他曾被那些奇特的诗句所陶醉,也曾被那小说清新的笔调所倾倒。因此,当他读初中时,他的作文总是在全校享有盛誉,并多次被当作范文在课堂上朗读。进入初中后,随着眼界的开阔,他的爱好和追求也多样化了。除功课名列前茅,他的网球曾在铜山县中学生运动会上拿过名次。他还喜欢唱歌,也喜欢拉二胡。这唱歌倒的确是来自家庭和教会的影响,因为他每个礼拜天都要到教堂去做礼拜、唱赞美诗。但这时,他还没有想到专攻化学,而是以自己取得模范学生的称号上联想到他将来成为恺撒、牛顿,或者成为拿破仑、俾斯麦,或者是爱迪生,或者是孙中山总理……这想法或者说理想之大胆,大约是一般学生所不曾有的。

问:马老师,马可先生少年时很有音乐天赋,他怎么报考了河南大学化学系?

马海莹:高中的第一年,爸爸遇到了一位很好的化学教师,引起了他学习化学的兴趣。试管中各种颜色的变化,满足不了他的好奇心,他想探个究竟,于是便钻研起来。他喜欢上化学之后,还在自家的小破房里建了一个"实验室",要给姐姐制作雪花膏。据说别人经常会听到"砰"的一声,然后就看见他被炸得满脸是灰,跑出来了。结果做出来的"雪花膏"气味也不对,姐姐也不敢用。但在这段时期,他渐渐地发现化学居然能分解这个,综合那个,并且对社会有着意想不到的贡献。他开始觉得当一个化学家该是最有意义的事情了。这使他想起了小时候教会学校里讲的宗教传说和他读过的那些小说里,一个个济世救民的故事。他立志做一个化学家,走"科学救国"的道路。他的刻苦努力并没有白费,他接到了录取通知书,被河南大学化学系录取了!向着自己理想的境界迈进了,他的喜悦自不必说。他扛起自己的藏书小木箱,挟着一卷行李,告别了母亲,告别了家乡,到开封河南大学报到去了。

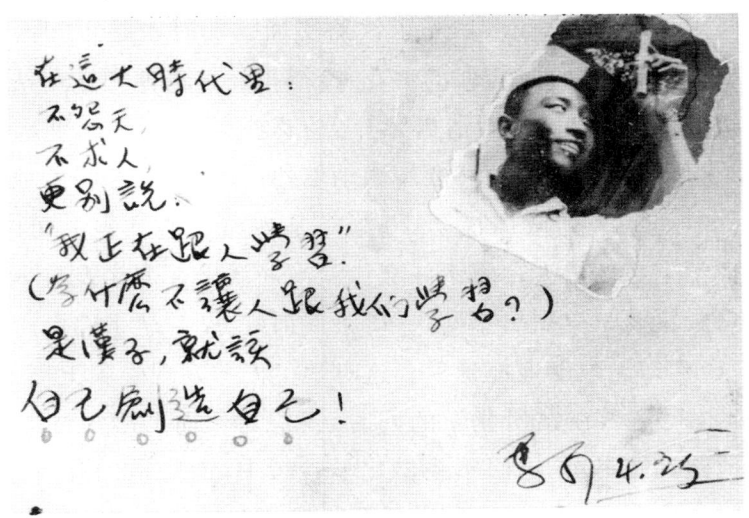

▷ 马可 17 岁时写的自勉的话

问：马老师，请您给我们介绍一下马可先生在河南大学求学的情况，他是怎样从学习化学科学走向音乐创作道路，尤其是在1937年12月国家面临生死存亡的危急关头，毅然以音乐深入大众，投入轰轰烈烈的抗日救亡？

马海莹：1935年夏爸爸考入河南大学，到1938年10月奔赴延安鲁迅艺术学院，3年时间是他人生中具有重要意义的3年。

爸爸在河大时，住靠近铁塔公园的一排平房里，也住过东四斋。他最喜欢去的是图书馆和大礼堂。图书馆的藏书令他咋舌，而大礼堂的雄伟则引得他嗓子发痒，一进去总想唱上两句。

爸爸到河大学习刚3个多月，1935年12月，北平爆发了"一二·九"运动。开封也沸腾了，学生们走出课堂，游行声援北平学生的爱国行动。爸爸参加了河大的游行队伍，他们喊着口号，汇进全市学生游行大军，向鼓楼西的省政府前进。一路上，店铺商行送水送茶，支持学生的爱国行动。省政府紧闭的大门，森严的戒备，使学生们失望了。爸爸和同学们一起涌向开封火车站，要求直接去南京，向中央政府面陈。没有火车拉他们去，他们占领了车站，横七竖八地躺在铁轨上，切断了铁路交通。那时正是12月，气温很低，而且飘着那种颗粒似的雪花，冷得很。爸爸他们在车站上边巡逻边唱救亡歌曲，用激情御寒。《马赛曲》《保卫马德里》《毕业歌》都是他们最喜欢唱的。歌声激动着他们的胸膛，温暖着他们的身体。3天过去了，政府慌了手脚，一是铁路不通屡遭上司申斥，二是怕学生冻坏出人命案不好交代。当局派出3个代表与学生谈判，声称"只要学生撤出车站，一切条件都好办"。学生们撤离了车站，但谈判却无限期地拖延了。这时学生们才发现受骗上当了。

1936年秋，在钻研化学的同时，爸爸对作曲产生了浓厚的兴趣。他跑到图书馆，这回不是借化学参考书，而是借回几大本《音乐入门》《作曲法》之类的书，翻看了一遍便开始作曲了。同学们嘲讽他过于荒唐，作曲家岂是人人都可以去当的吗？劝他还是好好研究他的化学，否则会遗恨终生的。他没有理会同学们的劝说，安排好时间,做到两不耽误:正课时间钻研化学,业余时间自修作曲。他为自己找了一个漂亮的本子,做为辑录自己习作的歌曲集。他给集子题名曰《牙牙集》,寓示他自己在作曲方面正在牙牙学语之意。就这样爸爸开始了他的业余作曲事业,而且很快着了迷。白天,他在实验室里无法去想那心爱的七个音符,作曲只好放在晚上。夜深了,他还在床上哼哼呀呀地作曲,惹得同屋的同学和他吵了起来,把他赶进洗澡间里关了"禁闭"。在洗澡间里他倒自由了,干脆大声唱起自己写的曲子来。唱了改,改了唱,这歌声反而吸引了他的同学,把他从洗澡间里放出来,央求着要学唱他新写的歌儿。

  1937年爸爸读二年级时,北平发生了卢沟桥事变。当时爸爸正在徐州家中度暑假。卢沟桥的枪声牵动着全国人民的心,爸爸赶回学校,发起组织了河南大学"怒吼歌咏队",投入抗日救亡歌咏运动。正在这时,大音乐家冼星海到了开封,住进了河大礼堂。冼星海是随上海抗敌演剧二队做巡回演出的,每到一地,他都不知疲倦地做着抗日救亡歌咏的普及工作,在河大也是这样。星海指挥了"怒吼歌咏队",爸爸认识了星海。冼星海在开封只待了十几天,爸爸带领他们"怒吼歌咏队"一直跟着星海参加各种救亡歌咏集会。他们在台上唱,在台下唱,在学校里唱,在农村街头唱。现在在北京中国音乐研究所的冼星海展览室里还陈列着一张珍贵的照片:星海和爸爸与"怒吼歌咏队"在舞台上的合影。与星海的相识,星海对爸爸的慧眼识才,欣赏、鼓励和引导,对爸爸的一生有着重大影响。爸爸大胆地把自己的《牙牙集》拿给星海看,请他指教,向他讨教作曲的技巧。星海被爸爸的毅力感动了,选了《牙牙集》中的一首二部合唱《保卫我们的平津》(马可词曲,作于1937年7月30日)作了技术上的修改,并对爸爸说:"你们每个人都能作曲,你们在这个伟大的时代,感觉到情绪上难以压抑,你们就用音乐表现出来吧!如果你打算学上5年和声学、5年对位法,再学上5年作曲法再去作曲,那么15年已经过去,抗战岂不结束了吗?"星海的话给了爸爸深刻的启示与鼓励,他继续以极大的热情写作救亡歌曲。渐渐地,他作的歌曲也有流行的了。像《游击战歌》《江水红》……其中《江水红》还被歌唱家盛家伦在武汉演唱。爸爸的名字也同他的歌曲一起在同学中流传开来,有人此时开始称他为"青年作曲家"了。

▷ 河大怒吼歌咏队 1937 年合影

1937年底,由于日寇的侵略魔爪不断侵入华北及中州大地,学生们已无法上课。由开封青年学生中的"怒吼歌咏队""青年会剧团""大众剧社""未名剧社"联合发起组织了"河南省抗敌后援会巡回话剧第三队",开始了豫西南的巡回演出活动。爸爸在巡三队里担任作曲、指挥及编印歌曲集的工作,也上台演戏、参加乐队伴奏。爸爸算作是全能队员了。他们巡三队于 1937 年 12 月离开封南下,直抵南阳,然后由南阳开始了他们的巡回演出活动。他们的路线是:南阳(过元旦)→镇平(过春节)→邓县→新野→唐河→泌阳→竹沟→确山→鸡公山。他们到达鸡公山的时间是 1938 年 5 月。这时,河南大学已由开封迁到鸡公山。范文澜先生热情地安排了他们的食宿。这次巡三队巡回演出时间达半年之多,走遍了豫西南 10 个县,受到了农民的欢迎。在巡回演出期间,爸爸创作歌曲120首,《保卫南阳》《白沙河畔》《伏牛山下》等歌曲,都随着巡三队的演出而流传开来。1938年7月,爸爸同巡三队的同学们一起赶到武汉,被收编为"军委会抗敌演剧第十队"。爸爸所在的十队被分配到洛阳一战区。在洛阳期间,爸爸和同学们一起奔赴前线慰问抗敌将士,到农村宣传抗日救亡。实际上他仍然担任着巡三队时的那些工作。繁杂的工作并没使他的创作热情减退,他写出了《守黄河》《吕梁山大合唱》等深受前方将士欢迎的歌曲。

1938年10月,爸爸曾接到过冼星海的信,冼星海让爸爸一同去延安学习,但当时爸爸因为队中事情脱不开身而没有前往。1939年12月,星海再次写信给爸爸,希望爸爸能到鲁艺去充实理论修养。这年年底爸爸踏上了去延安的路。这一年他刚刚21岁。经过河南大学的熏陶,抗日救亡运动的洗礼,爸爸对自己的未来充满了希望。

问:马可先生从在河南大学求学期间开始音乐创作,先后在河南大学、鲁迅艺术学院、中央戏剧学院、中国音乐学院、中国歌剧舞剧院、《人民音乐》社等,长期从事音乐创作、音乐教育、戏曲研究和发展新歌剧事业,留下了一批传世佳作。您能给我们介绍一下马可先生的主要音乐成就吗?

▷ 鲁艺音乐系的教员合影(前排左一为马可,旁边抱孩子的是冼星海)

马海莹：爸爸的主要作品有歌曲《南泥湾》《咱们工人有力量》，有秧歌剧《夫妻识字》，歌剧《周子山》《白毛女》《小二黑结婚》，管弦乐《陕北组曲》，合唱《吕梁山大合唱》等，他还著有《中国民间音乐讲话》《时代歌声漫议》《冼星海传》等音乐理论书籍。以他为首集体创作的《哀乐》是现在国内最正式的殡仪用曲。

问：2013年马可先生诞辰95周年时，河南大学在学校举办了"人民音乐家马可作品音乐会"，2014年5月河南大学联合中国社会科学院研究生院、中国科学院大学在中国社会科学院研究生院和中国科学院大学隆重举行"人民音乐家马可作品音乐会"。请您谈谈您对河南大学师生原创的这台音乐会的观感？

▷ 马可指挥演剧十队排练合唱

马海莹：这场音乐会是为了纪念我的父亲马可诞辰95周年。在2012年，河南大学百年校庆期间，河南大学艺术学院和研究生院就开始这场音乐会的策划和实施,并于2013年12月排出来,当时我们在河南大学看了,很震撼,也很受感动。我父亲的作品过去搞过很多次综合音乐会,到父亲马可诞辰90周年的时候就不想再搞综合音乐会了,主要只搞了节目复排,在大剧院演了一次。这次音乐会加了很多新曲目,而且在艺术上我认为特别成功,所以我要衷心感谢河南大学的师生们,他们为这台演出做了许多辛勤的工作。

人民音乐家马可音乐会在北京演出时,我去看了,事先都没想到有这么好。因为我担心,现在年轻人在浮躁社会中,在追星文化中,他们对过去这些经典能接受吗?会不会觉得"老掉牙"了,离自己太远?没想到的是他们充满热情,而且是越排练越喜欢。我想一开始可能师生们还是出于马可是河南大学的老校友,是一种自豪的心情,是对老校友的尊敬,但后来就越发感到其中的意义。虽然都是老作品,但河大师生在舞台上的演出充满了现代气息。我也从中认识到,真正有生命力的艺术,是要写出真正给人民的,人民心里的旋律,才具有长远的生命力。

在这里还要特别感谢河南大学师生,经过反复查找资料,边唱边比较,最后确定了14首代表马可不同时期创作水平的音乐作品,其中也包括之前没有公演过的珍贵作品。在排演中,河南大学的师生们还对每部作品的演出形式进行了讨论和一些大胆的创新,艺术效果很好。值得一提的还有,河南大学艺术学院师生在声乐方面的整体实力可以说是很强的,戏曲和戏剧表演方面的传统也很突出。他们的青年老师、演唱嘉宾、校友的表演入木三分,可见其深厚的技术功底和艺术修养。

我父亲一生创作了600多首音乐作品,从这些作品中遴选出各阶段的富有代表性的14首进行排演,究竟如何取舍,确实是件见仁见智的事。前面提到了,我父亲作品过去搞过很多次综合音乐会。综合音乐会的话,通常就是只演《南泥湾》《咱们工人有力量》《夫妻识字》等那些演得非常频繁的主要作品,当然大家都很熟悉,也很"讨好儿",但如果总是这些也就显得有点一般了。这台音乐会上,河南大学选了一些过去没有演出或很少演出的曲目。确实,我父亲还有很多作品没有被搬到舞台上。毕竟以前有些群众歌曲发表了也就过去了,或者学校、少年宫、文化宫之类的演了也就过了,这次河南大学很大胆、很有想法地将其按历史时期遴选和加工,并搬上了舞台。有些曾经在当时很有影响但后来没怎么演过的作品,这次选了好几首。比如男声四重唱《游击战歌》,又如《公社的山啊公社的水》,我知道曲目的时候,就建议至少改成"祖国的山祖国的水",毕竟现在"三面红旗""大跃进"早已经过时了。但师生们觉得这个原题、原词读着太好听了,舍不得改,而且我们要记住历史,我也觉得有道理。当时的历史环境就是那个样子,这是不能回避的。歌曲《打开大地的门窗》是20世纪50年代的作品,当年只是声乐、群众歌曲,这次河南大学给加工成了很有意思的表演唱。这首歌是讲勘探队的,刚开始,看一群男生都穿一身蓝衣服上去,只配了红纱巾调色,担心会很单调,但看完之后意想不到地觉得可爱、淳朴。

▷ 周恩来总理签发的任命书

问：作为杰出校友后人，您对新时代的河南大学总体印象如何？

马海莹：百年河大，桃李满天下。我为有幸作为河南大学校友的后人感到自豪。河南大学是一所被书香浸润的著名高校，有以范文澜等众多名师为代表的大师队伍，有以大礼堂为代表的古色古香的近代建筑群，是中国最美校园之一，是具有鲜明中原特色的双一流大学。河南大学有悠久的历史，更有光辉灿烂的明天！

问：今年是河南大学建校110周年，您和家人对河南大学音乐教育有什么希望和建议？

马海莹：我的父亲马可被称为人民音乐家，我想主要是他的一生始终把自己的命运和国家民族的命运紧紧地联系在一起，他的创作始终坚持以人民为中心。河南大学音乐教育和音乐创作有厚重的积淀和丰硕的成果，已经探索出一条根植于中原文化沃土、传承弘扬优秀民族文化、吸取世界人类文化中一切先进养分的路子。我希望河南大学有志于音乐艺术的师生认真学习毛主席在延安文艺座谈会上的讲话、习近平总书记在文代会、作代会上的讲话，以胸怀"国之大者"，勇于担当使命任务，自觉听从党和国家的召唤，自觉与人民同呼吸、共命运、心连心，奋斗新征程，建功新时代，创作出无愧于时代，无愧于人民的"大作"！

（本文整理时参考了《河南大学学报》马可大女儿马海星的文章及《音乐传播》编辑部冯亚、魏小凡采访马可大女儿马海星整理的口述资料，图片由受访人提供。）

"猗欤吾校永无疆"

——嵇文甫后人嵇立群访谈录

受访人：嵇立群，嵇文甫先生的孙子。
访谈人：于淑敏、陶襄萍。
访谈时间：2022年5月21日。
访谈形式：线上访谈。

问：嵇教授您好！很高兴您能接受我们的访谈。

我们在《光明日报》（2021年5月17日）上读到过河大教授张宝明的文章《嵇文甫：中原史家，桃李天下》，该文刊载在该报为建党70周年而开设的《大家·同心同行》栏中，占了一个整版。我们注意到，这一栏目从2021年2月1日开篇，每周一篇，先后登载的人物有：鲁迅、梁思成和林徽因、梅兰芳、马叙伦、恽代英、张望、冰心和吴文藻、范文澜、顾颉刚、叶圣陶、郑振铎、李四光等等。这些人物都是真正的"大家"。河大老校长嵇文甫先生作为当代著名教育家、史学家与哲学家，与这些闪闪发光的人物一起在该栏目被叙说，毫无疑问是昭示他在文化领域做出的突出贡献，值得宣传、褒扬，值得被后人铭记。

作为孙辈，您和祖辈一样都是教育工作者，同样也从事社会科学方面的研究，对嵇老前辈的研究领域相对熟悉些。在您看来，他在学术上的突出贡献在哪些方面？对后辈学人产生过怎样的影响？首先想请您谈谈嵇文甫先生的人生道路是怎样起步的？

嵇立群：任何人的起步和日后的人生道路，都和他所处的时代及具体环境密不可分。我们还是从他的早年经历说起吧。

我的祖父1895年出生于河南汲县，那时正值中国甲午战败、风雨飘摇的年代，清王朝就像一只纸糊的大船，已处于来自内外各方面的猛烈撞击中，"救亡"成为当年中国人心目中的"主题词"。我想，这一切都会在祖父年少的精神世界留下深深的印痕。

祖父自幼勤奋好学。汲县曾是卫辉府所在地，也是豫北文化重镇，因此他在少年时代有幸从学于同乡宿儒，熟谙旧学。1915年，祖父考入北京大学哲学门（后改称"系"）。其间，蔡元培做了校长并聘陈独秀为文科学长，北大从此成为新文化运动的中心舞台，也成为中国思想、文化的风暴中心。在那前后，李大钊、胡适等人也云集北大，《新青年》杂志开始耕云播雨，以新思想冲击旧藩篱。后来，祖父在《"五四"回忆片断》一文中说："五四前两年，新文化运动已经起来了。以五四运动中心的北京大学，在当时已经非常热闹，新旧潮流冷嘲热骂……在学生中，也出有《新潮》与《国故》两种刊物，形成新旧对立的局面。"在这样的读书环境中，直接引领、熏染祖父精神世界，开阔其视野的，是当时中国最杰出、最进步的若干思想文化先贤。祖父一方面师从那些有真才实学的大师们，掌握了研究哲学与历史的基本方法；另一方面，他以一个进步青年的热情迅速接受了新思想，投身到新文化运动的大潮之中。当时的北大本科学制是3年，祖父1918年夏从北大毕业。当时，虽然五四运动尚未爆发，但正如祖父后来所说，北大的情形已"处于雨云密布，大风暴即将到来的前夜了"。

▷ 嵇文甫先生早年照片

▷ 嵇文甫北京大学毕业照

说明：照片摄于1918年，是北京大学哲学系毕业生与老师合影的毕业照。地点在北大办公处门前。照片上裁切后显示的部分人物：前排：左起第一人为马叙伦，第二人为蔡元培，第三人为陈独秀，第四人为梁漱溟；中排：左起第一人为冯友兰，第三人（即站在陈独秀和蔡元培身后正中者）为嵇文甫。

我手头有一张照片,是祖父的毕业照,蔡元培、陈独秀等坐在前排,哲学系毕业生立于后边。祖父很幸运,恰贴身站在这两位风云人物的身后正中,似乎以生动图像诠释着"追随者"一词。100年有余了,透过照片,祖父北大毕业时一眼望着未来的坚定目光依然触动我心。

问:北大毕业后,嵇文甫先生回到河南,那些年他主要做了哪些工作?有河南地方史研究者认为,嵇先生等人对于新文化新思想在河南的传播,起到了不小的拓荒和推动作用。请您讲一讲当时的情况。

嵇立群:祖父是带着满脑子的新思想和对于新时代的憧憬登上南下列车的。他回到河南省会开封,在省立第一师范任国文教员,讲授文学史,同时在其他学校兼课。当时,虽然新文化运动在中国的中心城市风起云涌,但地处内地的河南,封建保守势力强大,学校里旧派人物众多,在思想文化上还比较闭塞、保守。祖父和同时回汴任教的北大、北师大的毕业生一起,以课堂为主阵地,开始了辛勤的文化"播火"工作。文学史家任访秋先生称其"传播五四革命精神,因而河南因袭、保守、沉闷的学风为之一变"。诗人苏金伞当年也是一师的学生,他回忆说:"嵇文甫先生是我们的国文教员。刚从北大毕业,穿着长衫,站在讲台上,潇洒温雅,从没有显示过严厉的态度,也没有过局促拘谨的样子。他深得同学们的爱戴,是第一师范很有威信的一位青年教师。他给我们讲的课文,很多是当时刚发表在《新青年》和其他刊物上的文章和作品,这些文章,都是用新的文体抒发新的思想内容,富有革命意义的。"

在开封,祖父还和一同回豫的北大同窗冯友兰以及韩席卿、徐旭生等人创办了《心声》杂志,在课堂以外的更大范围宣传新思想。多位河南现代史研究者认为,《心声》是作为五四前夕河南发行的唯一新型杂志,成为率先引新思想之风吹入河南的一个窗口。正如冯友兰先生后来在回忆中所说,由《心声》开先河,至"五四"高潮,各种新刊物在河南便"不择地而生"。所以,把我祖父及他的同仁视为那一年代河南的思想文化拓荒者,是不为过的。

1921年中国共产党成立后,祖父的思想开始由革命民主主义向马克思主义转变。任访秋先生曾写道:"1923年,我到一师读书……那时文甫先生已由宣传'五四'精神,进一步地宣传马克思主义了。他当时在河南进步青年的心目中,已成为大家公认的导师。"更深入系统地学习马克思列宁主义,是在他1926年加入中国共产党并赴苏联入莫斯科中山大学留学之后。他1928年归国再回河南的时候,河南党组织已在白色恐怖中被破坏殆尽。但是,正如他后来在写给党组织的小传中所言,他内心里"一直都未曾忘记党,而且思想上一直都是和党在一起的"。此后多年,初心未改的祖父身在党外,以文化人的身份从事教育与学术活动,同时传布进步思想,直至后来重新入党。

问:嵇文甫先生曾在北京大学任教,您能否谈谈那几年的情况?后来他是在怎样的情境下离开北平到河南大学任教的?

嵇立群:从苏联归国后不久,祖父于1928年底到北大任教,举家迁到了北平,他同时还在清华大学、燕京大学、女子师大等校兼课。那时候的北大还在城内沙滩那边,也就是新中国成立后文化部附近那一地带,其中的红楼现在成为新文化运动纪念馆。小时候总听祖母提"北池子",北池子就在学校旁很近处,家就安在那里。红楼始建于1916年,到1918年落成,现在我从那里经过,也常会想到祖父和这座楼的缘分,会遐想百年前他在读书和任教的岁月里,每每在这楼前脚步匆匆走过。

当时,革命正处于低潮,但学术界却非常活跃,正围绕中国社会史问题展开一场大论战。这一表面是学术问题的论战,实质上关系到"马克思主义是否适合中国"这一尖锐的现实政治问题。祖父投身于这场大论战中,一连写了《周末社会之蜕变与儒法两家思想上的斗争》《老庄思想与小农社会》《仁的观念之社会史观察》《伟人领导群众呢,还是群众领导伟人》等文章,发表过批评后来成为蒋介石御用文人的陶希圣(曾为蒋起草《中国之命运》)社会史著作的文章。在当时的高压环境中,他的行文虽未着马克思的词语,却宣传了历史唯物主义。

"九一八事变"后,民族危机日益严重,救亡运动渐起。《北大学生》杂志请嵇文甫、范文澜等人为编辑顾问。北平各大学进步学生所组织的社会科学研究会邀请祖父作了《封建社会的本质及其发展的诸形态》《从阶级观点来分析清初诸大师的政治思想》等报告。祖父还支持和帮助进步青年。张香山(新中国成立后曾任中央广播事业局局长等)在《失书记》中记述说:"'九一八'后,国难当头……我同几个朋友办了一个叫《开拓》半月刊的文学杂志……得到了北京大学教授嵇文甫先生的支持。"

1932年祖父的第一本著作《先秦诸子政治社会思想述要》出版,这是我国较早用马克思主义观点较系统地研究中国思想史的著作。听长辈讲,祖父的课堂,听讲者十分踊跃,教室里挤不下,不少学生就在门口、过道听。在蒋介石的侄子蒋孝先所率宪兵三团调入北平前后,左翼人士遭到疯狂迫害,相继发生"侯、马事件"(侯外庐、马哲民被捕),祖父的好友范文澜先生也被捕了。祖父在学术活动中所表现出的鲜明色彩也引起国民党特务的注意,知内情的朋友给祖父递信要他警惕。环境日益恶劣,日寇渐逼近平津,在此情况下,离开北平已是祖父的必然选择。哲学家贺麟回忆说:"当时唯一用新观点讲'左派王学',相当受学

▷ 嵇文甫晚年照片

生欢迎的嵇文甫先生被迫离开了北京大学。"

问：资料显示，嵇文甫先生是1933年到河南大学任教的，至1956年调任新建的郑州大学首任校长为止，他在河大工作、生活长达23年。希望您重点讲一讲嵇先生这20余年各方面的贡献。

嵇立群：是的，这23年时间不算短，从他38岁至61岁的年龄来讲，通常也恰是文化人最成熟也最富创造力的年龄段，可讲的事情不少。先从抗战全面爆发时讲起吧。

1933年暑假后，祖父回到河南，在河南大学任教授兼文史系主任。那一时期，祖父一方面从事教学与学术研究，另一方面投身到抗日宣传活动中去。不久后的1935年底，一二·九运动在北平爆发并扩展到河南，万余学生在开封龙亭后体育场开会，声援北平学生。祖父在会上讲了话，没有扩音器，他执喇叭筒演讲。祖父从历史上北宋面临金兵南侵时发生在汴京（开封）的太学生运动讲起，称颂学生们的爱国行动。

1937年夏，中国风雨交加，时刻关注时局的祖父无法像平素那样从容教学、研究，他急匆匆去了北平。我从范文澜之子范元维所写《我的父亲范文澜在河南的一段经历》中了解到些许细节。他说："当父亲从报纸上读到这个消息后（七七事变——引者注），父亲极为兴奋，立刻去找嵇文甫，到了嵇家，才知道嵇先生三天前到北平去了。满腔的兴奋变成了对嵇先生安全的担忧。直到十余天后，见到嵇先生安全地回来了（是绕道山西大同经同蒲线回来的），才一块石头落了地，马上就同嵇先生研究开展抗日救亡的事宜。"范先生和我祖父有诸多人生交集，他们同是北大毕业，不清楚读书时他们是否相识，但20世纪二三十年代同在北京教书时已是志向相投的好友，一同给进步的《北大学生》杂志当顾问。头两年范先生在北平被捕后已处境艰险，"一经嵇文甫先生介绍，刘（刘季洪，河大校长——引者注）马上就同意接受父亲到河南大学担任教师"。

全民族抗日战争爆发后,全国奋起。1937年9月,在中共党组织的支持下,祖父和王阑西(中共所派,新中国成立后曾为文化部副部长)、范文澜、姚雪垠等人在开封创办了《风雨》周刊。"风雨"二字,先是以鲁迅先生遗墨拼成的,后请林伯渠题写。《风雨》上除发表一些文化界进步人士的文章外,中共河南省委书记朱理治、宣传部部长刘子久、秘书长危拱之等经常为该刊撰文。不久,《风雨》即成中共河南省委的机关刊物。《风雨》刚出版时,估计在开封顶多可售五六百份,但实际上,2000份杂志在一天内就被抢购一空,后来最多发行到10000份,并流传到大后方兰州、重庆等地。据龚依群说,他在延安也见过《风雨》杂志。在那些日子里,祖父暂时丢开了学术研究,一连写了许多宣传抗战的时论和杂文,如《扫除一切阴霾》《在全面抗战中知识分子能贡献些什么》《恐日病的消除》《给当政治教官的诸同学》《一切救亡力量配合起来》《怎样取得民众的信任》等。

这年12月,祖父和范文澜在开封举办了一个"抗敌工作训练班",开封的大中学生及平津流亡学生踊跃参加。中共河南省委十分重视这个训练班,动员河大的秘密党员参加,还派马致远(即刘子厚,当时是共产党的公开代表,新中国成立后曾任中共河北省委第一书记)参加训练班工作。范文澜在《从烦恼到快乐》一文中回忆说:"训练班主要课目是中国问题(嵇文甫先生担任)与游击战术(马致远先生担任),这两位台柱子撑起训练班的'金字招牌',声名很好,在青年群中起着颇大的影响。那时候我们的预定计划是挑选一部分学生沿平汉线(重要城市)办短期训练班,兼做民运工作,联合当地青年,广播救亡种子,最后目的到信阳去打游击。"

首届抗训班结业后,祖父和范先生从中挑选了70人,组成河南省抗战教育工作团,他们二人为正副团长。祖父主要在开封做各方面联络工作,范先生率团南下,一路上演讲、演出,进行抗战宣传,起到了动员民众的作用。然而,这一活动却为国民党所不容,祖父多年后写道:"终于,国民党教育部下令逼范文澜同志和我回到学校来了。"而战教团辗转到了湖北襄樊,后于1939年到达共产党领导下的抗日根据地确山竹沟,实现了当初预定的"上山打游击"的目的,范先生也是在那时先去竹沟,后依党的指示去了延安。可以说,抗战初起时,由共产党领导,祖父他们投身的《风雨》周刊和战教团,在河南抗日宣传鼓动中突出地起到了吹号角、播火种的作用。

问:学术界对于嵇文甫先生的学术贡献评价颇高,同时,他影响了几代学生,可谓"桃李满天下"。例如张宝明教授在文章中也提到,嵇文甫"堪称学界巨子,教师楷模",是"我国最早运用马克思主义唯物史观研究中国历史和哲学的学者之一,也是'学术中国化'的倡导者和践行者",并指出,新中国建立后,"于新中国教育版图的开拓而言",嵇文甫先生做出了弥足珍贵的努力。8年间,中原大学、郑州大学拔地而起,河南大学调整重建,前者系"解放战争时期为革命事业做出重要贡献的大学",中间者系"新中国成立后国家创办的第一所综合性大学",后者系"见证中国千年科举制度终结",同时也"开启了中国新式高等教育"的大学。这些都是全视野观察嵇文甫先生的一生。作为后人,您认为祖父在学术与教育方面有怎样的贡献?

嵇立群:是的,张教授高屋建瓴,从几个方面概括和评价我祖父一生的贡献,是客观且全面的。我没有什么研究,只能就我所知大体谈几句。祖父在中国思想史方面,侧重先秦诸子、宋明理学,尤对晚明、清初诸思想大家有深入研究。他所著《晚明思想史论》可以说是他的代表作,几十年来被多家出版社作为"民国学术经典"一次又一次再版。祖父生前是河南唯一的中国科学院哲学社会科学部委员。学界普遍认为,他为新史学的发展做出了突出贡献。

随着近年关于"马克思主义中国化"的研究形成热潮,祖父在20世纪三四十年代之交的一系列论述进入研究者的视野。自

1938年毛泽东针对教条主义倾向提出马克思主义中国化的命题，"学术中国化"随之而起。近年多次见到相关研究中颇为醒目地提及我祖父的论述。有学者认为，我的祖父在其间起到了回应、推动、实践几个方面的作用。

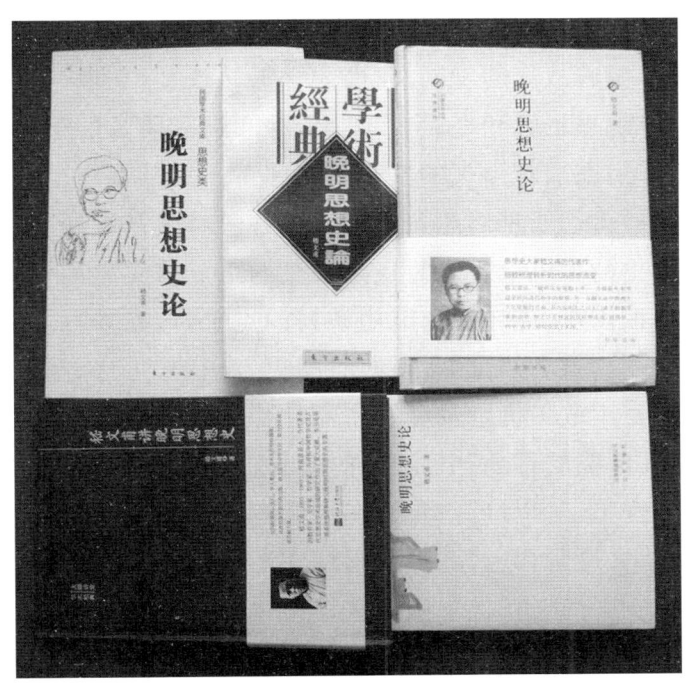

▷ 嵇文甫代表作《晚明思想史论》的若干版本

祖父一辈子从事教育，从未离开三尺讲台。从五四新文化运动起，像播撒种子一样，从20世纪20年代至60年代，他教过的学生一代又一代，尤其是在河南大地上遍地开花。影响几多？我不知道，但在当年几代学生的诸多回忆文章中，能不时感受到他们对于我祖父的深厚情感。往事并不如烟，我曾在《任访秋日记》中读到过一句"访（毛）健予，谈文甫先生生前在河南给青年们的巨大影响"。仅一句话，但我深知，这话背后的图景是半个世纪农夫般的耕作与年年染绿的沃野。

问：您的祖父在抗战时期所写的《河南大学校歌》歌词（陈梓北谱曲），是在国难当头的岁月里以爱国热血所凝就，被一代又一代河大学子所传唱。您能围绕这首歌的创作谈谈当年的往事吗？

嵇立群：我是晚辈，没有生活在那个血与火的年代，只能从前辈人的诸多回忆中寻找当年"此情此景"了。

当时，随着战局的发展，河南大学辗转迁徙，在豫西嵩县潭头镇落脚，在那里栖身和办学5年。作为文学院院长的祖父和千百学生共命运，在国难当头的岁月里坚守着不移的信念。那时的艰难是今天的人们所难以想象的，其间，办学经费被缩减去一半，还经历了严重的大饥荒。当时还是学生的张效房先生回忆说，头一年还有煤油点灯，再往后只能用菜籽油点了，灯光如豆，还需两学生对坐共用一盏。他说，几年的时间里，没有吃过肉、鸡蛋、豆腐，青菜中甚至不敢买价格较贵的红萝卜而只吃白萝卜。宋景昌先生在《回忆在潭头的日子》中提及，他们所住破旧土房仅一小窗，大白天也光线昏暗。他写道："我们在土墙上凿个圆洞，在里边糊上一层薄纸，使之透明，美其名曰太阳灯。"还有人回忆说，当时不少学生是用染衣服的染料化了做墨水，用木枝削尖做笔的。随着日军逐年深入，抗战进入相持阶段，日子一天比一天艰难，似乎看不到隧道尽头的光亮，悲观的情绪于无声中悄悄传染。正是在这种艰难景况中，学校决定创作一首校歌鼓舞士气。深谙历史大势的祖父一气呵成，写就了简短却厚重的河南大学校歌歌词，陈梓北先生为它谱了曲，时为1940年。"嵩岳苍苍，河水泱泱，中原文化悠且长……四郊多垒，国仇难忘……"，它是颂歌也是战歌，凝聚着对国家对脚下这片土地的厚爱深情，传递着大敌当前的百折不挠，也祈福学校百代不衰。此后，校歌在一代一代河大学子的传唱中，对学校的认同感和自豪感也得到强化。这诞生于民族危亡年代里的校歌，如今已融入河南大学的血肉魂魄，成为颇具凝聚力的文化符号。

祖父所撰校歌歌词的精神风貌并非偶出，而是早已深藏并激荡于内心,同时也是内外钳压下的释放。这里,此前一年和此后一年有两事也许可作为典型,和他所写校歌共同形成一面精神背景墙。

一件事,是祖父写《河南精神》。1939年祖父在《河南民报》上发表了《河南精神》一文,洋洋洒洒两千文言,历数上下数千年河南历史的精粹,述"锁于内地"的种种变迁,析河南人的本色与特质,他把"河南精神"的特征概括为"平正通达"。他写道:"夫'平正通达'则近乎'中'。惟其'中'也。故当其盛时,文而不弱,武而不暴。正位居体,执道枢,秉天钧,岿然为一世重……"他分析河南中落的原因,指"河南文不如南,武不如北"的说法"此言似矣,而未尽然也……"文中,他笔端直连当下的抗战,以激励式的问句写道:"兹者,时移事易,大战方兴。吾河南耆老,其无有曷兴乎来,发扬蹈厉,奋鹰扬之威,如黄发尚父者乎?吾河南官吏,其无有竭忠尽智安扶危邦,振苦民,如东里子产者乎?吾河南士子,其无有明时务,达治体,激切呼号,如贾生者乎?吾河南富民,其无有慷慨输将,济军用,救灾荒,如卜式者乎?吾河南军人,其无有奋起行伍,驱暴敌,雪国耻,精忠大节,如岳少保者乎?军兴以来,吾河南壮丁,应征募者,不下三百万;而服务前后各方,埋头苦干者,又不知其凡几。诗云:'周虽旧邦,其命维新'。继承光荣传统,迎接时代使命,发挥伟大精神。此亦千载之一时也。"这字里行间,不仅阐析河南精神,也充溢着家国天下的激情,与他所写校歌歌词气韵相通,两相呼应。

再一件事,是祖父的被捕。其实,在更早些时候已有种种不祥苗头,但是面对压力他处之泰然。祖父被捕之前半年,在国民党政府压力下他被解除文学院院长一职(表面上是"辞职")。姚惜鸣先生据自己日记在《嵇文甫的身教与言教》一文中回忆说:"1941年3月6日学校贴出免去其文学院长职务布告的前几天,汲县同乡就听到他'辞职'的消息,便前往他家去慰问,他却若无其事地由校事谈到国家大事……从他的话音中可知他对于'辞职'毫无留恋之情,相反他倒觉得'辞职''适于时,适于地'。在贴出布告的当天下午,他照例讲授所担任的《中国哲学史》课程,绝不愿因为自己的事耽误学生一堂课。"

1941年初皖南事变后,蒋介石发动第二次反共高潮,四处抓捕共产党人和进步人士,祖父也上了黑名单。10月祖父被捕,他被押解到洛阳,关在北邙山的一个窑洞里。在狱中,祖父经受了严峻的考验,保护了该保护的人。在狱中,祖父曾写下这样的诗句:"坎坷何足道,磊落此襟期。羑里艰贞日,龙场悟彻时。精金须百炼,健马终一驰。默数平生事,飘然壮志飞。"他借周文王被商纣王囚羑里和王阳明被贬于龙场的典故,抒发了自己的信念。祖父的被捕在河南文化教育界引起震动和义愤。河大学生以罢上军事课表示抗议,一批进步教授向有关方面发出函电,争取社会舆论的支持。经各方面的大力营救,当局迫于压力于次年3月将祖父释放。祖父返校的那天,河大数十名师生连夜到数十里外去接他,到校后又燃篝火放鞭炮欢迎(见梁建堂等回忆)。祖父后来曾满怀感情地说过,他与"几千学生是骨肉相连的",无疑是肺腑之言。几乎与此同时还出一事,大特务文强后来在回忆录《戴笠其人》中有这样的叙述:"1942年底,汤恩伯与戴笠合谋,利用延安整风运动中的空子,勾引八路军驻洛阳办事处袁晓轩公开自首叛变,将由他负责联系的统战系统的党员和爱国人士张振寰、嵇文甫教授等80人出卖。"祖父当时的处境可想而知。《戴笠其人》是我在祖父去世多年后偶尔读到的,估计祖父生前不知其情。祖父撰河大校歌前后,身侧风疾浪涌,他本人处境维艰,然而,正如他自己诗言:"坎坷何足道,磊落此襟期。"心如此,歌便如此。

问:从校歌诞生到今天已经过去82年。2022年是河南大学建校110周年纪念,我们的校歌肯定会再次被全国各地的校友们深情地传唱。歌中"继往开来扬辉光",寄托着嵇文甫先生对学校未来的期待。河南大学如今已进入双一流大学的行列,是不是可以说,你祖父的理想真正地实现了?

  嵇立群:"嵩岳苍苍,河水泱泱,中原文化悠且长……""济济多士,风雨一堂,继往开来扬辉光",校歌如今已融入河南大学的血肉魂魄,祖父当年的理想今天都变成了现实。如果祖父地下有知,也会为河大这些年的发展而欣慰的。

(本文图片由受访人提供)

河南大学，我的大学
——王立群校友访谈录

受访人：王立群，河南大学教授、博士生导师。

访谈人：于洪，河南大学中文系1981级校友，就职于中央广播电视总台。

访谈时间：2022年5月22日。

访谈形式：线上访谈。

问：王老师您好！首先祝贺您在拥有"河南大学教授"和"央视《百家讲坛》著名主讲人"等身份之外，在北京校友的一致拥戴下，您又拥有了一个新的社会职务——河南大学北京校友会名誉会长。据我所知，您不但对河南大学北京校友会的建设提出了一系列指导意见，还亲自创作了一首歌词《我的大学》作为北京校友给母校河南大学的献礼。请您介绍一下这首歌的创作过程，也请您谈谈我们北京校友会应该从哪些方面为母校的建设开展工作？

王立群：《我的大学》这首歌词是应北京校友会陶襄萍会长的邀请创作的。这首歌词的主要的内容是写自己对我的大学也就是河南大学的思念、评价，和自己对母校的深厚的情感。我和河南大学的关系比较密切。我是1979年考上河南大学，然后1981年毕业留校，又在学校工作几十年，是既在这儿读书又在这儿工作，所以《我的大学》这首歌词主要是表达自己对大学的思念和对大学的祝福。希望这首歌能够作为河南大学北京校友会献给母校110年校庆的一首歌曲。

▷ 王立群先生

北京校友会是河南大学校友会中间的一支重要力量。北京校友会人才济济,所以北京校友会应当是河南大学校友会中最重要的校友会之一。北京校友会这次为纪念河南大学110周年校庆做了大量的工作,他们创作了歌曲、雕塑,又编撰图书等。这是北京校友会为母校提供的多方面反哺。

问:2022年9月河南大学将迎来建校110周年盛典,北京校友的校庆寄语,经院士校友和您修订后,确定为"大河泱泱,桃李芬芳,明德新民,国家栋梁"。请问校庆寄语为什么最终确定这16个字?其中包含着什么样的深意?

王立群:北京校友会创作的寄语是"大河泱泱,桃李芬芳,明德新民,国家栋梁",这16个字的含义有两个方面:一方面赞扬了河南大学教书育人110年来的成绩,"大河泱泱"点出了河南大学所在位置,在黄河流经的一个重要节点——开封;"明德新民"是河南大学的校训;"桃李芬芳,国家栋梁"代指河南大学110年来培养的几十万学子。16个字寄语既有对母校的赞美,又有对河南大学培养的几十万校友的深深祝福,希望这些校友能在不同的岗位、在不同的国度,为河南大学高等教育的健康发展做出更大的贡献。

问:王老师,您与河南大学结缘有多少个年头了?当年您是怎样考入河南大学的?求学期间您的最大收获是什么?

王立群:如果要算一下我和河南大学的结缘,应当是从34岁考入河南大学读研究生一直到70周岁正式退休。我在河南大学读书、工作了36年,这36年一方面是学习,一方面是教书。

1965年高中毕业以后,我因为家庭出身没有考上大学就参加工作了。从1965年到1979年考上研究生,这14年的时间是在开封市空分厂子弟学校教书。1977年恢复高考时,我本来打算报考,但当时有规定,超过30岁的考生,只招收高六六、高六七、高六八的考生,因为他们没有参加过高考。我时年32岁,是高中六五届,不在六六、六七、六八老三届的范围,无法报名。1978年开始恢复招收研究生,对我来说,这是唯一的上大学的机会了。1978年参考我觉得把握不足,用一年时间认真做准备,1979年考上了。中文系的课程即使不通读的话,至少和报考中国古代文学相关的内容,像《中国古代文学史》《中国古代文学作品选》《古代汉语》《文艺理论》、外语、政治,必须得自学。

求学3年我最大的收获,是系统地阅读了中国古代文学的基本典籍,师从王宽行老师,向他学习了文本阅读的方法。后来我在教学中,非常注重文本阅读,从文本入手分析文学作品。后来到央视讲课,把这种讲法带到了《百家讲坛》。海选结束后,很快就参加《百家讲坛》的面试,并直接跳过试讲一个系列,开始在《百家讲坛》录制《王立群读史记》系列节目。

补充一点,即1979年考上河南大学之前,我与河南大学还有另一种因缘。

"文化大革命"后期,有一个阶段"评法批儒"。当时,河南大学前身开封师范学院的历史系,和我所在的开封空分厂工人理论组有过一次联合。这次联合的主要任务,是为被定为法家的王安石编撰《王安石诗文选》。我当时在空分厂子弟学校担任高中语文教师,被厂里抽出来参加王安石诗词的校注,因此,我在开封师院历史系待了3年。

这3年我读了不少古籍,《史记》《汉书》《宋史》《续资治通鉴长编》《临川文集》《王荆公诗注》等,均在此时读的。3年中,我天天骑车从东郊住所到开封师院,中午有时不回来。应该说这个时期的读书给了我极大的帮助,这为我后来的考研带来了许许多多的方便。

除了读书,我还接触到不少教授。当时历史系有10位教授。开封师院那时一共有20位教授,其中历史系有10位教授。这10位教授中5位是历史系本身的,另5位教授是省会迁郑时,河南省历史研究所留下来的。

明德京华录

▷ 王立群先生

因此考研时,我曾有过彷徨,是考历史系还是考中文系?一直到 1976 年"文革"结束,我们这个组才解散回到厂里。紧跟着就是 1977 年高考,所以当时对历史就比较熟悉,曾一度想报考历史系,后来又觉得我在中学里一直教高中语文,对文学还是有情感的,最终还是选了文学。

自毕业以后,到央视《百家讲坛》2005 年来河南大学海选主讲人时,我讲的是《史记》。它既是我教材中间必讲之课,同时又和我与历史系的结缘有关。后来我在《百家讲坛》讲了 10 年秦汉史和北宋史,应当说和我的教书经历,还有考上河大研究生之前在历史系工作的 3 年有渊源关系。

问:从求学到教学,您研究生毕业后就留校任教。王老师,您正式教的第一届学生就是我们——中文系八一级,按我们河大的说法,您是我们的"亲老师"。当时,您给我们讲两汉文学,讲《史记》,课堂上您慷慨潇洒、妙语连珠,大家都非常喜欢上您的课,以至在很多方面都受到您的影响,至今不忘。请谈谈您的老师对您的影响,以及您对河南大学文脉传承的理解。

王立群:我研究生未毕业时,因为中文系教学的工作需要,我和上一届的师兄接受了一个任务,为中文系七九级的学生讲 10 周两汉魏晋文学课,名义上是研究生教育实习。教育实习一般是一周两周,我们的实习还要完成教学任务。师兄讲两汉文学,我讲魏晋文学。

我毕业后教的第一届学生就是中文专业八一级的学生。八一级的学生叫我"亲老师",是因为我亲自给他们讲了两汉文学。两汉文学有三大块儿:汉赋,散文和诗歌,其中讲得最多的是两汉散文、诗歌,因为两汉散文、诗歌的成就高,汉赋离现实远,难度比较大,一般从文学史的角度讲讲赋的起源、发展、代表作家、代表作品,对具体作品没花更多时间讲。对两汉散文下了很大功夫去讲,因为两汉散文,无论是历史散文《史记》《汉书》,还是政论散文,成就都高。两汉散文的重点是司马迁的《史记》,所以对八一级的学生,我讲了四周的《史记》,讲了《史记》概论、作者及其成就、文学史地位和影响,也选讲了一部分篇章。司马迁《报任安书》《项羽本纪》"鸿门宴",这些作品在课堂上都作了比较详细的讲解。讲《报任安书》是让大家更好地了解司马迁其人,便于对《史记》的创作有更深的了解。讲《项羽本纪》,是因为《项羽本纪》是《史记》中间写得最精彩的篇章之一。《项羽本纪》篇幅长,我选讲了"鸿门宴";还讲了《李将军列传》《魏其武安侯列传》,这些传记都是《史记》塑造人物非常典型、非常优秀的篇章。所以,从文学角度讲《史记》,还《史记》的文学本位是中文专业讲《史记》的出发点和终点。后来从河大课堂讲到央视《百家讲坛》,讲稿还是在河大教书时写成的。

在文学研究和教学中我深受王宽行老师的影响。王宽行老师是一位长期被低估的老师,很多人不知道他,实际上他很了不起。他有一个非常有名的本领,就是擅长文本解读。我们讲文学作品,最根本的就是文本解读,文本讲好了,作品、人物就活了。我认为,河南大学中文系中国古代文学教研室,文本讲得最好的就是王宽行老师。作为他的第一个研究生弟子,我感同身受。

宽行老师给我一个人讲课,在屋里也是绘声绘形,声如洪钟。后来我带研究生时,请宽行老师给我的学生讲《木兰诗》《孔雀东南飞》,学生们收获都非常大。这种认真抠着文本深入地讲解作品的老师,现在已非常少了。后来,我把学到的东西又给八一级的学生讲,给八一级的学生可能留下了一些比较深的印象。

河南大学的文脉传承应当包括两个方面。一方面,我们要看到河南大学中文专业是创校以来从未中断的专业,有很多著名学者在这里任教,特别是中国古代文学专业,集中了当时河南乃至全国大学的一批优秀教师,像李嘉言、万曼、高文、华锺彦、于安澜、任访秋诸先生。他们应当是河南大学文脉延续的重要方面。

另一方面,一批来自不同地方的老师,像刚才提到的王宽行老师,是无锡国专毕业。了解中国近代教育史的人都知道,无锡国专是实力强悍的学校,培养了一批著名学者,他们或是在无锡国专教过书,或是无锡国专培养出来的学生,像王宽行是无锡国专毕业后分配到开封师院,这些老师有他们自己的学术传承。所以河南大学的文脉,是从各个不同学校、不同渠道汇集到河南大学的优秀学者,二者共同汇合而形成的。

问:王老师,虽然相关的报道和文章已经很多,但还是有很多校友、很多朋友很想知道您当年是怎样登上央视《百家讲坛》的。请您再讲一讲,多讲一些秘闻吧。

王立群:我登上《百家讲坛》一事,一些媒体已采访过,这里我再简单重复一下。我上《百家讲坛》,首先是因为央视科教频道创立一个普及中国传统文化的栏目;其次是因为河南大学的文史专业在全国的名气很大。一所大学的名气是靠一批学者长期执教于某一大学而逐渐形成的。河南大学在国民政府时期即是一个大中文,即中文跟历史专业是合并的,后来在拆分时,中文和历史分家了。

央视创办了一个正处于上升期的名牌栏目,河南大学的文史专业在国内又极负盛名,这促使了央视《百家讲坛》一个"海选"主讲人的小组光临河南大学。

央视在河南大学"海选"主讲人是 2005 年 12 月 23、24 两天,校宣传部给当时河南大学文科各院系都打了电话,要求每个学院推荐两个讲课好的老师,并将其姓名、职称和手机号上报。当时主持文学院工作的是党总支书记胡德岭老师。我的姓名等信息就这样到了央视来选人的编导郭巧红手中。

郭巧红看后,马上给我打了电话。这一天是 2005 年 12 月 23 日,我正在北师大参加一个学术会议。她第一次打电话给我,我正陪一个朋友吃午饭,饭后我打过去时她又在吃饭。她回办公室后,给我打了第二个电话,聊了一个多小时。这通电话让郭巧红编导对我本人的普通话、口头表达能力、逻辑思维、条理性等方面比较认可。郭巧红告诉我,他们第二天要到河大去选人,要我提前回来。这次学术会是北师大郭英德教授主持,我请了事假就提前回校了。

当时没有高铁,进京走京九线,从开封经商丘,再北上至京。回时从北京西到郑州,再转至开封。我回汴坐的夜车,硬卧车厢过道中有休息的地方。我想了想,就在这儿试试吧。看着聊天的车友,我说:你们别聊了,我给你们讲一段鸿门宴的故事吧,然后我就把鸿门宴背着讲着、讲着背着,给他们讲了一个多小时。我发现听众从两三位到八九位,大家听得津津有味,我就觉得行,明天就按这个方法讲。

第二天,我到明伦校区办公楼二楼参加"海选"。二楼校长办公室旁有一会议室,我们中国古代文学教研室的老师差不多都来了,总共有二三十人。

开始之前,我有意在门口等,因为我想前一天给我通电话的郭巧红老师一定会来。果然,一会儿就看见了3个陌生人,因为河大来的人我都认识,来的3位陌生人我猜是央视的。我见3人中有一位女士,猜想她应是郭巧红。果然,这位女士问:"哪一位是王立群教授啊?"我上前一步,说我就是。她看了看我,笑了笑,没说话。多年以后,跟郭巧红熟了,她对我说,和你通完电话后就基本确认你了,但还不太放心,我还想再看看你这个人。我说,你看的是不是能不能上镜啊?我这个形象上镜肯定一般般,不属于帅哥。郭巧红听了哈哈大笑。

那天去选人的时候我还是第一个发言,然后我就把《鸿门宴》的前几行,就是"沛公军霸上,未得与项羽相见,沛公左司马曹无伤使人言与项羽曰:'沛公欲王关中,使子婴为相,珍宝尽有之。'项王大怒曰:'旦日飨士卒,为击破沛公军!'当是时,项王兵四十万,在新丰鸿门;沛公兵十万,在霸上。"这一段背着讲了一遍,耗时20分钟。

后来我才知道,除了郭巧红,那天去的还有魏学来编导,和《百家讲坛》顾问解如光。

我讲完,他们3人对视了一下。解如光说:"你到隔壁去录像。"

校办隔壁是会客室,魏学来动作娴熟地架好录像机,让我站在录像机前把刚才讲的录一遍。大概有一分钟紧张吧,我用20分钟时间又讲了一遍。后来我才知道,他们要带录像回京交给当时的制片人万卫老师审查。

2006年1月,郭巧红通知我写好讲稿,16日到北京木樨地国宏宾馆地下室试讲。1月15日我到达北京。1月的北京,冬寒料峭,早上6点,漆黑一团,西客站让我蒙圈了。我打了郭巧红手机,她将我接到"影视之家"。下午,我去踩了点儿,从下榻的五棵松影视之家到木樨地的国宏宾馆地下室二层,我走了一遍,旁听了一位试讲的主讲人的录制课。

第二天录制时,我一口气讲两集,把"鸿门宴"讲完。刚刚讲完,郭巧红满面春风地从导播室迎了上来,告诉我,他们领导要见我。郭巧红说的领导是制片人万卫老师,在场的还有解如光老师。郭巧红和于洪也在场。万卫老师说:"你先把项羽讲完,然后你给我们选一本书讲一讲。"我听完以后感到非常惊讶,因为试讲通过了,要先把试讲的这个系列讲完。撇开这个系列,直接让你去讲这一本书,应当是非常破例了。《史记》要通讲一遍,不是一年两年能讲完的。这样,我在《百家讲坛》一下子讲了10年,讲了《王立群读史记》《王立群读宋史》《王立群说成语》等节目。到说成语时,于洪又接着做我这个节目的负责人了。

问:王老师,不少校友知道,我后来也到《百家讲坛》工作。我很高兴也很幸运,能够在毕业多年以后继续听王老师的课,很多同学是很羡慕我的。特别是后来又能跟您合作做《文景之治》《王立群说成语》等系列节目,我感到特别荣幸。也正是因为工作岗位的原因,我能听到《百家讲坛》栏目内部和社会观众两个方面对您的评价和印象：您是《百家讲坛》的常青树，学术视野开阔、观点论证严谨、表达精准流畅，讲课深入浅出、引人入胜，为人又温文尔雅、含蓄内敛等等。请问王老师，您的这种性格和学风是怎么修炼出来的？

王立群：我们重逢是在央视《百家讲坛》。你是央视的编导，我是应聘在央视做讲座的嘉宾，宾主有别。"常青树"之说，主要是因为我讲的《史记》时间跨度长达数年，这在主讲人中非常少见。

性格是与生俱来的，学风是河大修炼出来的。河大本身就是一个非常讲究学术严谨的百年老校，河南大学的老师不是随便就能上课的。讲课要有人听，听完以后要有评，这不是每一所大学都能做到的。在河南大学数十年的耳濡目染，经过师长、同门、同事的帮助，和同学的反馈，个人的讲课风格逐渐磨炼出来，也和业师王宽行老师的言传身教密不可分。

每一个人都有自己独特的讲课风格，我平时在大学课堂就是这样讲的，自然到了央视也这样讲。每一个老师都是不可复制的、不可重复的，很多东西是学不来的，它和人的性格、长期养成的讲课习惯有关。还和你做不做研究有关，如果你要做研究，那么做研究的那种严谨必然要带进来。加上我之前在历史系待过3年，历史系的学风也给我很深的影响，应当说综合了河南大学文史两个专业的传统。长期在高校教书，加上我来河大之前有过14年的中小学的教书生涯，可以说我从20岁开始到70岁退休，在教学岗位上整整工作了50年。小学、初中、高中、大专、本科、硕士、博士、博士后，国民教育系列中基本巡回了一遍，这是特殊年代造成的，它一方面给了我很多实践，另一方面也耽误了我很多时光，有收获也有损失。当然，失也是得，得也是失。

问：王老师，登上《百家讲坛》之后，您不但迅速成为大家熟知的"学术明星"，同时收到中央电视台众多知名栏目的邀请，成为多个品牌节目的文化嘉宾，比如《青年歌手大奖赛》《中国诗词大会》

等。请问您在参加不同的电视节目时都遇到过哪些不同的挑战?

▷ 王立群先生参加央视《中国诗词大会》

王立群:在《百家讲坛》得到观众的认可后,的确收到了中央电视台其他一些栏目的邀请,我印象比较深的是两个栏目的活动,一个是《CCTV青年歌手大奖赛》,一个是《中国诗词大会》。青年歌手大奖赛是多场直播,诗词大会是一场场的录播,直播跟录播的差别很大,这是非常难得的一种体验和磨炼。诗词大会录制一期的时间比较长,需要在几百分钟的录制素材中剪出100分钟,所以在现场讲的内容和最后播出的内容会有较大的差异。青年歌手大奖赛不一样,我参加的是央视最后一届CCTV青年歌手大奖赛,这次大奖赛把嘉宾分为评分的嘉宾和不评分的嘉宾。评分的嘉宾只能在周一到周五参加5场,不评分的嘉宾就是我和当时中国音协副主席徐沛东老师我们两个。我们参加的是前120名晋级到36强的比赛,就是120名选手经过20场比赛,每一场比赛都安排在周一到周五的晚上。每场有6个选手参加,20场刚好是120名选手。20场竞赛完毕,最后选择得分最高的36名进入36强,再参加决赛,争夺一、二、三等奖。我担任的是只点评不打分的评委,所以我可以参加全程20场比赛。

明德京华录

▷ 王立群先生担任央视《中国诗词大会》嘉宾

青歌赛的赛制规定点评嘉宾赛前不知道每天是哪几名选手参赛,不知道手中的6张试卷是今天几号选手的题目。每天下午两点半钟央视派车把我接到老台址。等徐沛东老师来了,导演才把题目给我们。这些题目没有标明选手的序号,6份选题对应6名选手。至于哪10道题是对应哪个选手,我们并不知道。等到我们入场,已经坐好不可能再走动时,导演组才来人在我手中的6份题上标明一号、二号直到六号的序号。此时,我才能知道哪张题是几号选手的题目。

一旦开场,比赛从开始到结束就不停,因为是直播。我的点评,延时5分钟就播出了,完全没有剪辑。它的好处是每次点评内容都能原汁原味地传达出去,没有人为删减。虽然对点评嘉宾的即兴发挥是一个考验,但很公正。

每一名选手的10道"快问快答题",选手可全答,也可选答,每答对一题,得0.5分。无论选手答对或答错,我都要选几道题点评,而且点评的时间要尽可能地短。

第一天我点评了唐代诗人崔护的《题都城南庄》,关于崔护的故事讲得多了一点儿。第二天,央媒一位原总编就在媒体上发言:王立群的点评冗长,哲理性远不如原来的余秋雨老师,还是让余秋雨代替王立群担任点评嘉宾。但是,此事我并不知道。

第二天开赛前,我刚坐上点评嘉宾的座位,总导演就站在我跟前跟我说,王老师,要讲金句啊,要讲金句!当天我回去上网查了一下,才知道总导演为什么要让我讲金句。第三天开场前,总导演又要我点评讲金句。

到了第四天,两个藏族选手载歌载舞地唱完后,这两名选手很独特,他们见到所有的题目都不回避,都回答,没有一题喊"过",你要喊"过"这0.5分就丢了,他们是全答了。所以看完后我确实很有感触,就随口说了两句点评:"过错是暂时的遗憾,错过是永生的遗憾。这两名选手宁可出现过错,他们也绝不错过。"评完不到10分钟,后台负责监控的老师就跑来跟我说:王教授,好评如潮啊!

好多观众说,过错是暂时的遗憾,错过是永生的遗憾。王老师这两句话说得非常精彩。第二天总导演特别高兴,说王老师,你这两句讲得太经典了,金句,金句啊!那两个藏族小伙子之后进入总决赛,得奖了。

后来点评一名女选手,她的歌唱得很好,快问快答题也答得很好,所以我就说:"命运就像手中的掌纹,虽然曲折,但仍然在你的掌控之中。"这两句播出后,也得到了网上一片好评。这才把"王教授点评没有哲理"这个批评给终结了。

《中国诗词大会》我参加了第一到第七场的点评,因为篇幅关系就不多讲了。

无论是《CCTV青年歌手大奖赛》,还是《中国诗词大会》,都是央视的品牌栏目,社会关注度很高。作为央视重大节目的点评嘉宾,受到了全国观众的关注,不但我自己接受了新的挑战和磨炼,同时对河南大学影响力的提升也有积极的作用。

问:我们河南大学的校训是"明德新民,止于至善",对于这八个字,王老师您是怎么理解的?

王立群:校训是一所学校对培养目标的一种要求。"明德新民,止于至善"这八个字主要讲了道德操守的培养。如果没有好的道德操守,那么你培养出来的学生就很难成为国家的栋梁、成为有用之才。所以,任何时候,高等教育都应当把道德操守的培养放在第一位。知识的传授、文脉的传承是第二位的。只有做一个高尚的人,然后才能成为一个合格的学生、合格的河大人。

问:王老师,您去过许多大学,也了解很多世界名校,就您来看,我们的母校河南大学有什么样的个性和魅力?

王立群:如你所问,我去过很多大学,也了解一些世界名校。我们母校河南大学有什么样的个性和魅力呢?我觉得河南大学最重要的个性和魅力,就是她把育人放在第一位,同时又特别地敬业,具有一个博大的胸怀,又认认真真地做事。这样的一种校训校风、文脉的传承值得永远发扬。

河南大学在开封,现在虽然有郑州校区,但是,中文专业、历史专业这些都在明伦校区。开封是一个不太发达的城市,因此,她没有更多的喧嚣,当然也就少了一些外界的诱惑,可以让学生们静下心来专心致志地读书。

世界上很多名校不一定都在非常繁华的大城市,很多名校都是在一些小城镇,这都无所谓,因为你无论在哪里,你的目的就是教书、育人,教书育人在哪一个环境下都是可以的。

河南大学在抗战中辗转到豫西办学,在辗转迁徙的过程中,照样培养自己的学生,传承着自己的文脉,照样是功不可没!所以河南大学的魅力、个性,其实是在110年的历史中逐步形成的,是一代一代老师、一代一代校友为我们做出来的榜样。

校友是整个河南大学非常重要的一支力量,河大学生在河南大学读书也就是几年的光景,而你作为河南大学的校友,却有几十年的时间,所以说校友是非常重要的一支力量。大学跟校友的关系,就是学校培养学生、校友又反哺学校的关系。

问:王老师,您今年已经77周岁,也退休多年了,但据我所知,您现在还在为河南大学做着不少工作,贡献着力量,下一步您还有什么规划?

王立群:是的,我今年77周岁,也退休七年了。但是退休以后这7年,还在参加一些力所能及的活动,比如说参加央视《中国诗词大会》,有选择地参加一些重要的文化传承活动。在这些活动中,我对自己身份的介绍一直是把"河南大学教授"放在第一位,我觉得我跟河南大学有很深的渊源,我受益于河大的很多很多,所以无论到什么地方去,我介绍自己的时候,或者是我要求主办方介绍我的时候,首先就是介绍"河南大学教授"这个身份,其他的可以介绍也可以不介绍,"河南大学教授"这一点是必须介绍的。

我觉得这个介绍不单是对我身份的一种认定,也是对河南大学的认定,是我引以为自豪的一种推介自己的方法,同时,这也是通过自己在各个场合的出镜,宣传河南大学的一种方法。有一些对高等教育比较陌生的观众,他们是通过我的节目才知道中国有一个河南大学、河南大学在开封,这在无形中对河南大学也是一种宣传,我觉得这样很好。

我自己快 80 岁了,体力、精力都远不如以前,下一步没有什么规划,尽量参加一些力所能及的文化普及活动,但是参加活动肯定没有过去多了。

▷ 王立群老师与校庆工作团队主要成员北海合影照

问:王老师,如果让您用一段话总结您跟河南大学的情缘,您会怎么说?

王立群:为了迎接河南大学建校 110 周年,我应邀给北京校友会写的歌词中有两句话,叫作"走遍万水千山,从未走出你的视线",这两句话可以概括我和河大的情缘。应当说,我写《我的大学》这首歌就是表达我和河大这种血脉相连关系的,我把它一并附上。

我的大学

如果时光能够倒转，

我真想回到从前。

在河南大学的青葱岁月，

明德新民让人魂绕梦牵。

几回回梦中醒来，

菊花香弥漫身边。

铁塔湖畔的风铃，

还是那么漫不经心的呼唤。

谁与贡院青砖缠绵，生生不息三世缘。

谁与铁塔风铃相伴，浅斟低唱一千年。

蓦然回首之间，

还是你当初的容颜。

重逢就在金色九月，

我又见校园风光。

从明伦街触摸古老城墙，

在南大门凝望大美礼堂。

东西斋灯火阑珊，

又一次这里起航。

京华岁月的梦想，

还是那么初心不改的模样。

谁与贡院青砖缠绵，书声琅琅悠且长。

谁与铁塔风铃相伴，薪火相传永无疆。

走遍万水千山，

从未走出你的视线。

（本文图片由受访人提供）

书中悟道翰墨香

——张志和校友访谈录

受访人：张志和，故宫博物院研究员、书法家。

访谈人：于淑敏，中文系1983级校友，就职于中国大百科全书出版社。

访谈时间：2022年5月23日。

访谈形式：线上访谈。

问：张老师您好！很高兴对您做访谈，遗憾的是因为疫情防控不能去拜访您，只能在电话中进行访谈。您1989—1992年在河南大学中文系，师从李春祥先生攻读古典文学专业硕士学位，听说您是被破格录取的。从母校毕业至今已30年，如果回忆其中的经过，哪些细节您今天仍记忆犹新？

张志和：我是工作7年之后，1989年考入河南大学攻读古典文学专业硕士学位。我那年被破格录取，现在回忆起来，特别感恩母校的李博、李春祥、白本松3位导师。

我在1977年恢复高考时考入南阳师范学院，毕业后，分配到邓州教了3年高中，然后参加全省统考，到许昌师专进修了两年，之后留校到学报编辑部工作。1988年许昌师专举办"建安文学研讨会"，在这次学术会议上遇到河南大学的李博教授，他说了一句话让我终生难忘。他说："你就是张志和啊？我读过你的文章，还以为是四五十岁的人呢，原来你这么年轻啊，那你为什么不考研究生呢？"

我听了他的话很诧异，也很感动。可我知道自己只有专科毕业文凭，外语程度不行，所以不敢考。后来，李博老师连续给我写了3封信，鼓励我报名考试。1989年我报考河南大学中文系古代文学专业，专业考了第一名，但外语差几分没过关。是李博、李春祥、白本松3位老师联名向河南省教育厅打报告，我终于被破格录取。李博老师本来想让我跟他读研，但我在许昌师专学报编辑部这4年中写的文章、发表的论文大都是关于元明清文学的，所以春祥老师就说，你就还在这个路子上走，继续研究元明清文学吧。现在想来，如果不是这些恩师的提携，我可能后来的路都走不通。

进入河南大学之后，因为是破格录取的，我知道自己的外语比较差，需要马上补。当时关爱和老师是我们的辅导员，给我借了教材，还搞到了一台松下牌录音机，让我自学外语，所以，这3年是我生活最充实的3年，一方面学习专业课，一方面学习外语，同时写了一些学术文章。其中有几件事情现在回想起来心情还不能平静。春祥老师最早建议我考博士，他说：如果能考上，就去读博士；考不上就留校任教。这实在出乎我的意料，老师的祝福和愿望成为我生活和学习的动力，我按课程要求认真读书，同时备考博士。在我入学的第二年应该是1990年，发生了一件最不幸的、令我也非常伤心的事，就是李博老师因病去世了。他才50多岁，这么好的老师怎么就走了呢？直到现在，我仍觉得这是生命中抹不去的痛。

在河南大学度过研究生的3年时间，很多细节我至今难忘。春祥老师一直很关心我的学业和生活，可谓师生如父子。关爱和老师当时是中文系党支部副书记，兼管研究生工作，也鼓励我超越自我，努力考博士。白本松老师虽然不是我的导师，但经常邀请我们去他家聊天谈学问，他主要给我们讲《庄子》，在他的勉励下我还发表了关于庄子研究的文章。借助于母校严谨的学风、学校图书馆的丰富资源和各位老师的教诲，我在获得硕士学位的当年，顺利地考入北京师范大学中文系，师从启功先生攻读博士学位。

明德京华录

▽ 张志和书法作品

问:看来在河大读书的这3年,是您人生的新起点,也收获满满。这三年对您以后的学术道路也产生了很大的影响吧?

张志和:要说我在河南大学这3年最大的收获,我想首先是从老师身上学到了做人的原则和严谨认真的治学精神。像李博老师品德高尚、正直无私、提携后进,让我永生难忘。从他身上看不到任何世俗之气,是真正传承了我们河南大学良好的学风。李春祥老师是儒家做派,做学问非常严谨,他把全部的精力都用于研究元杂剧和明清文学方面,对学生认真传授知识和研究方法。我从河南大学诸位老师身上,不仅学到了治学的方法,更重要的是领略到他们的精神风貌,学到他们做人做事的原则:作为学人,这一生无论做什么,都要认真执着地去做。这个受益可以说是终身的,对我以后的学术道路也确实影响很大。

问:您40多年坚持不懈地研究书法,每日习字,钻研书法艺术,最终成为著名的书法家,得到了社会的广泛赞誉。但您一直对书法艺术恭谨虔敬,并以自己的书法作品回报社会,贡献于社会,比如2009年您创作并书写的《中华颂》进入国家最高殿堂——人民大会堂金色大厅。请您谈谈创作经过?

▷ 张志和著《中国古代书法艺术史》

张志和:我不认为自己是个什么书法家,如果一个人没有历史文化功底,只会写字,能称得上什么书法家?书法是艺术,要掌握这门艺术,前提是必须对中国历史文化抱有诚敬的态度,对书法艺术存有敬畏之心。

▷ 张志和站在他创作并书写的《中华颂》前

我写《中华颂》也是一个非常偶然的事件引起的。中国当下爱好书法的人太多了，当代名声非常大的书法家也很多。2009年我51岁，书法界一些大佬名声远远盖过我。记得当时为迎接新中国成立60周年，有关方面组织了30多位书法家来到重新装修的人民大会堂现场创作书法作品，我有幸也受邀了。到了第二周，人民大会堂的领导又单独邀请我去，又进行了一次现场创作，我当场用大楷书巨幅作品，内容是《大学》开篇那一段文字。由此得到组织认可，认为我的作品具有中华传统文化的内涵，又能体现时代精神，所写书体基本符合人民大会堂环境的要求，遂决定由我为国家最高殿堂创作书法作品。

虽然选中了我，但对我来说有一个大难题。这幅书法作品要悬挂于人民大会堂金色大厅，写什么内容呢？我是研究古典文学的，从先秦的《诗经》想到清朝的诗词文章，历朝历代竟没有一篇诗文能够符合人民大会堂金色大厅18米长、3.72米高的环境要求。我也想到了毛泽东诗词，那当然很好，但一首诗词最多只有100多字，书写到差不多69平方米的面积上，字数显然远远不够。最后我申请创作一篇文章，这就是《中华颂》。

《中华颂》我起初写了600多字,考虑到特殊环境的要求,最终压缩为398字。立意方面我考虑,一是要有政治高度,二是要高度概括地弘扬中华民族文化,三是要体现当代中国人民在党的领导下实现中华民族伟大复兴的意志和精神。全文如下:

壮哉中华,雄踞东方。五岳峥嵘,柱立禹甸,携群峰耸苍叠翠;四渎浩荡,横贯九州,纳百川东流入海。丽象美景,展画卷层层无尽;沃野桑田,育斯民生生不息。韶山杜鹃,渠江清流,仰胜迹胸怀激荡;楼宇参差,殿阁巍峨,焕人文举世称奇。放眼望,巨坝出高峡,长桥卧清波;旧时穷乡矗广厦,昔日僻壤接康庄。车水马龙,穿梭于神州大地;箭飞船发,遨游乎玉宇苍穹。更有菽禾飘香,花木争艳,山河处处披锦绣;恰值政通人和,笙歌满衢,人民声声唱和谐。

华夏血脉,源远流长。燧人取火,人猿自此揖别;神农播谷,文明于兹肇始。尧立典章,克明俊德;汤武革命,讲信修睦。春秋百家争鸣,战国雄才辈出。自秦一统,以迄后世,人文焕彩,光耀千秋。虽有干戈玉帛、兴衰治乱,终归民族融和、骨肉一家。

迨乎近世,列强入侵。金瓯残缺,大地陆沉。赖无数英烈,抛头颅、洒热血,挽狂澜于既倒,扶大厦之将倾。救亡图存,重整山河。丰功伟业,彪炳千秋。

今日中华,欣逢盛世。改革、开放、创新,致力科学发展;继承、弘扬、借鉴,构建和谐世界。且看我炎黄子孙,放眼未来,大展宏图,和衷共济,共襄盛举,定实现民族之伟大复兴!

拙稿完成,得到了社会的认可,后来有不少地方的中小学校要求学生背诵这篇文章,也有一些书法家抄写这个作品,这都让我很感动。在撰写过程中,我深深体会到,中国古代优秀经典的诗词文章,像欧阳修创作《秋声赋》《醉翁亭记》,范仲淹创作《岳阳楼记》,苏东坡创作《赤壁赋》,之所以成为历代传唱的名文,其中最大的特点,第一是文章艺术性高,第二是他们创作的时候严谨认真,做到了一字不易。

此外，我还为黄河小浪底水库枢纽工程撰写并创作《西霞院记》等书法作品，镌刻在小浪底西霞院大坝旁；我创作的书法作品《飞天梦圆》并诗："琼楼玉宇竟如何，且驾神舟问嫦娥。苏子若知今日事，应削旧词赋新歌。"该作品经过严格遴选，成为搭载神舟六号宇宙飞船遨游太空的唯一作品。现任浙江省委书记袁家军，当时是航天五院院长，带领五院相关领导和专家，在神舟六号返回后专门到北京航天城为我举行了作品返回仪式。

白居易讲"文章合为时而著，歌诗合为事而作"，我理解，就是创作要适应新时代要求。无论是河大的老师，还是启功先生都对我有这样的要求，我是踏着他们的脚印向前走的。

问：书法作品之外，您还撰写过很多诗文、对联，很多寓有一定的哲理。这些都体现了您对中国传统文化的尊崇和敬畏，创作过程中有哪些故事让您印象最为深刻？

张志和：关于创作书法诗文对联，我的体会是，书法艺术创作必须符合社会对艺术的需求。国家现在大力发展文化产业，很多旅游景点都需要书法艺术来提升和美化环境，那如何去创作呢？我们不能只是抄写古人的东西，也不能无端地求新奇，只有创新才有生命力。而出新必须对中华文化有深刻的了解。

这里讲一件事儿。许昌有一个灞陵桥，是传说中的"关公挑袍"处，在三国戏的故事中流传了很久，那里清代以来就有一座戏楼。因为当地要开发这个旅游景点，同时申报国家文化遗产项目，有关方面的负责人给我打电话，希望我为戏楼创作一副对联，我撰写这样一副对联：

戏剧即人生，或可以惩恶劝善；

人生亦戏剧，唯不能预演彩排。

后来许昌市文化局的领导告诉我，冯其庸先生来此考察，看到这副对联，说这是他见过的古今戏楼上最好的对联。冯先生是大学问家，能给我这么高的评价，让我很开心。

我曾有幸随中国文联组织的南水北调工程考采风团,从河北一路走到河南丹江水库。我为这项伟大的工程所震撼,先后创作了三副对联:

其一,赠丹江水库管理局:

蓄水筑坝或拟鲧

开渠导流直效禹

其二,赠库区搬迁移民:

现如今还是咱家园故土

不久后便成它水殿龙宫

横批:还得搬家

其三,赠东风汽车制造公司:

愿借东风行天下

且踏瑞雪舞铁龙

因该公司生产东风牌汽车,并与法国合作生产"雪铁龙"轿车,故此联中将"东风""雪铁龙"5个字嵌入其中。

我感觉,我们生活在这个伟大的时代,新时代需要新的文化艺术,需要能感染人、滋养人心灵的新的书法艺术创作,我们理当尽力为时代创作更多更好的作品。

问:2010年7月,您将自己的新书《〈道德经〉张志和书法选》(高等教育出版社)赠送给母校,当时由关爱和校长接受赠书。后来您的楷书《道德经》多次再版,并得到国家领导人的肯定和赞赏。请您谈谈书写的缘起和经过吧?

张志和:我师从启功先生有双重目的,一是学习古典文献专业,一是学习书法。我自小喜爱书法,练字20余年才走到启功先生身边。1992年考入启功先生门下攻读博士学位,我以为这是我此生最大的幸运,从接到录取通知书的那一刻起,我就发誓要每日习书,向先生求教。之后的10多年间,经先生指导,我每日临池不辍,并坚持经常向先生"交作业",慢慢地书法有了长进。毕业之后

现如今还是咱家园故土

不久后便成它水殿龙宫

谨以此联献给在南水北调工程中无私奉献的广大库区移民

丁酉春日书于北京 张志和

▽ 张志和为南水北调水库库区移民题联

也坚持习字,这样积累下来就有很多习作。那时,我在国家行政学院从事教学工作,内心的愿望是以恩师启功先生为榜样,为中国教育事业做一些事情,于是挑选了书写的关于传统文化经典如《道德经》等151幅书法作品,捐给了中国教育发展基金会,但是,并没有想着会出版。《道德经》5000余字,我是用六尺宣纸来书写的,每条屏48字,全部写完为111条屏。张保庆副部长时任基金会理事长,他认

▷《〈道德经〉张志和书法选》封面

为这些书法作品很有价值,应该让全社会了解,2003年他亲自撰写了一篇文章介绍我的书法,同日发表在《光明日报》《中国教育报》《中国青年报》上,随文刊发了我的书法作品。该文随后被《新华文摘》全文转载。之后,张部长把这些作品交给高等教育出版社出版,该社花了很大的气力编辑此书,精装出版。2010年人民出版社又出版了大开本宣纸线装版。这对我来说无疑是殊荣。次年夏天,听说关爱和老师来北京开会,我作为河大学子应该回报母校,就认认真真地在扉页签名,把这部书送给关校长。他不仅是校长,同时也是我母校的老师啊。

说起这部大楷书《道德经》,还有一个插曲。

有一天,温家宝总理邀请我到中南海他的办公室长谈。我进了他的办公室,寒暄之后,他指着旁边的书架说,我在中南海工作20年,攒了7000多册书,这些书我都捐赠给我的母校南开中学了,只有你书写的《道德经》我舍不得捐出去,仍放在书架上。我当时很高兴,开了个玩笑说:总理也有舍不得的东西啊。那天,我们

谈的主要是关于教育、文化和书法艺术方面的话题,谈得特别畅快。

能和温总理有这么一次谈话,缘于此前为人民大会堂书写《中华颂》。温总理那些年答记者问,地点都是人民大会堂金色大厅。有一次,新华社记者拍到温总理健步走入金色大厅的照片,背景就是我创作并书写的《中华颂》,温总理非常喜欢,就把这照片放大,摆在办公室里。他大概是因此对我有一些印象吧?由此我体会最深的就是,这个社会是不会埋没人的,只要你有一点长处,总有发挥的机会。

问:您从研究中国古典文学起步到自成一格的书法家,多年来孜孜不倦地致力于以学术品格彰显书法风采,请问您是如何看待这二者的相通之处?听说启功先生赠送您毛笔,是否有传衣钵的仪式感?您2015年在中国军事博物馆举办楷书展,这年是启功先生去世10周年,您是以这一特殊方式缅怀并感念恩师吗?您从启功先生身上传承了传统知识分子的哪些学养?

张志和:谈到学习古典文学和书法二者之间的关系,这个话题非常好。这就像是种庄稼一样,什么样的土壤能长出什么庄稼。如果这个土壤不对,庄稼就很难生长。

我想,与书法艺术联系最紧密的还不是古典文学,而是在中国传统文化这个更大的层面上。我理解,要成为一个书法家,第一,要学习书法史,了解文字演变的规律和历代书法风貌,不仅对古典诗词要了解,同时也应能够鉴别艺术与非艺术以及艺术的美丑与雅俗。书法是要体现内容的,所以,对古文诗词必须有一定的了解,创作才可能达到一个高度。第二,对传统的哲学、文学、历史、艺术这四个方面应有相当深厚的积淀。所以要懂得中国大历史,如各时代的风貌和人情,不能闹出笑话。艺术的最高层面,体现的是哲学思想,如果对儒释道思想文化一无所知,或理解得很肤浅,

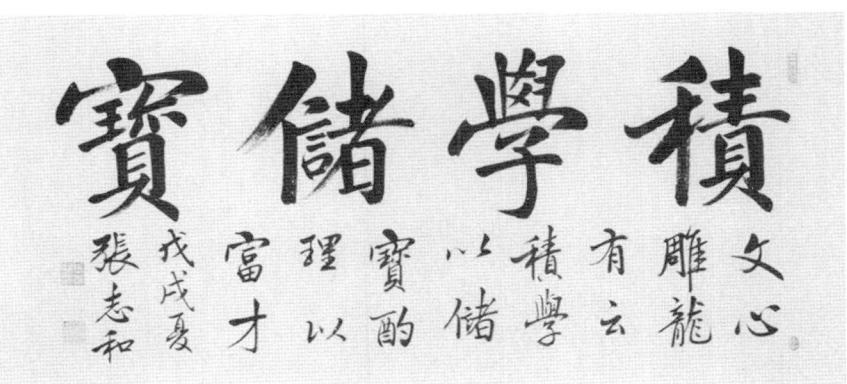

▷ 张志和书法作品

把写字仅仅看作美不美、好不好，就难以达到技近乎道的境界。艺术本身有其规律，同时又与学问紧密相关。二者也是船和水的关系：水越多，船才能行得远；水越多，船才能造得大。

启功先生一直自称是北师大中文系的老师，在北师大教书70多年，桃李满天下，可他从不认为自己是书法家。我跟随先生10多年，能时时感受他精神世界的风采，确实是此生最幸运的事。我在他身边的时候，每每都有如沐春风的感觉。记得先生见我第一面，送给我一本书，叫《论书绝句》，同时送给我一支毛笔。我当时感到特别荣幸，很欣喜。要说仪式感倒是没有感觉到，但传承的意思是一定有的，因为我是练了25年的书法才走到他身边，也可能表达了他对我的期待吧。

2015年，故宫博物院、中国书法家协会、中国教育发展基金会等单位在中国军事博物馆联合主办我的楷书展，展出了两百多幅书法作品和部分书法教材等，我是想向先生汇报这些年的学习和收获，也以自己的方式深切地缅怀恩师启功先生去世十周年。我从先生身上体悟最深的，一是他的高尚情操，二是他的深厚学养，三是他的书法艺术表达。我是从恩师身上明白了自己的路该怎么走。其实，河大的诸位老师也具有这样的品格和美德。老师们的进取精神，都为我树立了榜样。

▷《启功谈艺录》封面

问：今年是河南大学建校110周年，您也被北京校友会推选为"河南大学最美校友"，相信很多校友都希望看到您专为这次纪念活动创作的书法作品，您有能表达您心意的作品吗？

张志和：校庆110周年，成为母校"最美校友"，我觉得很荣幸。我想表达一份什么样的心意呢？离开母校算起来整整30年了，但是心里一直装着母校，想尽自己的绵薄之力有所报答，但自己目前能力还不够。我想到了一定时候，能够为母校做点什么事情，我一定会尽力去做。至于说为母校110周年纪念创作一个什么样的书法作品，目前正在酝酿中。先保密吧。

问：请结合您的治学历程，谈一谈对有志于学术研究的河大年轻学子有什么期待？

张志和：期待谈不上，作为学长，我可以谈谈自己的想法，与大家共勉。

第一，既然有志于做学问，就一定要先立志，沉下心来，踏踏实实地做专业。沉下心来，就是一定不要沾染当下的浮躁之气。同时，要寻找到一套适合自己的治学方法，"咬定青山不放松"，做出自己切切实实的贡献。一生坚持做一件事，是最能体现人生价值的。

第二，作为学生，就是读书、思考，用书本来滋养自己，同时还要面向社会。重视社会实践，不做书呆子很重要。

第三，人生的路很长，需要我们持续不懈地努力。能够做到此生不虚度，生活中没有太多的遗憾，这也是对母校真正的报答。

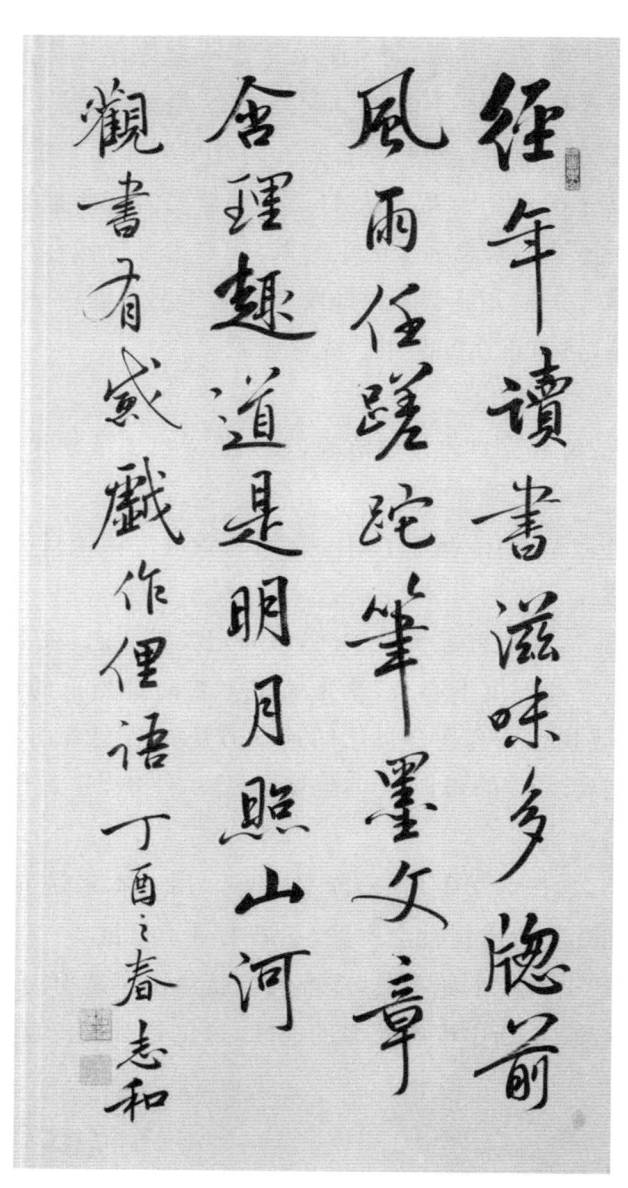

▽ 张志和书法作品

（本文图片由受访人提供）

从河南大学走出的中国科学院院士
——张锁江校友访谈录

受访人：张锁江，河南大学1986届化学系本科毕业生。现为中国科学院院士、中国科学院过程工程研究所所长，2022年6月任河南大学校长。

访谈人：王瑞芳，河南大学1986届历史系本科毕业生。现为中国社会科学院当代中国研究所研究员、河南大学特聘教授。

左玉河，河南大学1986届历史系本科毕业生。现为中国社会科学院历史理论研究所副所长、研究员，中国现代文化学会口述历史专业委员会常务副会长。

访谈时间：2022年5月24日上午11：10－12：50。

问：锁江院士好！作为老乡，我们认识已30多年，并都在河南大学读本科。疫情的缘故，今天只好通过腾讯会议视频的形式对您进行访谈。您高中就读于茶店乡的林县第十中学，1982年高考时，您为什么会报考河南大学化学系？您来河南大学读书的缘起是什么？

张锁江：这主要是因为我对化学的浓厚兴趣以及老师对我的影响。我高中就读于林县第十中学，也就是今天的茶店乡中学，当时的学校领导和各科老师对学生都非常好，教学十分认真，如秦录成、任瑞根、贾清泉、张火林、李福增、郭竹林等老师，对我的学习和做人方面都有深远的影响。特别是我的化学老师贾清泉，他的课讲得非常生动有趣,所以我们学校很多同学都对化学很感兴趣。

1982年高三时,我的班主任老师叫任瑞根,他见多识广,对大学比较了解。高考分数下来后填报志愿,家人希望我填报一个公安类或政法类的院校,任老师却建议:一定要上一个正宗的本科大学,将来可以继续读研究生,这样才会有更大的发展前途。他说,河南师范大学(现为河南大学)在古都开封,是一所非常有名的老学校,化学专业也非常好;当时国家鼓励报考师范类院校,河南师范大学属于提前批录取,且补助比较高。我家在林县茶店胡家沟的一个小山村里,家庭条件不好,家里人认为读一个师范类大学也不错。所以,我就报考了当时的河南师范大学,并有幸被录取。1984年,河南师范大学恢复原名河南大学。

问:您于1982—1986年在河南大学读本科,1989年硕士毕业后又回母校工作,您在河大学习和工作期间,印象最深刻的事情有哪些?

张锁江:1986年我从河南大学本科毕业后,到河南师范大学(原新乡师范学院)攻读硕士。1989年硕士毕业后,又回到河南大学担任助教。在这期间,我坚持做科研,发表了几篇文章,但由于科研条件有限,感觉很难做出高水平的成果,必须抓紧时间去深造。于是我和系里相关领导说了自己要读博士的想法,得到了系领导的大力支持,并于1991年春季考取了浙江大学的博士。其实,读博士这个想法,我在大一的时候就有了。记得在1983年5月的一天早上,我在去教室的路上,从大喇叭播放的《新闻联播》中听到:中国培养出了第一批博士,仅仅有18名!当时,我就想自己如何也能成为一名博士。在新乡读硕士期间,我也与导师卢锦梭校长谈了硕士毕业后想要继续读博士,卢校长非常支持我的想法,并在邀请浙江大学韩世钧教授到河南师范大学讲学期间,向他推荐了我,这也是我最终选择到浙大攻读博士的缘由。

在河南大学期间,我印象最深刻的就是1982年9月刚入学报到的时候。当时一进校门,就看到了雄伟的大礼堂,还能看到千年铁塔,铁塔旁边还有个小湖,校园景色古朴典雅、秀美怡人。后来,我去过很多学校,记忆中,能和河大校园相媲美并具有深厚历史文化底蕴积淀的校园却少之又少。因此,古朴而优美的校园环境是河南大学让我印象最深刻的一点。

第二点让我印象深刻的是河南大学老师对待教学认真负责的态度和爱生如子的育人情怀。无论是无机化学、有机化学、物理化学、结构化学还是化工原理,每位老师对自己所教授的内容都很熟悉,讲课深入浅出,非常生动。老师和学生的关系就像朋友或家人一样。课间课后,老师们耐心解答问题,嘘寒问暖,是那样和蔼可亲。有时周末,我和我的室友李道荣会去系副主任李长轩老师的家里。记得当时李老师一边和我们聊天,一边给一旁吃饭的母亲扇扇子。李老师与我们讨论的问题很广泛,包括学习、考研、选专业、选导师等等,现在有时想起来都觉得非常温暖亲切。

▷ 河南大学化学系 82 级部分师生合照

第三点让我印象深刻的是河南大学的学风。当时河大的学风非常好,学习氛围十分浓厚,大家都非常积极向上,铆着一股劲儿,一定要考上研究生。我们 82 级化学系就是当时河南大学考上研究生最多的院系,一共考上了 28 个研究生。那时学校不仅重视专业课,还特别重视英语,每天同学们都早早起来背英语。学校还专门开设英语补习班,利用晚上和周末时间给大家补课;也常常举办英语竞赛,竞赛结果会在食堂旁边张榜公布,记得有一次,我还获得了全校英语竞赛理科组第一名。

问:2015 年,您 51 岁时当选为中国科学院院士。您作为中科院比较年轻的院士,母校河南大学对您有什么样的影响?您对母校的校训"明德新民,止于至善"是如何理解的?

张锁江:河大的校训"明德新民,止于至善"来源于《礼记·大学》。"明德"指善良光明的德性;"新民"即不断敦品励行,自我革新求进,然后推己及人,将自己的智慧和德能贡献给社会;"止于至善"指最终达到最美善圆满的境界。校训含义深刻,体现了我国传统文化的博大精深,是每个河大人需要终身遵循的处世准则。

母校对我的影响是全面且深刻的,第一个影响是我人生观的转变和视野的不断开阔。我从胡家沟到开封、从茶店中学到河南大学,这是从农民到知识分子的转变;后来从河南大学到浙江大学,实现了从一个普通教师到一个专业科研人员的转变,因为大学本科是普适教育,到浙江大学后对于博士的培养更加专业,更加聚焦于一个小而专的领域;后来我到日本留学和工作,视野又从国内转到国际,思维更加开阔;2001 年我从日本回到中科院,进一步完成了从一名学生到一名认识更全面、更深刻的科研工作者的转变。在这些转变过程中,包括后来当选院士,都离不开河大奠定的坚实的学科基础,尤其是化学化工相关的基础知识,为我今后的研究工作提供了系统的理论支撑。

第二个影响我个人认为是夯实了英语基础。在河大通过英语补习班、考研学习和广泛的英语竞赛,我的英语基础知识逐渐变扎实了。我高中时英语成绩不太好,后来正是通过在河大的学习把这个短板补上了。那时,我几乎每天早早起来背英语单词,边跑步边背诵,尽管那时候英语学习内容主要是单词和书面语言,但正是这些基本功为我后来的科技英语学习及流利的国际交流打下了坚实基础。当时河大英语分理科快班和普通班，我一开始没有被选上快班，后来我找到化学系办公室主任，他又与外语系沟通了一下，让我到快班去旁听。快班全部用英语讲课，而普通班则是英语和汉语双语授课。到快班后我发现课文是英文原版书，都是很长的 story，我印象最深的有两篇英文文章，一篇是讲环境能影响人的长相，同一个地方的人会长得越来越像；另外一篇讲的是汽车轮子上的美国，当时觉得不可思议，轮子如何支撑一个国家，现在我们国家汽车也多了起来，我也理解了这里的"轮子"对于一个国家和人民生活的重要性及深刻含义。后来读博士、做博士后、到国外留学和工作，常常需要使用英语，现在能够与国外专家流利地进行广泛话题的交流，这都得益于在河大打下的英语词汇和语法基础。

第三个影响是河大严谨朴实的学风和奋发向上的精神，以及鼓励学习、鼓励科研的氛围，耳濡目染，对我产生了积极的影响。例如当时的化学系主任张仲仪教授，他所具有的大家风范、气质不凡，对待学问的严谨认真的态度，对待学生的培养与关爱，都对我产生了重要影响；还有当时年轻有为的李润涛老师，因为在有机合成领域取得了很好的成绩，河大还特意在大礼堂举行过一次表彰大会，他成为我心目中的榜样；还有李丙寅、张治军老师，在国际刊物、国际会议上发表了文章，当时系里都是把他们作为典型榜样来宣传的；还有孙德功、杜诗初等老师的认真专注、严谨负责，以及对待学生的温暖亲切，都让我记忆犹新。因此我在河大学到了如何做人、如何做学问、如何不断奋斗的精神。我也在河大当过老师，也切实感觉到了河大对老师讲课的重视。例如，教学前需要试讲，我当助教时跟着主讲吴志申老师听课一年，然后再在教研室里向老师们讲，请大家提意见，通过之后，才有资格上讲台试讲，到时还会有老师旁听，还有人检查指导，这些考验都通过后才能作为一名真正的讲师站在讲台上为学生们讲课。我觉得这些做法非常严谨。河大在学生的培养方面非常用心，包括辅导员、系里面的领导都对学生非常关心,经常鼓励大家,经常召开学生动员会。

第四个影响是河大在文化方面对我的熏陶。河大坐落于古都开封,虽然不大,但历史悠久,文化底蕴深厚,拥有很多名胜古迹,如龙亭、铁塔、相国寺等,河大校园里也拥有很多古典建筑,这些建筑本身就体现了科学与美、艺术与文化的结合,可以说,从河大和开封就能看到中国的历史变迁和发展轨迹,这些都是我在河大受到的最初的人文熏陶。河大是一所综合性大学,有艺术系、音乐系等,每逢重大节日或重大活动,都会有大型演出。还有体育系,在体育方面的气氛也非常浓厚,当时我印象最深刻的是全校排球和篮球比赛,每一年都有一个比赛季,我住的宿舍正好离东操场很近,一到下课就会去观看比赛,当啦啦队,为自己系里的队伍加油。还有河大大礼堂每周末放电影,这也是对我的文化熏陶。

河大和开封一样,共同形成了中国历史文化变迁和新中国发展的缩影,也浓缩了我最美好的四年青春。总体来说,我认为河大是一所非常优秀、非常全面的综合性大学,拥有完善的设备、完备成熟的教学体系、强大的师资队伍,各项管理制度科学规范,都对我产生了巨大且深远的影响。

问:您作为化学工程专家,在学术上收获颇丰,取得了重要的学术成就,请您介绍一下您的科研成果。

张锁江:化工是国民经济的支柱产业,是人类生存发展不可或缺的基础,对 GDP 的贡献约 16%,对工业 GDP 的贡献约 40%。但是化工生产过程中一般不可避免的会产生污染,因为涉及很多有机溶剂,大多数挥发性强,会对环境造成影响,高能耗过程会同时排放大量的二氧化碳,导致温室效应。就像新装修的房子,我们会闻到刺激性气味,那主要是甲醛、苯系物等。我从事的主要领域是绿色化学化工,通过溶剂或催化剂创新,替代有毒有害原料(如氢氰酸、光气等),研发清洁生产新路线,从源头消除污染,减少对环境的影响,实现可持续发展。具体来说,我这些年的研究工作聚

▷ 张锁江在办公室工作

焦于离子液体,这是一类由阴阳离子构成的新型介质,在常温常压下呈现液态,且液程范围很宽,是一类不易挥发的优良溶剂,还可以根据需要设计调节其功能,从而替代传统的挥发性溶剂用于许多化工过程。以离子液体为核心,在基础理论、关键技术、系统集成3个方面开展了比较系统的研究,形成了从基础到应用再到产业化的研究特色。

在基础方面,我们发现了离子液体与高温熔盐的本质区别,突破了静电起决定性作用的传统认识,提出了Z键(特殊氢键)、离子簇、二维液体等新概念,系统揭示了离子液体体系的结构—功能关系,实现了离子液体从传统的"经验尝试"到"定量设计"的跨越。进而建立了世界首套离子液体三维研究装置,发现了离子液体中气泡的运动特征与分子介质中的显著差异,以及离子液体结构和微环境对反应/传递性能具有决定性的作用,获得了离子液体对反应/传递性能的影响机制及放大规律,发展了新的理论模型;率先提出了"绿色度"新概念,发展了绿色系统集成新方法,为反应器及分离设备的放大及绿色过程设计提供了科学基础和重要支撑。

基于上述基础,突破了离子液体规模化制备的技术难题,建立了首套离子液体规模化制备装置,研发了系列离子液体强化的反应/分离新技术体系,实现了十余项绿色技术的产业化示范应用,如建立了10万吨级离子液体催化二氧化碳转化合成电池电解液溶剂(EC/DMC)工业装置,被专家鉴定为绿色工程与绿色化学应用的典型范例,引领了离子液体绿色技术的产业化进程,助力国家"碳中和"战略目标的实现。

在科学研究中,我认为学术交流也是十分重要和必要的。我先后发起成立了中国化工学会离子液体专业委员会,创建了全国和国际性的两个离子液体学术会议,创办了两本国际期刊:Green Energy & Environment(GEE)和 Green Chemical Engineering(Green ChE),促进了离子液体与绿色技术的交流合作,提升了我国离子液体及绿色化学化工研究的国际影响力。

总的来说,我认为科学研究绝不仅仅是发表论文,更重要的是迈出从基础研究到工程应用的重要一步。在这个过程中,各种各样的困难和挑战在所难免,但作为一名科技工作者,我们要始终把"国家事"放在心上,勇敢地扛起"国家责",不断地将研究成果转化为生产力,为人类造福,为社会做贡献。

问:从您取得的成绩可以看出,多年来您一直保持一种奋发向上、积极进取、努力拼搏的精神。这种精神除了母校对您的影响外,是否也与家乡的红旗渠精神有关,请您谈一谈。

张锁江:谈到我的家乡,那必然要谈谈红旗渠及红旗渠精神。红旗渠在20世纪60年代开始动工,全民参与,历时十年,终引入漳河水,建成红旗渠。大家知道,林州自古缺水,祖祖辈辈盼水望水。渠水入村的那一幕,虽已过去了几十年,但仍历历在目。记得那一天整个小山村都沸腾了,我和小伙伴沿着石头堆砌的渠岸,紧紧跟着那股清泉,一路追随、奔跑,欢呼雀跃。渠水被狭窄的山洞挡住了,我们就绕过山洞,继续追赶。眼前那清澈的渠水,就是千百年来林州人心中流淌着的希望,滋养着麦田,滋润了我们幼小的心田。

红旗渠的建成,彻底解决了林州人民的吃水和灌溉问题,改变了林州人民的

▷ 张锁江在中国科学院做讲座

生存条件,促进了粮食的增产与当地经济的发展,因此红旗渠也被林州人民称为"生命渠""幸福渠"。同时也孕育了宝贵的红旗渠精神,最终汇聚成"自力更生、艰苦创业、团结协作、无私奉献"这16个字。红旗渠精神不仅对所有林州人民,更是对我产生了深刻而久远的影响,成为刻在骨子里的行为习惯与行事准则。第一,是奋斗。我始终坚信要努力奋斗才能创造一切,要不怕苦,不怕累,行者方致远,奋斗路正长,"希望在奋斗之中"成为我一生的座右铭。第二,是担当。要敢想敢做,做到思想和行动的有机统一。对于想到的正确事情、有利于发展和进步的事情,要勇敢迈出第一步,不墨守成规,不故步自封;要不断解放思想,开拓进取,攻坚克难,直至取得成功。第三,是大爱。做任何事情都要考虑他人,要与人为善,为他人服务,更要与他人共享。最后,是团结。要团结一切能够团结的力量,发挥大家的积极性。我是研究化学工程开发的,大家知道工程通常涉及反应、分离等多个环节,是一个复杂的系统工程,需要与各方面团结协作才能把工程做成。

这么多年来,于我而言,红旗渠精神是一种情结、一种传承,更是一种习惯、一种力量,让我在奋斗之路中,不再惧怕艰难险阻,反而觉得是快乐的、幸福的。在未来,我和我的团队也会继续保持这种精神,不断前行,不断开拓,不断超越自我。

问：您是双肩挑干部，在担任中国科学院过程工程所所长的同时，又要搞科研，平时工作非常忙。但是，您还多次抽空回母校讲学，进行学术交流。请您谈谈对母校学弟学妹们有什么期望？

张锁江：既做所长又搞科研是不矛盾的，相反，两者是相互促进的。管理的本质是把大家团结起来干大事、成大事；科研的本质是创新，并把创新的成果用之于民，服务国家、服务社会。科研过程，特别是把实验室成果做到产业化的过程中，需要围绕既定目标，充分调动各类人员的积极性，统一思想、协同攻关，才能使成果落地。所以科研过程除了创新外，管理也很重要。

对学弟学妹，我想讲几点：第一，一定要树立远大理想。远大的理想不是空的，它区别于"幻想"。人的一生中会有很多幻想，幻想就是想了一下，很快就忘记了，没有付诸行动；而理想是务实的目标，既要想，还要干，想到什么就要去做什么，把远大理想和脚踏实地结合起来才能获得成功。只有理想不干不行，只干不想也不行，只低头干活不抬头看路还是不行。河大北京校友会在送给母校110周年校庆的雕塑上的题词是：大河泱泱，桃李芬芳；明德新民，国家栋梁。所以，学弟学妹们要做对社会有用的人，不给父母、家庭和朋友造成负担，这是最基本的，最重要的是不给社会造成负担。要树立成为国家创新型领军人才的远大理想，最起码要树立成为优秀人才的目标。需要特别强调的是，远大的理想也要有具体的阶段性指标，比如想成为科学家，首先要把大学读完，最好还要读完博士。远大的理想要与具体实践相结合，要与国家需求相结合，要与党和国家未来事业发展相结合，这样才是务实的，才有可能成就伟大事业。

第二，一定要学好基础知识。这些年有些学生在大学阶段就联系我，想读研究生，问研究生录取时论文是否重要，还有研究生刚入学的时候就想进实验室，发表文章。我就告诉他们，这些都不重要。我们录取考生的时候从来不看考生是否发表过文章，主要看他的基础知识是否扎实，没有理论指导很难搞出新的技术，所以在学校期间一定要把基础知识学好,基本的科学规律和原理要掌握,基本的实验技能要熟练,基本的分析仪器要清楚,在这些基础之上才能做出创新性的成果。

第三,一定要文理兼修,提高综合素养。学理科的要学习一些文科知识,学文科的要懂一些理科常识。如今社会的发展,是多学科交叉融合的,学理科的人从文科中能学到的不仅是修养问题,还可以学会如何清楚地把自己的想法表达出来,让别人更好地理解。作为一名科研人员,演讲的东西别人听不懂,逻辑不清楚,别人就无法有效获取你要表达的信息;研究成果需要以文字的形式展现给同行,所以要学会如何把一篇理工科的文章表达准确,做到语言优美;还要学习好英语,才能有效地与国际同行进行交流,获取更加广泛的信息。此外,还要多读一些历史,多读一些经典,多了解一些艺术,用人文知识去丰富自己的精神世界,用良好的个人修养去助力科学的攀登。当然学文科的也要懂一部分理科常识,用理科的知识深化自己对世界、对自然、对生命的认知,用更加理性的思维去更好地为社会服务。

最后要学会独立思考。我经常和学生讲,在纷繁复杂的社会环境下,不要人云亦云,不能仅从论文中找课题,要开阔自己的眼界,千万不能只注重眼前。人的一生很长,不能浮躁,更不能急功近利,把基本功修好,过程做好了,结果自然会是好的。同时也不要太过于看重结果,重要的是享受每一个过程,每一天都要充满正能量。其实每一个阶段都只是人生中的一个逗号,未来还有无数省略号等着你们去续写,希望你们能够带着希望、带着憧憬,不断前行,不断增加你们人生的厚度和广度,挑大梁、干大事、成骨干,努力成为国之栋梁。

问:2022年9月25日,河南大学迎来110周年校庆日。您对母校110岁生日想说点什么?怎样做才能使母校在"双一流"建设中取得更大成绩?

张锁江：河大 110 年发展之路，虽然艰难曲折，但始终是奋斗向上的，成绩也是有目共睹的，特别是成功跻身"双一流"建设高校，河南省委省政府提出"双航母"战略，是河大新百年发展面临的千载难逢的历史性机遇。"百年名校振兴，建设一流大学"是所有河大人的梦想，是河南省委省政府和社会各界对河大提出的历史使命，也是广大河南人民和莘莘学子对河南省高质量教育的殷切期盼，更是河南要建设国家创新高地战略的必然需求，这是我们的奋斗目标，也是对我们的巨大鼓励。如何使广大河大师生团结起来，实现新跨越，走向更宽阔的舞台，更加坚定地屹立于中国乃至世界一流高校之林，这是我们面临的巨大挑战，也是摆在我们面前的重大机遇。河大的发展要与国家和中原地区的发展结合起来，在开封老校区的基础上，充分利用郑州新校区的建设来助力学科体系的重塑，进一步奠定河大新百年的战略基石。

怎么做呢？我想主要有以下几点：首先，所有河大人要统一思想，提高认识，凝聚共识。确立双一流高校建设的责任感和使命感，锚定研究型综合性世界一流大学战略定位不动摇。我们要深刻地认识到，双一流建设不仅仅是河大自己的发展愿景，更是攸关河南高等教育的痛点和难点能否缓解的重大社会问题。我们必须紧扣时代脉搏，不断解放思想、开拓创新、锐意进取，坚定不移地推进河南大学高质量发展，不遗余力地打造河南高等教育的"双航母"，切实做到为党育人，为国育才，切实面向国家和河南的重大发展需求，培养更多的创造性、复合型、高水平人才。其次，要加强学科建设，提升教学质量。在未来的发展过程中，要大力推进"双一流"建设方案的全面落实，兼顾文理医工等，强化一流学科、打造特色学科、培育新兴学科，重构学科体系，构建学科建设与科学研究、教育教学相互促进、融合发展的新型组织体系。将通识教育与专业教育相结合、科学教育与人文教育相结合、知识学习与研究实践相结合，促进学生跨专业、跨学科学习成长，不断提高人才培养质量，只有我们自己能够源源不断地独立培养出国家级学术带头人，才说明河大真正地实现了自立自强。第三,要推进综合改革,提升核心竞争力。持续完善现代大学治理体系,积极探索新型办学之路,理顺各种关系,打造"学院—研究院—基地"一体化创新链条和模式;坚持引育并重,把人才团队培养、引进作为重中之重;强化与中科院、一流高校及高科技企业的战略合作,构建科教产贯通式发展新模式;集中优质资源打造一流平台,积极探索分类评价体系和激励机制,持续提升河大综合实力和国际影响力,构建河大振兴发展的新格局。第四,要加强文化建设,打造一流学术生态。在当前全球复杂多变的形势下,我们的教育和科研更要面向未来、关注长远,更要遵循教育和科研规律,强化基础教育,加强原始创新,不能浮躁,更不能急功近利,要坚定信念、坚守理想、潜心致远、笃实淡定。要坚持河大的文化自信,传承河大"百折不挠、自强不息"的精神,使河大优秀的文化发扬光大,努力营造宁静平和、奋发向上的学术生态和文化环境。

当然,在河大新百年发展过程中还会遇到很多困难和挑战,所以,我们更要铆足干劲,一步一个脚印地朝着"双一流"目标前行,培养一流人才,产出一流成果,建设一流文化。让我们一起撸起袖子加油干,为百年名校振兴梦不懈奋斗!

(本文图片由受访人提供)

回忆录

最忆读书好时光

难忘母校情

外语系 1972 级　万伯翱

　　1972 年 2 月 28 日，或许很多人并不记得这个日子，我却永世难忘这一天。

　　这一天对于我来说也是个里程碑式的日子。1962 年秋，我到河南省西华县黄泛区农场务农。我在艰苦的田间劳动中度过了整整 10 个春秋以后，就是 1972 年早春 2 月 28 日这一天，我被河南省革委会教育部门批准为第一批省工农兵学员。整个农场、几万名职工，开封师范学院革委会，或者说省革委会更准确一些，仅给了我场一名学员。通过全场职工及家属多次酝酿最后再投票通过，再经当时农场革委会、园艺场革委会审核批准，我才能在这一天，做梦似的进入了河南省高等学院的大门。我的一生从这一天开始改变。

　　男女同学们从中州大地四面八方风尘仆仆而来，他们脸上都朝气蓬勃，喜气洋洋，提着脸盆网兜来到学校，开封师院古老的大门内外，锣鼓喧天，教职员工夹道欢迎，红色欢迎标语到处可见。那时报刊和红头文件强调"工农兵学员上大学，管大学，用毛泽东思想改造大学"。老师和我们则是"同一战壕的战友"，打破了自古以来"师道尊严"的传统。因为大规模从中央到地方的"批林批孔"运动还在如火如荼地进行着呢，两报一刊语录一登，一声号令地动山摇，谁敢不从？

尽管如此,这批来自第一线的工农兵的精英,都还似乎懂得老师为人师表是知识的来源、"一日为师终身为父"的道理,都还尊重这些从胆战心惊过来的师长,出现了和老师们互相让烟敬茶的动人场面呢!工农兵学员们也不让老师接手中的行李,你接我拉的场景感人。我是这批学生中最大的老班长吧,已经28岁了,最小的一个解放军学员是学俄语的姓傅的陆军战士,一身国防绿、胖乎乎的小圆脸二九年华,口口声声叫我"老万同志"呢。

我原来晨曦而出工下地,落日黄昏荷锄而归家,是过惯了面朝黄土背朝天的农家日子呢。在那十年做园艺工时,冬闲变冬忙,我们得为一万棵果树做好整枝修剪。那真是"北风吹雪花飘,寒冬腊爬树梢":酷暑中没有多少防护设备中的我们,每年必给果树喷洒杀虫剂和灭菌剂达十几遍之多,是一项十分繁忙艰苦的体力劳动。后来我又参加学校农场的农业劳动,在学校城墙旁挖防空洞,以响应"备战备荒为人民"的伟大号召。我都认为是"小菜一碟",因为无论劳动强度、时间、艰苦性都不能和农场同日而语。

20世纪70年代"文革"中的学校生活,谈不上什么自由和丰富多彩,除了学马列主义、毛泽东选集和上课做作业外,不许谈恋爱、化妆打扮、留长发、穿高跟鞋,也不许多上街和下馆子。当然一律住校内,8人一间集体宿舍,都是上下床,一个宿舍最多有一个桌子;早中晚饭总共一斤白面馒头,男同学运动量大,一斤白面主食外加不是萝卜就是白菜或咸菜的饭菜,显然吃不饱,但是每个食堂外加一大筐红高粱白薯粉的黑面馒头可以不用粮票,当然十分难吃了。还发生过伙食太差,我们外语系学生把清汤寡水和霉变的黑馒头拉到校领导办公桌上的"造反行动"呢。

那时外语系文艺活动格外频繁,好像不比艺术系差,我参加了不少演出。如外语系的刘炳善老师(他是《英汉双解莎士比亚大词典》的编纂者,曾用英语写小说得过第一名呢),用英语写了《刘胡兰》话剧,从剧本编写到演出我都参与了。我扮演国民党阎匪大胡子连长,本班党支书吴庆云演刘胡兰,在大礼堂演出,张贴有海报,全校学生都来观看的。40多年过去了，连长审问刘胡兰的台词，我今天还记得呢！

　　当然，那时十分强调阶级斗争和关心国家大事，红色大标语都贴到教室雪白的后墙上，外语系陈老师是位华侨，全家现在早已到国外居住，他主笔写了一出《××的克己复礼》的活报剧，配合"批林批孔"运动。我演此剧的主角，同系同学张晓玲演主角之妻，还有俄语班的解放军学员师北昌演主角之子，三个人演得惟妙惟肖，活灵活现，幽默夸张的语言和形体动作常引起观众的哄堂大笑，演出效果很好，到校外也演出，群众还感叹："师范学院外语系真有人才呢！"我记得当时我满头乌发，主角却是个秃顶，这可怎么办？外语系一位电教室员工让我头上套上半个篮球胆，但太难看了，只好乌发照演不误，这也是让观众发笑的原因之一吧。

　　作为老班长，我对学校的基本建设也是尽心尽力。记得当时的后勤处大高个子处长熊正黄老师（现在他已去世了）说："伯翱同学，咱大礼堂的椅子，这几年破坏得很不雅观，也不好坐了，是否我们到北京跑跑，换成新的自动折叠五合板椅子呢！"趁寒假我们师生坐硬座火车到北京，找到当时的北京市革委会副主任王纯，他热情支持，批条子到北京木材厂崔书记处，在紧俏的市场上硬给我校批下了大约几百把新式椅子，我尽了学生的义务，几代师生都口碑传下来我这点功绩呢！

　　1963年，周恩来总理在首都高等院校毕业生留学生和高中毕业生代表大会（在人民大会堂）做报告时，对主持此大会的我父亲送子下乡的行动热情表扬而使我"名声大振"，当时发行量达两三百万份的《中国青年报》在1963年9月24日以头版头条把我的务农"先进事迹"作了详尽的长篇报道。1965年，开封师范学院屈院长特别邀请我在大礼堂给全体师生做《知识青年到广阔天地大炼红心》的报告，我滔滔不绝地讲了两个多小时，受到了师生热烈的欢迎。从此我也认识了这座具有丰功伟绩的古老的学校。因此我1972－1975年在校当学生（毕业分到郑州炮兵学校后又到我校进修了半年)到图书馆借书时,老师竟认出了我,而给予"借几本都可以,晚还一周也行"的特别待遇。我这个10年的泥腿子知青如饥似渴徜徉在知识海洋中。

如今我出版了10多本文学散文集,也是因为在校充足了电。我加入了中国作协且接连四届在北京出席全国作协代表大会。2012年9月7日,铁凝主席还在中国现代文学馆参加了我的新书研讨会并讲了话,对我的书和为人给予了高度评价。有幸的是河大外语学院万院长还参加了此次作家交口齐赞的盛会呢!我应邀到全国各地签名赠书,还被关爱和校长特聘为母校文学院客座教授呢。

2021年4月15日上午,我再一次回到梦牵魂绕的母校,向母校捐赠图书、画册和书法作品。学校、外语学院在明伦校区小礼堂举行了捐赠仪式暨座谈会,著名书法家冯建国,校党委常委、副校长许绍康出席会议并讲话,72级校友代表李梅花、季东常等同学、嘉宾也应邀出席,校友工作与教育发展基金会办公室、图书馆负责同志、外语学院领导班子成员以及师生代表参加了会议。

座谈会上,许绍康副校长致辞说,72级校友是20世纪知识青年上山下乡的典型代表,多年来一直关注、关心着母校的发展变化,用不同方式支持学校的发展进步。他还告诉我,学校入选"双一流"建设高校以来,步入了快速发展的时期,"双一流"第一期建设取得了显著的成就,学校的面貌日新月异,这些发展成绩离不开各位校友的大力支持,一代代河大人将会在校友们的关心关爱下继续拼搏奋斗,传承优良传统,奋力谱写"双一流"高校建设新篇章。

我对母校的快速发展感到由衷的高兴,深情地回忆了自己毕业后的亲身经历,感谢母校给了我智慧和力量,感恩母校的培养和教育;并结合亲身经历讲述了学习兴趣的重要性,鼓励同学们找到自己的兴趣所在,更加努力地学习,用真才实学报效祖国。

外语学院院长杨朝军教授从教育教学、科学研究、人才培养、学科建设等方面给我们介绍了外语学院的发展状况。72级校友代表李梅花、季东常,著名书法家冯建国,总参政治炮兵学院董胜南老师,河南电视台9频道演艺事业部主任褚春燕先后发言,表达了对河南大学的满满敬意。外语学院师生代表表达了对我们这些老校友的敬佩与感谢,表示在各位校友的关心支持下,外院人会砥砺前行,不负时光,努力奋斗,学院会发展得越来越好,取得更大的成就。随后,刘波主任还给我颁发了捐赠证书。

捐赠仪式结束后,卢克平书记还在百忙之中抽出时间与我进行了亲切交谈,并同全体参会人员在大礼堂前合影留念。

往事久成忆,来时犹可追。在庆祝母校110周年华诞之际,不禁再次回忆起在母校勤奋学习的岁月,回忆起呕心沥血、传道授业、释疑解惑的老师们,回忆起朝夕相伴、寒窗苦读的同学们……尤其是当时外语系党总支书记赵帆声教授,无论是在校期间还是我毕业多年后,他都给了我无私帮助和教育。我们互赠作品,他称我送他的书为"奇书"。最后我以人民体育出版社出版我的钓鱼散文集《元戎百姓共垂竿》中发表的他赠我的两首诗词,结束我的这篇河大首届工农兵学生的小小回忆录吧——以纪念河南大学建校110周年,纪念45年前首届工农兵学员和这位德艺双馨的河南大学恩师益友。

鹧鸪天(读伯翱妙文《虎将亦是捕鱼翁》)

赵帆声

猛将一身抵万夫,
临风把酒忆当初。
鏖兵襄汉秋池马,
兼烛萝窗夜读书。
儒雅趣,意宽舒。
偷闲调饵钓菱湖。
丝纶既点萦波水,
定捉鲸鲵充下厨。

七绝　读伯翱文《钓趣而感》

　　　　赵帆声

收拾长竿钓碧波，

斜风细雨小菱荷。

按钩笑向玄真子，

诗意幽情谁更多？

（本文由王刘纯校友整理）

复 甦

外语系 1972 级　万伯翱

去年,友人小宋从我劳动过的故乡河南西华县邻近的鄢陵花乡,历经千山万水,用大卡车拉来了三株大盆景,到京后又租吊车送到我女儿在北京昌平郊区一个篱笆小院里了。三株盆景一字摆放在院子里朝阳的北侧,来时正值金秋艳阳天,他们满身的绿叶密密丛丛,在入冬前纷纷变黄或变红,风扫叶去,阳光下露出光秃秃又十分清晰的粗粗细细大大小小的筋骨三盆了。

京城的隆冬当然是北风呼啸,大雪纷飞,时常是零下几摄氏度,老天爷变大阴脸时,会突然降到滴水成冰的零下 15 摄氏度左右呢!

当知青时,我在果园劳作多年,知道如何对树木的栽培管理和御寒防护,入冬前忙请人把这三株盆景从头到尾全部包裹上,搭起三座绿色的纤维防护棚。因为最大的白蜡树盆景高一米五呢!据说已有百年沧桑了,两个人根本搬不动;次之的三角枫也有 60 来年了,体重仍不好搬进屋内;最小的映山红正值 30 来年芳龄呢,干脆也陪"长辈"们在外过冬吧!也算是"老中青"三结合了。

人与植物、动物休戚与共。没有地球上的江河湖泊和大海就没有植物,没有森林,没有草木植被,怎么会有人类和动物呢?这个原理我在乡下当知青"修理地球"时就懂得了!所以格外疼爱新搬迁来的一株株绿莹莹鲜活的生命。它们在漫长的风雪冬季,看似没有了什么生命的迹象,其实都还活着,不过是暂停止了水分和营养的输送,外观上大有所谓收敛内藏冬眠起来罢了。当大雪封门时,我就提心吊胆道:"可别冻死了,多不容易啊,都在世间存活这么多年了!它们离开了熟悉并适应的中原大地,离开了那里的气候与环境,第一年'进京'可别死在我舍里院中呀!"天晴又有温暖阳光的日子里,我忙拧开防护棚上封闭的螺丝,让他们都见见久别的阳光,透透大地上充足的氧气。虽然在漫长的休眠中,不怎么需要水和光了,但我这个多年的园艺工还是坚持每月浇水一次,让他们的"微毛细血管"多少也接受和呼吸"万物生长靠阳光"和"水是植物的命脉"的关爱吧!

"二月春风似剪刀"!终于熬过了风击雪冻。"阳气在田,万物生焉",进入阳春三月,大地解封,万物复甦。我轻轻地用手指折他们去年保留下来的细弱枝条,都还有些弹性,我估计都可能还活着呢。但他们的物候期显然早晚不同,60多岁的三角枫首先在二月底三月初萌动出尖尖的叶芽,绽裂,探出浅浅黄淡淡绿寻找春的气息——活了!30多岁的映山红,开始是小米粒般的叶芽,很快如鳞片似的开始每枝绽放出细眉似的两三条小叶,也萌动出了生命迹象!

只有"百岁老人"白蜡树,虽然已是农历三月初几了,但里里外外皆是灰蒙蒙一片,我几乎一天看个两三遍,仍不见返绿生机。有一天驻足良久,细细观察,去年生出的细枝还是折不断呢,似乎还未彻底死掉。到了农历三月三这天,惠风和畅,我这个当年的老园艺工眼尖心亮,在他的第六层最顶端小枝上发现了两小芽嫩绿毛尖叶片,可谓此树的东风第一枝呢!啊,"老中青"今年终于在我手里又都活过来了!

娇艳桃花盛开时的3月15日,北京十年不遇的桃花雪竟然铺天盖地而降。我顾不上怜惜红光灼灼的桃花,因为那三株"老中青"刚刚被星星点点萌发出的嫩绿布满新胎时,突遭如此大难,我的心立马提到了嗓子眼。我马上令女儿一起把拆下不久的绿色保护套赶紧给盖上,重新遮挡劲风急雪。要知道晚上骤降了十几度,已达到零度以下了呢！而且这场罕见的鹅毛大雪整整两天两夜满天飞舞不停呢。躲过此暴风雪一周后，三月下旬，白蜡6层的每层每支皆争先恐后冒出片片新绿，铁骨百年老树竟全面复活，开始进入春夏发新芽、抽新枝了，一派生机勃勃催人也奋发向上了！

再看最矮一米左右的、最年轻的、30多岁的映山红，则向我惊喜展现出如少女点唇胭脂般的花苞且布满了枝头。60岁一米二高的三角枫，同样是新翠嫩绿欲滴、密叶已挂满了修剪成的3层，骄阳下还闪闪发亮呢！每片叶都呈罕见倒挂的伞状，披挂停当，叶叶相连相映，远看犹如古代将军的绿色铠甲呢！

三株"老中青"北上以来，喜忧参半，我谨代表园艺工和喜欢盆景的人们向三位深深地鞠躬道歉："你们原本皆是原野大山中自由生长成的落叶树木，都是根深叶茂高大威风的乔木。可偏偏为了人类的居家观赏，而被迫栽培进了憋屈的庭院花盆中幽禁起来了。他们还要遭受铁锯钢剪翻盆倒土的'伺候'，几乎年年不停地被砍伐和修剪；有时还要根据花匠和主人的需要，任由铁丝牵拉、木块石头拱顶，被'私人定制'成人类需要的各种形状与模样呢！"

虽然默默无言的三位"老中青"似乎苦苦向我哀求："放过我们吧！我们虽然不是金镶玉嵌那样珍贵，但也讨厌京城的水泥地上、烈日下的酷夏蒸烤呀！"北京马上进入夏季，有时达到40摄氏度。到那时，我这个园艺工，一定要行使一日三喷水，五日一浇水到根部，为诸位消暑降温才得使我在空调屋中安心一些呢！

人啊人啊，有时就是这么盲目追求享乐和长寿，时常而空自悲悯。老朽还听说中外都在实验能让尊贵的人类，通过急速冷冻技术从而寻求不断地复甦，这种挑战自然规律的人，又该是多么贪婪无垠，吾想这种美梦最好停留在科幻世界里吧。

"我们的同胞，一时数不清有多少代的祖先在中华大地繁衍生长着，与地球共存。我们有一位最老的老祖母，经你们的中国科学院植物研究所的专家和联合国的有关权威鉴定：我们这位老祖先极为聪慧，已经在山东莒县生长了近5000年，经历了无数风霜历史春秋,在这个风水宝地,她的密密麻麻树冠根系占地有五六亩地呢!她每天吸收近两吨丰富的地下水供应自己。她总是'沉默是金',我们这些子子孙孙,从未听她老人家向人类乞求过什么,更别说乞求半句长生不老的金句了。她只是在内心深处感谢人类,没有砍伐、焚烧、移栽,只是允许我祖先在原地自由自在地生长着呀。"

笔者斗胆代表我庭院中的三盆"老中青"和这位5000年的银杏老祖先说两句:"从现在人类朋友算起(也包括如今已冷冻,到时盼能甦醒过来的朋友),100年后,我们希望大家都健在,请诸位都能到莒县硕大无比的银杏树冠下,来茶叙和歌舞,庆养生长寿呢!"

2022年荷月定稿于京城苹花书屋

我在金秋沐春风

美术系 1978 级　杨　奕

拿到大学录取通知书的我，沿着洛阳涧西区天津路向着返回连队的方向走着。初秋的阳光透过梧桐树的叶子斑斑点点地洒在人行道上。我也把有几分模糊的身影投射在树荫中，让它在秋天的梦境中懵懵懂懂地漂移。

1977年全国恢复高考。十年动乱后的再度"开科取士"唤醒了许多有志进取的青年人。翌年，也就是1978年，在运输连开车的我竟得到组织举荐，获得连队唯一参加全国统一高考的名额。

尽管已当兵4年的我一以贯之地本着对军队负责、对组织负责、对自己负责的信条积极工作，认真完成每一项任务。连续3年受嘉奖，被评为连队的"安全节约标兵""农副业生产标兵""通讯报道标兵"，但今后是入党、提干，还是复员、留队都是一个未知数。

而高考的机遇无疑是连队奖励我的一个发展路径，其中有组织、领导和战友的期望，更有国家层面给予青年人铺展的光明前程。它像春风乍起，把我们推向潮头，成为改革开放最初的受益者。

连队的大多数人未必真切了解每一个人的实际文化基础。只觉得我的美术爱好和这方面已经取得的一些成绩理应报考美术院校。也是因为艺术类招生属于特招，加上文理普招，一个考生能有两次投考机会，我就制定了先参加艺术类招考，如果不第，我就报化学，再不就报中文的投考计划。在仅有的20天复习时间里，在没有什么复习资料的情况下,基本是凭着以往的文化基础放胆一搏。

美术初试后,因为当时军地通信、电传的不畅,直到风闻复试已毕,我没有接到通知。连长员群锁不安起来,叫上副指导员、拉上我,亲自开车找到洛阳市高招办的美术考点询问。

果然如同坊间风闻,此时两天的复试已经结束,所有工作人员正在封卷、造册准备撤收。

员连长找到主考的河南大学美术系马岭教授和几位监考老师,讲明情况,并让他们看了我参加全国美展的作品、在报刊上发表的美术作品以及我的速写本,还进一步申明部队对人才培养的重视。

马老师认真听完讲述,进到里间即刻接通省高招办电话,建议启动特殊人才招收机制。

——谁也不敢想的是,经批准,竟在以后的两天里,为我一个人专设考场,进行面试和命题画考试。

试想,一个误了考期的考生,高招办能批准单为一个人专设考场,这在其他的时候几乎难以想象!

直到我入学深造以后很久才知道,招生老师一是看重我已有美术作品在全国美展展出、发表,符合按特殊条文录取的条件;二是后来全国文化课统考的成绩在该专业考生中名列第三;三是现役解放军考生的身份很被关注……

但即便有100条理由让我进入高考的"特殊通道",只要有一个环节迟疑与阻碍、有一个人不想成人之美,就可以让艺术类高招这个当时只有二百分之一录取率的机会"合规""合理"地无疾而终。

是什么原因让一个无名小卒,在改革开放伊始受到如此关注和助力?

——是时代的青睐!是春风的爱抚!

改革开放的春风吹进每一个人的心田,久被压抑的人心中憧憬美好的种子猝然萌发——"人心向善"成为那个时期许多人的心理冲动。能者争做千里马,贤者皆愿为伯乐。为国家输送、选拔、培养人才的热情使许多人愿为"人梯"。选贤任能、唯才是举是被社会称道的风尚。而已经接到大学录取通知书的我也清楚,从此我将告别士兵生活,将在一种令人羡慕的全新状态下开启自己的五彩人生。

连里这时已经不再派我工作。但当我看到因为要运输一批弹药,连里一时无车可出、无人可派,我便主动要求完成任务。

值班的副连长十分犹豫地说:"你是连里唯一的大学生,万一出点事儿太不值得……"

而我的想法是用有风险、有难度的任务充实汽车驾驶员的经历,给自己的士兵生活画上一个完满的句号。退一步说,高考的"奇迹"发生在我的身上,难道连队工作拉不开栓时,我能无动于衷吗?

争取到任务的我,开上那辆因别人翻车事故几近报废,被我修好并成为"安全节约车"而"赏"我专用的老旧解放卡车,来到偏远深山中,装上两万枚雷管和两吨梯恩梯炸药(按规定,起爆药和炸药不能混装,但当时只能运一次)我作了相应准备:用苫布衬好整个卡车大箱,防止因摩擦、碰撞产生明火;又接好地线,防止静电;再让开道的车在我前面200米挂警示旗并约停过往车辆……

前半夜我往返100多公里运完雷管、炸药。随后,在后半夜又加运一趟手榴弹和反坦克地雷。而这批被全军回收的手榴弹是因为屡屡发生自爆现象必须停用集中销毁的。

完成任务的我,好像减少了一份"太平军人"的遗憾,揣了几多自豪跨进大学的门槛。虽然当战士的一页就此翻过,随后带着军籍、穿着军装就读地方大学,但战斗精神始终应该是军人的"标配"。

也就是在我迅速成长的那个年代,在一个普通士兵的金秋时节,吹来改革开放的春风。是时代的更新激发了人们的奋发精神,鼓舞了青年军人的高昂士气。

　　尽管一路走来的我们,不止于天真地幻想每天阳光灿烂、世间人皆舜尧,但把个人的命运与集体与社会的发展相结合,以积极的状态投入现实生活中,就总有希望、总有前途。而那个时段我的深切心理感受,让我也清醒地认识到:改革开放,就是最大限度地激发人的热情,调动人的积极性,在生产力解放和创造力激发的过程中,大写的"人"字得到美丽舒张。

　　40年弹指瞬间,金秋又至,我们祈盼春风尽吹,人人尽沐。

　　40年风物满眼,见贤思齐,学我的员连长、学我的马老师……也乘时而起,化作春风。

2018年9月5日

我终生难忘的大学生活

历史系 1978 级　席来旺

我是 1978 年 10 月作为恢复高招制度后首批全国统招生来到河南大学报到的,从报到那天开始直到 1988 年暑期后赴京,到中国社会科学院研究生院攻读博士学位,整整 10 年。我美好的青春时光、我人生观形成的重要阶段,是在黄河之滨这座古色古香的河大校园里度过的,"百折不挠、自强不息"这一历经百十年历史积淀的河大精神将影响我的一生。

在我的母校河南大学 110 周年校庆倒计时 100 天之际,我将自己在河大期间的几点难忘记忆与感受奉献出来,与大家分享。

一、一流的专业课程

河南大学不仅被誉为"中国最美大学"之一,而且在许多专业课程设置方面居国内领先地位,并充分体现自身悠久深邃的文化内涵。

尽管高考前夕,我在一篇作文习作《我的志愿》里曾憧憬过,"我要当祖国新长征途中的随军记者",但是对于只有 16 岁的我来讲,填报大学志愿仍是不知所措的事。我清楚地记得,我高中老师魏道均一直极力主张我填报河南大学历史系。他反复讲过,河大历史系在全国是非常有名的。魏老师原来也是河南大学历史系毕业生,知识渊博,师德高尚,对学生倍加关爱,尤其是高招制度恢复之初,亲手为国家送出了大批优秀学子,是全县有名的模范教师。

选择河大历史系历史专业是幸运的。

河大历史系在国内的影响与声誉是有坚实学术基础的。

我们使用的中国古代史全国统编教材,就是由历史系的朱绍侯老师主编的,据说这套教材自出版以来,已修订改版五次,发行量达140余万册,影响了无数历史专业学子。

我们的任课老师杏坛耕耘、殚精授业。赵世超是北京大学的高材生,后来曾任陕西师大校长。郭人民老师因其深厚与广博的古文献基础,被河南省聘任为古籍整理领导小组的组长,担任河南省古籍整理的领导工作。鞠秀熙先生毕业于美国哥罗拉夫大学研究院,曾任中国政治学会顾问、河南政治学会副会长等职。张绍良教授,新中国成立后,从美国乘坐经香港回中国大陆的第一艘轮船,回到祖国,回到开封,经范文澜先生介绍,在河南大学教授美国史。阎照祥老师后来曾任中国世界近代史学会会长。

我们的课堂不受时空的限制,从古希腊、罗马、中世纪,再到两次世界大战,以及战后民族解放运动与当代新兴国家崛起。我们通过课堂内外学习,认识了各色历史人物及其思想以及各自在历史上扮演过的正反角色。我们在重温人类走过的历程、探索历史发展的规律。

我们通过河大历史系的专业系统学习,许多道理得以明白了,理想信念更加坚定了,思想日益成熟了,历史思维逐渐养成了,从而为后来进入社会、从事各种工作、迎接多种挑战打下了坚实的基础。今天我之所以在不同场合反复强调,要实现历史思维与国际视野的完美结合,也是有渊源的。

二、浓厚的学研氛围

河大这座百年老校之所以能始终焕发着青春朝气和创新活力,散发着无穷无尽的别样魅力,得益于其得以保持多年一贯的浓厚学习、创研氛围与"团结、勤奋、严谨、朴实"的优良校风。

我在大学期间,真正领略到把"文革"耽误的时间弥补回来的大环境,校园中学子们苦读的身影随处可见。一年多前我陪同詹永新大使赴河南讲学,詹大使对河南学子在校园里勤奋苦读的场景赞不绝口。我说这也使我想起了当年自己曾经历过的日子。

我在河大的天天读是有名的,不仅仅是为了临考应付,而是常年坚持,做到持之以恒。每天凌晨的十号楼楼道里,每个傍晚的路灯下,甚至每个暑假都留在学校苦读外语。有一年寒假回老家,我躲在一座平房后面背单词,差点被当地一位警惕性高的农民当作"特务"报警。

我要特别感谢学校,不仅为学生设法创造硬条件,当时的图书馆、阅览室并不像现在这样宽敞明亮,校方仍不断扩大可供阅览面积,调整管理规则,便利大家课后自习,而且更加重要的是,当时的母校设法为鼓励学生创新科研营造积极向上的良好软环境。

▷ 席来旺应邀出席论坛,做学术报告

记得大概是过了1979年以后的事情。我在阅读我国著名美国史专家黄绍湘教授刚刚再版的《美国通史简编》时,就其中一个问题提出了商榷意见。我大胆将自己的论文稿件寄到北京了。我没有想到,一个多月后,竟然真的收到这位学术前辈的回信,密密麻麻好几页。要知道,黄先生可是中国美国史研究的奠基人之一,是中国以马克思主义观点撰写和研究美国史的第一人,时任中国美国史研究会理事长。这样的名家能在百忙中给我这个不到20岁的年轻人来信指导,使我激动了好几天。

学校知道这件事后,决定在《河南大学校报》整版推介。以《可贵的指导》为通栏标题,一共组织了3篇文章,一是编者按,大意是感人的故事说明河大青年学子敢于探求真理的精神与我国学界前辈的高尚品德。二是我写的一篇心得感悟。三是黄先生的来信,大意是在对我肯定的同时,交换了学术观点,并建议我今后要不断认真学习马列主义原理,继续钻研美国历史与现实问题。这里需要抱歉的是,当年人们没有知识产权保护意识,未经本人同意全文刊登了黄先生的来信。

这件事当时在全校引起了轰动,无疑对营造校园良好的学习氛围,激励青年学子勤奋好学,发挥了重要促进作用。

当时,中美两国刚刚建交,中美关系与中国改革开放间有着特殊的历史巧合,我很早就在河大瞄准了这个影响中华民族崛起的研究领域,直到今天。

三、倍感亲切的老师

在河大这片宽广深厚的人才土壤润泽下,众多名师大家来这里执教,我们有幸成为直接获益者。这不仅体现在知识方面的获得,而且老师们倍感亲切的言行,给我留下了深刻印象,同样有助于我们健康成长。

我当年除了目睹任访秋、周守正、李润田等不同院系专业老师的风采外,特别从历史系诸位老师那里感受到亲切关爱与照顾。

系行政办公室的程老师,每天总是乐哈哈的,耐心细致地为每个同学服务。系党办的陈老师,低声细语中无时不体现着对同学们的关爱,她后来当了学校工会主席,很适合这个岗位。靳德行老师给我们上课,和我们谈心,后来他当了校长仍对我表示特别的关心。贺陆才老师从我们入校时的辅导员做起,对我们关照得无微不至,和同学们的关系亲如父子,他后来当了系副主任、校长办主任、副校长,但仍没有一点官架子,他和历史系78级学生有一种特殊的情怀。朱绍侯老师,是同学们心中崇拜的学界大咖楷模,至今已近百岁高龄却仍坚持每天读书写作。林加坤老师细声细语、娓娓道来。胡思庸老师对思想史的深刻剖析,韩承文、赵克毅、陈昌远、魏千志、李光一等老师授课时的幽默,万松玉、欧正文、马真玉、高海林、张九州等老师讲课的认真,都给我们留下美好的记忆。任重、鞠秀熙、王存华三位老师后来又指导我进行了"世界当代史"的硕士研究生深造,我受益匪浅。

除了历史系的老师外,我还要感谢河大其他院系的老师。吴雪莉教授扎根中国大地70余年,荣获"十大功勋外教",被誉为"中西方文化交流红娘",我在后来的出国青年教师培训班上被吴教授选中。我们几人经常到她家里,小范围接受她的外语辅导,甚至再次从口语发音练起。外语系的杨老师给我学习外语提供了帮助,允许我到外语系听课,借给我盒式录音机。公共外语教研室的巴老师灵活风趣的教学印象也很深刻。关爱和老师对我的《感受加拿大》一书多次给予肯定,使我深受鼓舞。

还有一批暂时没有提及的河大老师,也在不同阶段不同程度上给过我帮助,在此一并表示感谢。

我遇到的河大老师有一个共同特点是,严谨治学、宽厚待人、关怀学子,这也成为我学习的榜样。

在河大期间,我还陪同过前来讲学的外交学院石磊教授等国内知名专家学者,为来访的美国加州北岭州立大学历史学教授海锐思当翻译,开阔了视野。

四、我与母校的特别情缘

我在河大明伦校园的10年间,从一个不懂事的孩子成长为一名世界现代史专业的大学讲师,同时担任青年教工党支部书记、研究生党支部书记兼辅导员。这期间,我参与筹建了河大研究生会,代表河大赴哈尔滨出席全国研究生代表会。这期间,我不仅开始在国家级学术刊物发表学术论文,而且在河南省委宣传部、组织部以及中组部青干局在河南组织的论文征集活动中获得优秀论文奖。

▷ 参加河大百年校庆活动,作为校友代表致辞

是河大培育了我,10年河大校园生活使我在后来的国内外学习、工作中能有一定的自信。

我对河大母校有着特别的情怀。

2012年9月25日,我很高兴能受邀站在庄严的河南大学礼堂,和大家一起共同见证母校100周年校庆这难忘而辉煌的历史时刻。在母校建校100周年庆祝大会上代表校友深情致辞,饮水思源,深切感激母校的栽培,向母校百年华诞致以最真诚的祝贺!2016年,我应邀到母校作系列报告,解析《新形势下的国际报道与国际传播》,做《来自"一带一路"前线的报告》,探讨《中国"一带一路"倡议及其国际响应》。

2019年在明伦校区大礼堂隆重举行的河大2019届研究生毕业典礼暨学位授予仪式上,我应邀作为校友代表作了《河大精神永远激励我们前进》的发言。

2019年新生入学教育期间,我受邀在"校友论坛"上作《担当使命,筑梦起航》的报告,2020年新生入学教育期间,又在"校友论坛"作《使命担当与国际视野》的报告。

▷ 席来旺参加河南大学研究生毕业典礼,作为校友代表致辞

近年来,我还应邀做客河大"卓越生科沙龙"等活动,分享自己与母校之间的深情厚谊,就国际形势、国家与学科发展、个人前途等问题与河大师生进行充分交流。

在母校建校110周年校庆即将来临之际,我决定向母校捐赠110本图书《亲历国际空难——走访"一带一路纪行"》,让我在病床上以左手用手机撰写的这部励志作品,与同学们共勉,希望大家要树立远大目标,培养家国情怀;脚踏实地,并用发展眼光看待问题;继承优良传统,学习和发扬"铁塔牌"学子精神,铸就坚强的毅力。

2022 年 6 月 17 日于北京

(本文图片由作者提供)

我的恩师 Carolyn Dirksen 教授

——为母校河南大学 110 周年校庆而作

英语系 1981 级　杨英军

河南大学是改变我命运的地方,也是助我梦想起飞的地方。

1981 年 9 月 1 日深夜,当载着新生的校车开进校门的那一瞬间,我思绪万千,泪水满面。终于考入了已有 70 年历史的河南大学!那一刻,我仿佛在漫漫长夜里看到了黎明,在挣扎已久的茫茫大海上看到了灯塔!那一刻成了我生命中一个里程碑。作为农民的儿子,能在改革开放之初走进高等学府学习英语,我对自己所选的专业充满信心,因为从 1912 年的河南留学欧美预备学校发端的河南大学的强项当属其外语学科。

河南大学英语系(后改为外语学院)的一大特色就是教师队伍专业素质高,责任心强。虽然毕业已经 36 年,但教过我的老师们却都成为我永远敬仰的对象。他们都是我在本科阶段和研究生阶段求学路上的明灯,也是我留校任教 16 年历程中的引路人。由于篇幅所限,在此我想先回顾一下跟我的学士论文导师 Carolyn Dirksen 教授(以下称 Carolyn)在一起的点滴往事,以表达对母校 110 周岁生日的祝福。

Carolyn 与其先生 Murl Dirksen 教授 1984 年从美国田纳西州来到河南大学外语学院执教,前者是语言文学博士,教过我们英国文学和写作等,后者是社会学博士,教我们英语报刊阅读等课程。在 20 世纪 80 年代初,能享受这样高水平的外籍专家授课,确是幸运。他们渊博的学识、令人耳目一新的教学方法、课堂内外的一言一行都成了我的榜样。更为重要的是,他们对学生的耐心和细心、平易近人和平等待人的学者风度使我受用终生。

▷ 杨英军与 Carolyn 和常新萍同学一起看望吴雪莉老师

(2015 年 7 月 26 日)

1985 年春季学期,当我们开始撰写学士学位论文的时候,我和一个同学碰巧都想以 The Bible as Literature 为论文选题。我们就此前去求教 Carolyn,她不仅非常支持我们合作,还主动提出担任我们的导师。值得一提的是,学院领导决策不受制于生搬硬套的条条框框,也同意两个学生合作撰写一篇学士学位论文。这在很多大学至今也不会多见。

在撰写论文的过程中,Carolyn 不仅给我们很多具体细致的指导,还给我们提供了很多参考书。从一稿到三稿她都约我们到她家当面指导。最令人难忘的是,她建议我们以英王詹姆斯一世钦定本《圣经》为研究对象,因为这个版本可以看作是现代英语的基石,对英语文学影响深远。她还提醒我们,从体裁来讲,《圣经》里不仅有优美的散文和诗歌,还有短篇小说和戏剧。2000 年我在北京外国语大学读到美国诗人、剧作家兼美国国会图书馆馆长阿齐博尔德·麦克利什(Archibald MacLeish)的诗剧《J. B.》之后,对恩师的指导有了更深的领悟,因为这个剧本与《圣经》中的《约伯记》(The Book of Job)有太多的互文性。

▷ 杨英军与 Carolyn Dirksen 教授在英语系 1981 级毕业 30 周年合影

我们英语系 81 级学生与 Carolyn 结下的师生情谊非同寻常。毕业前夕,她给我们每个人的毕业纪念册上都写下了终生难忘的留言。她对每个学生都了如指掌,确实难能可贵。她经常到学生宿舍与大家聊天,问寒问暖;跟我们一起逛街,看电影,到黄河游览区玩,甚至到铁塔湖看我们冬泳,给我们拍照。刚开始给我们上课不久,她就为我们每人拍一张照片,制作成一张卡片,上面有每个人的姓名等信息,按照首字母顺序排好。而且这些卡片她一直珍藏至今。每当我们同学在中国或在美国跟她团聚时,她都会拿出这些卡片,如数家珍似的与我们一起回顾在河南大学相处的点点滴滴。每当我们看到这些卡片无不感动、感慨、感谢。

从 1984 年起,Dirksen 夫妇就与河南大学结下了不解之缘。1985 年告别开封之前,他们还帮助河南大学与他们任教的 Lee 大学建立了校际合作项目。先后有 25 位河大教师前往他们的大学交流深造,也得到了他们无微不至的关怀。在过去的 30 多年里,他们多次因公因私重访河南大学。1988 年 5 月,我有幸能在自己的家里接待了恩师一家。他们当时还带着不满一岁的女儿 Sara。1993 年 6 月,他们再次带着女儿到我们家作客时,我们的儿子

Davy 已经 5 岁了，Sara 也有了玩伴。

2001 年，河南大学授予 Carolyn Dirksen 荣誉教授称号！我们同学得知这个消息，无不为她骄傲，为母校高兴。

2005 年暑假，英语系 81 级同学为庆祝毕业 20 周年回母校团聚。Dirksen 夫妇当时难以脱身前来给我们助兴，但已担任 Lee 大学副校长的 Carolyn 给我们发来了一封感人肺腑的祝贺信。宣读她的信成了那次团聚的一个亮点。听着听着，同学们眼睛都湿润了。

2007 年，我刚到得克萨斯州立大学阿灵顿分校访学不久，Dirksen 夫妇就邀请我前去田纳西州克利夫兰与他们团聚。他们不仅给我买好来往机票，还亲自到机场接我。毕业 20 多年后，能在 Lee 大学又一次见证恩师授课的风采，我终生难忘！在那里的一个月里，他们大学的图书馆给我提供了很多方便。我可以在图书馆待到午夜之后，回家时门前和厅里的灯依然为我亮着！

2008 年年初，我开始在纽约城市大学研究生院做访问学者。赴美之前我申请了纽约城市大学女王学院英语系的教职。当 Carolyn 得知我需要 3 名推荐专家时，她欣然为我撰写了推荐信，使我能够顺利地在女王学院英语系执教一年，为其开设了"维多利亚小说"等 3 门课程。

2015 年 7 月下旬，在毕业 30 周年之际，我们 81 级同学又回母校团聚。年近七旬的 Carolyn 带着女儿 Sara 前来与我们团聚。在团聚仪式上，她动情地回顾了在河南大学外语学院执教的经历、跟学生们在一起的幸福时光以及与河南大学的合作成果，在场的领导、老师和同学们都深受感动。午饭之后，在外语学院高继海院长和几个同学的陪同下，她又前去拜访了吴雪莉教授，与她老人家共叙在中国和美国共处的时光。之后她又回到外语楼与高院长探讨了进一步合作的前景。这次回中国来，她先后在开封、郑州和北京等地与我们 81 级同学有多场团聚活动。在首都机场告别之时，她还承诺，现在不当副校长了，会有更多机会回中国，回开封，回河大,回来看望大家。

▷ 外语系 1981 级毕业 30 周年母校团聚与
Carolyn Dirksen 教授和老师合影

期待毕业 40 周年之际,我们还能跟恩师一起在母校团聚!

(本文图片由作者提供)

母校文化薪火相传

地理系 1981 级　郑新奇

教育系 1985 级（研究生）　刘海燕

河南大学是我们的母校。今年是母校建校 110 周年。为迎接母校 110 周年校庆，传承母校精神，我们思忖过往的岁月，挖掘累积的记忆，感悟母校文化的精髓。

1987 年，我们两个人从河南大学研究生毕业后留校工作，首次踏上大学讲台。在已经过去的 35 年间，我们的工作单位从河南大学到山东师范大学（1994 年调入）到中国地质大学（北京）（2006 年调入至今）。工作地点从开封到济南再到北京。虽然工作单位和工作地点发生了几次变化，但我们一直都在高校工作。从一个教育工作者的视角，感觉母校文化中印象最深有这样几点：

内化于心的"明德新民，止于至善"校训。河大的校训，出自《大学》的"大学之道，在明明德，在新民，在止于至善"，用意在于使学生能发扬与生俱来的光明德性，自新其德，敦品励行，积学储宝，成己成物，贡献德学，让人、事、物都能达到美善圆满的境界，促进社会不断进步。在这样的校训影响下，不知不觉中我们已经将其入眼、入脑、入心，并外化与行，奠定了我们的思维方式、行为模式和做事风格。我们虽然经历了不同的工作单位，但"明德新民，止于至善"的母校文化基因，至今仍然记忆犹新。

谦逊包容的"各美其美，美人之美"格局。费孝通先生在其八十寿辰研讨会上讲了一句 16 字箴言："各美其美，美人之美，美美与共,天下大同。"其意是先发现自身之美,然后是发现、欣赏他人之美,再到相互欣赏、赞美,最后达到一致和融合。在河南大学求学和工作的那段时间里,这样的感受我非常深刻。比如当时系领导不为功利邀请的知名专家为本科生做学术报告,老教师对青年教师的传帮带,学生取得成绩时的精神物质激励,以及友好的工作氛围等等,都让大家能将心静下来,从容提升自己之美,再培养学生之美,进而让学校之美贡献社会和国家。带着这样的格局,我们在教学和科研中尊重科学、尊重学生、尊重他人、尊重差异。

追梦践梦的"胸怀高远,脚踏实地"情怀。我们是改革开放初期的大学生,那个时期有很多"榜样人物"到学校做报告,他们的感人事迹和为梦想而奋斗的精神对我们有很大的激励作用。学校营造的这种正能量的氛围,让其中的每一个人都有追逐梦想的冲动,并为实现梦想付出行动的愿望。带着梦想和践行梦想离开母校的人们,基于母校的营养进行能级提升或者跃迁,母校也因此得到了更好的发展。我们算是其中的受益者。

▷ 郑新奇、刘海燕夫妇合影

目前,我们都是中国地质大学(北京)的二级教授、博士生导师。刘海燕教授因其特别的社会贡献获得北京市"三八红旗奖章"的荣誉称号。郑新奇教授也因其对科学的贡献入选俄罗斯自然科学院外籍院士。"在学习中不断进步,在已知中综合集成,在未知中探索创新"是母校给予我们的,也是我们从教几十年的感悟。

2022 年 5 月 4 日
(本文图片由作者提供)

塔影书香逐梦来
——漫忆河大读书生活

数学系 1980 级　王志俊

前几日有暇,我在书房翻捡,发现了一张河南大学(时名河南师大)校报编辑室发的稿酬通知单,时间是 1984 年 1 月 19 日:

王志俊同志:

　　来稿《给老师》已被本报八三年第十八期刊用。请您接到此单后即到校报编辑室领取稿酬 1.5 元。望今后加强联系。多为本报撰稿。

　　谢谢!

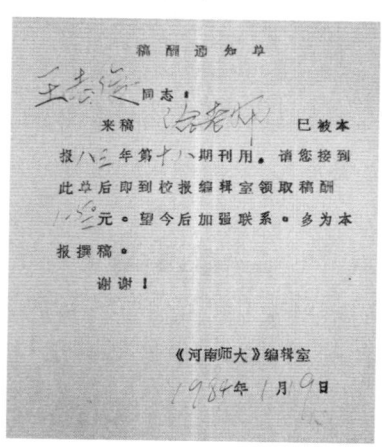

▷ 校报稿酬通知单

这张简朴的铅印稿酬通知单,如今已泛黄。它静静地躺在我的大学日记簿里,把 30 多年前的大大喜悦和小小成就感封藏至今!

循此线索,我又查找到了发表的作品剪报。这首《给老师——写在贺年片上》,是为中学老师祝贺新年时,我即兴写下的 8 行小诗:

也许老花镜会把问号放大:
这是从那儿飞来的鸽子?
您记忆的暗箱里该贮存着
一个和您的故事打赌的孩子。

农人会捧着谷粒般饱盈盈的收获,
让笑声在皱纹里流蜜;
我的祝福来自您播种的田垄,
希冀着将您的斑鬓染绿。

一张稿酬通知单,一首小诗,勾起了我的幸福回忆。它让我穿越到20世纪80年代初在母校河南大学读书的岁月,也激活了当年徜徉在美丽校园的那个文学青年的几多梦想!

1980年8月底,我穿着母亲在煤油灯下纳成的布鞋,用床单兜着她一针一线缝制的被褥走出家乡。为了能一早赶车,父亲先是骑自行车载着我到他任教的学校住下。次日清晨,他在大路边拦下一辆长途公共汽车,看着我挤上车,直到车开出很远了还站在那里目送。这是我第一次独自出远门,父母不舍,我也惴惴不安,但更多的是对即将开始的大学生活的美好憧憬。我用一块四毛钱买了车票,没有空座,多半时间是挤站在过道里,一路颠簸到达100多里外的开封汽车站。在车站广场,热情的学长引领我登上接新生的校车,进入明伦街的河南大学校园。我4年的大学生活由此开启。

我被录取到数学系。其实我在文科方面颇有基础,1977年秋全国恢复高考时,14岁的我在父亲的鼓励下,抱着"试试"的心态走进文科考场。虽然不会高中数学,但凭着语文试卷中作文《我的心飞向毛主席纪念堂》的高分以及其他科的自学成绩,竟然考出个大专分并参加了录取前的体检,这在当地引起小小的轰动。因为是考前报的志愿,我立志非本科不上。第二年考文科还是上的大专线,索性不再参加体检。当时,国家刚刚结束十年动乱,百废待兴,急需科技人才,党中央召开全国科学大会号召"向科学进军"。著名作家徐迟推出报告文学《哥德巴赫猜想》,讴歌数学家陈景润攀登科学高峰的动人事迹,在全国引起极大反响。社会上流行着"学好数理化,走遍天下都不怕"的口头禅,学习成绩好的同学纷纷优先选考理科。我的父亲教高中语文,却极力要求我在理科上下功夫,谆谆告诫我"学理科有前途"。受此深刻影响,我发愤学好数理化,成绩也得到迅速跃升,曾参加过所在扶沟县和周口地区的数学竞赛并获奖。高考时,语文、政治、数学、物理、化学各占100分,外语折合30分,我考了409.15分,在全县理科考生中名列前茅,只因在重点大学的志愿栏最后填报了刚更名的河南师范大学,"离家近、保个底",便被录取了。后来听说是河南省为了扶持师范教育截留了高分学生,只要填报了河南师大先录再说,前面所报全国知名高校华中工学院、西安交通大学等根本未看到我们的档案。有的高分同学因为在重点大学的志愿栏里填有"同意调剂",便莫名其妙地被挖到这所当年才获首批录取资格的学校。接到通知书,高中老师都为我惋惜:"亏了!"我亦极不情愿,当晚在床上大哭了一场,怏怏不乐好几天。

对于农村孩子来说,有学上,已不错,既入校,则安之。遍览古色古香的校园,蔚为壮观的大礼堂,绿树掩映的图书馆,风情独特的东斋楼,终结科举的贡院碑,还有耸峙在一墙之外的北宋铁塔,都让我感到新鲜、好奇,心底的不快也平复了许多。老师们说,铁塔也是我们学校的象征,自1912年建校以来,河大的校友们遍中州,都以"铁塔牌"自诩为

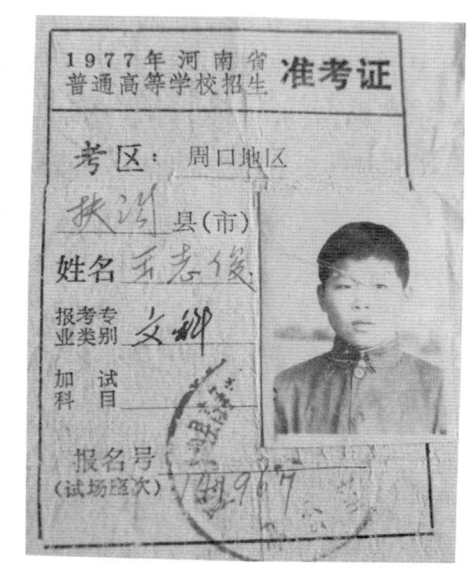

▷ 王志俊14岁参加高考的准考证

傲。在开学典礼上,历史学家胡思庸教授作为教师代表发言,他的一句勉言"你们是时代的宠儿!"更令我和同学们激情满怀。的确,当年全国高招录取人数只有二三十万人,作为迈入大学之门的莘莘学子,我们是幸运者。

氤氲在校园的学习气氛十分浓厚,扑面而来的是满园书香!大家崇尚知识,如饥似渴地读书求知,图书馆里借书的同学排起长队,阅览室需要先放上书包"占座",自习时的阶梯教室各年级济济一堂却鸦雀无声,花园里许多同学在讨论问题,夜间总有人借着路灯的光亮在朗读英语。在十号楼,每晚都有读夜大学的社会青年蜂拥而至,不少人甚至无惧风寒站在教室的窗外坚持听课。我们之前的七七级、七八级学长们因为"文革"耽误了学业,年龄大的已有了家室,仍发奋钻研,个别人甚至由于压力太大患上神经衰弱症而不得不暂时休学。耳濡目染,备受激励,我暗下决心,不负韶华,努力学有所成。

数学系在全校11个系中也许是最"烧脑"的了。在学习过程中,得益于老师们循循善诱的加持,我们领略了高等数学难以言表的深奥之美,品味过依据强大逻辑性求证解题的快乐,但也深感每门课程学起来都是在向未知领域艰难掘进。老师在黑板上推理证题时还难免出错,坐在讲台下的我们脑子稍有溜号,就有可能跟不上老师演绎的思路,接下来就赶不上趟了,课下要费很大的劲儿"复盘"或请教同学才能补上。做作业的过程更是"虐心",有时老师布置的仅有一道题,但静坐自习室一个下午苦思冥想,在演草纸上推来演去仍不得其解,真是郁闷至极,只好耷拉着脸找到老师辅导讲解。结业考试很严格,最担心的是能否及格,所以每临期末备考时多为愁眉不展,心情沉重,记得有门课出题过难,一名向来学习认真的女同学知悉未考及格时,当场即哭出声来。

大二暑期我留在学校为住进宿舍楼的高招改卷老师服务,看到本系七九级的一名学长把补考通知贴在宿舍床头,以警示自己在假期留校专心复习,争取开学补考时"过关"。前车之鉴,我如履薄冰对待专业课程学习,一路严防死守、硬啃细嚼,躲过了补考的"悲摧"。大四时选修孙荣光教授主讲的《模糊数学》,很喜欢他的授课风度,讲到得意时,先生会优雅地抽上一口烟,从自编的讲义中抽出一个英文信封:"这是数学家 Cader 先生给我的来信,与我商榷这个问题……"1993 年夏天,我与孙先生在郑州电力高等专科学校校庆活动中意外相遇,他时任河大出版社副总编辑,已对我这个"粉丝"印象不深,当我讲了这个细节后,先生竟有些羞赧之色,继而又哈哈大笑。我对这门课颇为用心,考试成绩为 94 分,至今还完整地保留着学习笔记。

现在回想起来,学习就是一场艰辛的探索、艰苦的攀登、艰难的修行,需要全神贯注、全力以赴、绞尽脑汁,如果轻轻松松、谈笑风生、不求甚解,又能学到多少东西、汲取多少教益、得到多大提升?正是大学高强度的专业学习训练和精钻细研,才造就了数学工作者严谨细致、缜密精进、锲而不舍的独特气质,我本人亦觉得在养成逻辑思维、提高学习能力、培育进取精神等方面受益匪浅。

课堂是肃静的,考场是残酷的,但宿舍是欢快的。我住的宿舍三易其址,初入学时在东日字院西北角的一间大屋子住了一阵子,有十几个同学共住。后又搬至最北边靠东部的一幢宿舍楼,记得是 401 房间,系该楼的顶层西北角,院墙外即是铁塔公园,褐色的琉璃塔披着近 900 年的历史沧桑巍然屹立,站在窗前能清晰地看到栖息在塔檐上的飞鸟,夜半醒来可听到悬挂风铃的叮叮当当。现在想来,即便是那时的冬夜寒风嗖嗖,抖缩在被窝中的我们有铁塔风铃入耳,也算是颇有意境的体验吧。在大三时我们又搬迁到校园西南部的宿舍楼,临窗北望即是政教系和地理系的拐角楼,这里离数学系的办公区和教室更近了一些。同舍的室友虽有个别调换,但大体稳定,大伙儿有课时结伴去教室,自习时则各奔东西,晚上归来是最热闹的时刻,被各种数学公式和定理纠缠的大脑就此舒缓,一天的新闻集中交流,同学的来信有时可以公开传读,好友、老乡也来回访谈,洗衣服、擦皮鞋、互相逗着玩,让被双层床和自修桌挤去大部空间的宿舍充溢着生活气息。头发长了，会把自备工具"修理"过多名同学脑袋的张淮请来理发，淮哥手拿推剪炫技的同时最爱听旁观者夸奖。室友们互谅互让，相互关照，我也曾献出小小的稿酬买暖水瓶等作为宿舍公用。另据我的日记载，本文开头提到的那首诗一块五的稿费被段海声捎回来后，我到学校门口小摊上买了葵花籽、爆米花和一把水果糖，摊在宿舍的桌面上请大家分享，嘻嘻哈哈地算是请了一顿客。穷学生日子清苦，一个月十七八块钱的伙食费要精打细算地省着点花，肚子里缺油水，太容易满足了。

我们宿舍 7 个同学中有 3 人后来读了博士，恢复高考制度以来，1980 级平均入学年龄应属最小，15 岁的杨瑞因第一志愿即报河南师范大学数学系而被《河南日报》报道。我们系 110 余人中，许多同学天资聪慧，毕业后工作努力，成绩斐然，在教育战线上大显身手，不少人还走上领导岗位，这可否归纳为"数学系八〇级现象"？

雄踞校园中央的大礼堂给我留下了许多记忆。这里每到周末会放电影，大家热热闹闹地入场，在紧张的学习之余享受轻松、快乐时光。我喜欢看电影，有时图省钱，买了 5 分钱一张的丙票，在边边角角的座位上看着不爽，便拿张报纸坐在过道上观影，也看得津津有味。

全校性的活动多在这里举行，有几场风景迥然的报告会印象最深：历史系的著名教授胡思庸、毛健予先后开讲鸦片战争、中国近代史的若干问题，但台下声音嘈杂，两位学界权威面露愠色，不得不中断讲课，几次提醒听众注意秩序。被河南省授予"人民的好医生"称号的郸城县医院周礼荣院长，讲述自己大学毕业后扎根基层几十年、全心全意为人民服务的先进事迹，他不单是刻苦钻研显微接肢手术的医学专家，也是个接地气、善用诙谐幽默语言讲亲历科学实验、治病救人故事的段子高手，报告会笑声不断、掌声起伏，"我要让手术刀永远闪耀着革命人道主义的光辉！"，地道的河南腔让大家忽略了他原本"阿拉上海人"的身份。上甘岭战役英雄连长张继发（电影《上甘岭》中"张忠发连长"的原型）作革命传统报告时，老英雄以平白直叙、朴实无华的语言，讲述志愿军官兵为了捍卫祖国的尊严，坚守上甘岭同美国侵略者殊死搏斗的英勇故事，可歌可泣，感人肺腑，深深地打动了全场听众。报告会持续3个小时，又值冬季寒意袭人，但礼堂内秩序井然，大家凝神聆听，入耳入脑，堪称是一堂成功的爱国主义和革命英雄主义教育大课。陈景润，被誉为"摘取数学王冠上的明珠的人"，应系主任刘亚星教授的盛邀，1983年10月中旬受聘为我们系的名誉教授（同学王天泽后来成为他的关门弟子），在大礼堂做了一场学术报告，全校轰动。大家争先恐后，鱼贯而入，冲破了检票卡口，门口落下挤掉的十几只鞋子和多枚校徽，可谓斯文扫地，只为一睹这位被国家领导人关注的"科学怪人"的风采。陈大师不善言辞，语言急促且有些含混，对自己纵横驰骋的数论领域却得心应手，靠默记几次及时纠正助手在黑板上的推演。相信许多人没有听懂他说的话，对他讲的学术问题绝大多数人不明就里，学数学的我亦不甚了了，但礼堂内座无虚席，过道和角落里挤满了踮起脚尖的热情观众，展现的也许算是最燃爆的"明星效应"了。报告会一结束，我疾笔写就《他有一颗火热的赤子心——陈景润讲学侧记》，经数学系党总支审核盖章后，急送到《开封日报》社投稿，看到认识的齐遂林编辑正埋头赶写《"世界冠军"的风采——数学家陈景润印象记》，我的稿子便成了他参考的素材。

我刚入学时所用书包是个银灰色的人造革提袋，后改为一个较大的草绿色挎包，因为装的书渐渐多了起来，除了数学教材、参考书和作业本外，更多的是社科类书籍和读书笔记。为了开阔知识视野，我抱着浓厚的学习兴趣，有计划地从图书馆借来翦伯赞的《中国史纲要》、朱光潜的《西方美学史》、罗国杰的《马克思主义伦理学》、吴祖谋的《法学概论》等教材或相关书籍，坚持自学通读。上午课间大休息时，我爱跑到系办公室去浏览当天的《中国青年报》《参考消息》等报纸,了解时事新闻。个头不高的刘享林老师总是热情相让:"报纸刚来,你先看吧。"为了挤时间多读点书,通常中午不休息,在食堂吃过饭后,即直奔图书馆阅览室,用鼓囊囊的书包占住座位,便在走廊翻阅报架上的各种报刊,困了就趴在座位上打个盹儿。待大家陆续到来时,抖擞精神开始做老师布置的数学作业,并预习明日相关专业课程。待数学功课做完后,便可心安理得地享受另一番滋味的非专业时光了。晚上也多是在阅览室度过,直到管理员反复催促才离开。课余时间我关注着海报信息,爱跑到其他系听讲座。校团委、学生会举办的"大学生百科知识讲坛",邀请校内外专家讲弗洛伊德精神分析、萨特存在主义、欧美古典音乐、西方名画欣赏等,主讲者或讲稿一叠娓娓道来,或提着双卡录音机播放名曲片段,或放幻灯片展示美术名作,每场皆折服台下,深受欢迎。我算是执着的"追座"一族,是那个提前入座或挤在走廊、站在窗边努力听得更清楚些的知识拥趸。

　　活跃的校园文化丰富知识,增智怡情,也唤醒了蛰伏在我心底的文学梦。我洗得褪色的挎包里装过蔡仪主编的《文学概论》、游国恩主编的《中国文学史》、杨周翰等著的《欧洲文学史》,上海译文出版社出版的《外国文学作品选》和《西方文论选》等,认真地品读过莱辛的《拉奥孔》,摘录过《别林斯基文学批评集》等,并以此为线索,利用课余或假期选读了一些大部头的中外文学名著。为了更多地了解外部世界,我尤为喜欢阅读外国文学作品,每每遨游在文学巨匠们笔下的异域世界,与小说中的主人公同呼吸、共命运,不闻窗外喧嚣,不察暮色已临,不觉饥肠辘辘。

　　我曾检遍学校图书馆的外国诗歌类登记卡,将馆藏的外国诗集列成书单,按图索骥逐册借阅,怀着朝圣之情,拜读雪莱、海涅、普希金、莱蒙托夫、惠特曼、泰戈尔等伟大诗人的传世之作,并整篇大段地摘抄在专备的笔记本上,有空时反复诵读,击节叫好。学校有一个新华书店设的书亭,我隔三岔五地就会溜过去,看看有没有自己喜欢的新书到货,每次上架的诗集也就几本,有时会因迟到一步被他人抢购而去,此后再也等不到了,留下小小遗憾。《世界抒情诗选》《西方爱情诗选》《歌德诗集》《莎士比亚十四行诗集》等即是由此买来,而遍寻不得的《拜伦抒情诗七十首》则是从长沙的一家诗歌书屋邮购的。1983年2月2日,在开封市书店街的新华书店,我看到了心仪已久的但丁《神曲》,只因囊中羞涩,与那位热情且有文学素养的售书大叔站着聊了半个多小时的中国作家赵树理及其代表作后,才痛下决心掏出1.6元买下。回校后摩挲新书,感到不虚此行,疲惫全消。当年靠省吃俭用节余的钱而精心选购的诗集,与心潮涌动逐行抄录的名篇诗句,都收藏在我的书架里,每当翻读起这些拨动心弦的优美诗行,顿觉宛如迷惘中的一抹光亮,孤寂中的一股暖流,阴霾中的一阵劲风!

▷ 王志俊精心抄录的外国诗篇

我懵懵懂懂地有了写作的冲动。一天,我怀着忐忑的心情来到办公楼上的校报编辑室,鼓足勇气递上自己写的稿子,坐在门口桌旁的是张国臣老师,他认真看过稿子后,和蔼地对我说:"数学系的还喜欢写诗,不错。你回去改用方格稿纸誊好送来,我们再审一下稿。"很快,这首题为《归》的散文诗便在校报发表了。读诗写诗一度充斥着我的课余生活,在开封市化建中学进行教育实习批改高中生作业时,我即兴写就的《答中学生问》也变成铅字出现在校报上。有个星期天全班到黄河柳园口春游,触景生情,我诗兴大发,竟一口气写了十几首。为父亲贺新年或与同学通信也偶用长诗形式写就。这些诗稿灵感云集,浪漫狂肆,多是平铺直叙的分行而已,从思想到技法都很青涩幼稚,但日积月累也有厚厚的几本子,长短诗行拓下了我的心灵印迹。我还尝试写了一个中篇小说《哦,那片柳叶》,投稿给甘肃《飞天》杂志后无果而终。为了提高创作水准,我订阅了风靡一时、由诗人流沙河主编的《星星》诗刊,挤到大礼堂听著名作家姚雪垠校友谈长篇小说《李自成》的创作经验,到中文系听电影《战上海》编剧何甦老师传授写作理论,在十号楼参加诗人曾卓、牛汉、蔡其矫联袂的创作座谈会,3人在诗坛风头正劲,我在图书馆借阅过他们的获奖诗集。为了磨炼观察生活和文字表达能力,我坚持在日记中留下当天所见所闻,倾诉所学所思,宣泄所忧所怨,有时内容洋洋洒洒达千余言,走笔龙蛇至宿舍断电熄灯,继而移步走廊借着灯亮续完这项必做功课。沉甸甸的一大摞日记本,记录着我青葱岁月的喜悦与沮丧、质疑与不满、徘徊与朦胧,尘封着我多姿多彩多梦的大学时代。

▷ 王志俊的日记记录了大学时代

1983年5月3日,校团委、学生会在大礼堂举办纪念五四青年节"开拓者诗会",我的一首长诗《我要说》获得创作二等奖,奖品是一套人民文学出版社出版的三卷本《红楼梦》,朗诵此诗的同班同学白玫则荣膺朗诵一等奖,七九级张新的《生活·理想》获创作三等奖,让评委会对我们数学系的"文青"阵容刮目相看。6月,校党委宣传部、校团委举办纪念建党62周年征文活动,有数百篇作品参选,全校诗文精锐尽出,华钟彦、高文、于安澜等教授也赋诗献词并予以指导。隆重的颁奖仪式在大礼堂举行,我与数学系八一级的施邹(《一捧麦粒》获诗歌一等奖)、李修建(《希望》获诗歌三等奖)跻身于领奖者之列,走上主席台享受高光时刻,我以笔名"杨树"所写散文《露珠》获得三等奖,奖品是一部中华书局出版的《康熙字典》。《露珠》全文被中文系八二级一位同学以洒脱的行书小字抄录后,展示在校办公楼东边临中心干道的宣传橱窗里,我偶尔看到后颇为自得。我的作品先后被收入学校编印的《大学生诗选》和《诗歌散文集》。

学校成立有羽帆诗社,以中文系诗歌爱好者为主体、新诗创作为特色,聘请著名作家魏巍、端木蕻良等为顾问,囊括了校园一众诗歌发烧友。我也应邀加入,参与活动,并在社刊《羽帆》上发表作品。2013年12月,纪念羽帆诗社成立30周年暨《羽帆诗选》出版新闻发布会在河大举行,我的7首诗及访谈入选十卷本的《羽帆诗选》。我专程赴会助兴,与当年的诗友们欢聚一堂,其中多为活跃在河南乃至国内文学界的著名诗人。

我当时要好的朋友,是中文系八〇级的杨吉哲、李霞和外语系八一级的杨莉藜。他仨都是崭露头角的校园诗人,吉哲在《青年文学》月刊、李霞在《中国青年报》、莉藜在《奔流》杂志发表诗作,持重的李霞和高个子的莉藜虽然名字像女性,但均系男生。诗和远方把我们牵在一起,彼此多次串门神侃,谈诗论艺,切磋琢磨,结下友谊。在吉哲提议下,我们踌躇满志地联手编书,遍查图书馆,编辑了一本以外国诗人歌唱中国为主要内容的诗集《中国大地之歌》,

收录30多个国家计60多位著名诗人的80余首诗。成稿后,我们请中文系教授牛庸懋作序,牛先生系河南省外国文学研究会会长,他给予热情支持,对书稿编排及有关诗篇的增删都提出了重要指导意见,并欣然命笔写序,在方格稿纸上一气呵成,后由杨吉哲誊录下来。书稿寄至广西漓江出版社后,刘硕良编辑来信联系,告知已编为"艺字17号"列入审稿计划,还提出了若干完善意见。遗憾的是后来出版计划搁浅了。我们还编选过一本《中外名人情书选》,其间曾结伴到刘思谦老师家拜访,拟请在文学评论界声名鹊起的她写序,她也应允了。可惜我们中的3人临近毕业,书稿只完成大半便人散曲终。这两部未曾问世的书稿,我都留有散佚的片断,聊以纪念。杨吉哲后来长期筹划图书出版,李霞主掌《河南工人日报》多年,二人在诗歌创作和评论方面成绩斐然,著有多部诗集,我们的友谊延续至今。杨莉藜先是留校,后远走美国,在10多年前的一通越洋电话后便失联了,不知身在异乡的他近来可好?

▷ 大学时代的青春诗行

大三之后，我担任系团总支宣传委员、学生会宣传部长，在系团总支书记赵振海、辅导员刘秀英老师的指导下，积极发挥所长，为推进全系宣传报道、活跃文化生活尽智出力。我们进行全系报道骨干培训，请校报编辑来系讲课；创办《学习与生活》报，我任主编，以八二级的几个同学为主力，用蜡版刻印后发至各班；积极组织参加校团委、学生会举办的征文、演讲活动；在"文明礼貌月"、校运动会等大型活动中办黑板报、壁报，写宣传稿件等反映系工作动态。一天晚上，同学张军突发急病，被大家肩背手抬送往校医院，值班的女医生临危不惧沉着处置，使病人脱离危险，亲历全过程的我以此为素材，很快写出一个报道稿送往学校广播站，次日晚饭时即全文播出了。通过共同努力，数学系晋身学校年度宣传报道先进单位。我们把全系各年级的文艺骨干组织起来，在假山前第一教室举办过几场诗歌朗诵、演讲、文艺晚会，并分别邀请外系同学表演节目，如中文系八〇级的王宇秀朗诵自己的诗作、石应四演讲自己申请赴边疆任教的心路历程等。学校大力提倡学生参加校外社会实践，我们组织八二级8位同学担任北道门小学少先大队校外辅导员，向小朋友们捐赠260册图书。1982年11月11日，我和三班团支部书记王玉民到开封日用化工厂进行社会调查，写出调查报告《可喜的局面——来自开封日用化工厂的调查》，被收入学校编印的《大学生调查报告集》。我系七九级宋伟和许庆德的《一个家属院职工生活调查》、赵勇民的《家乡的变化》也收入该集，11篇获奖的调查报告中数学系就占3篇。

　　系领导对我的工作给予肯定和鼓励，同学们也给力相助。1983年9月5日，在全校八三级新生开学典礼上，我被推举为在校学生代表致《祝你们奋飞》的欢迎辞。1984年4月，我作为系团员代表参加学校第九次团代会暨第八次学代会。

　　1984年5月，河南大学恢复校名。7月1日，我获得河大毕业证书和理学学士学位，编号为800701。还有一名化学系女生也同时获得上述证书和学位，我们相爱并携手至今。

迈出河南大学校门时,我揣着一份参军入伍通知书——我矢志报国,携笔从戎,投身激情燃烧的军旅生涯。

时光荏苒,岁月如歌,抚今

▷ 百年校庆时向母校赠送著作的感谢状

追昔,感慨万千!我曾写过一首《母校述怀》,发表在2017年4月的《河南大学报》上,距我此前在该报发表最后一首诗的时间已过去33年。现将该诗抄录如下,以纪念母校河南大学110岁华诞!

    明伦苦读经四载,
    扬帆鼓翼壮情怀。
    竞渡奋楫广涉猎,
    比肩思齐多姿彩。

    业成请缨披甲铠,
    仗剑长吟新境开。
    尝温年少意气盛,
    塔影书香逐梦来。

      2021年12月14日于北京
       (本文图片由作者提供)

1981—1985：我和师友们的铁塔情缘

中文系 1981 级　于　洪

背着被褥、拎着网兜，16 岁的我独自从故乡汤阴乘坐火车到郑州，换乘长途汽车到开封，再换公共汽车到豆芽街，然后步行走到河南师范大学（即后来恢复校名的河南大学），当时庄重典雅的南校门没开，进的是西南校门（现河大邮局位置）。入学报到后，一直走向校园最北边，一路上看到了古朴的斋房、静雅的图书馆和庄严的大礼堂，一时间惊叹于大学之大、大学之美。随后在最靠近铁塔的地方找到了自己的宿舍——学十一楼 103 房间。窗后就是学校围墙，围墙之外几十米就是著名的开封铁塔，入校第一夜我就是在铁塔铃声中入梦的。

1981 年 9 月 13 日的这些场景历历在目，仿佛就发生在昨天，但时光如电，转眼已经过去 40 年。

01　学长之爱

入学报到时最先认识的老师是辅导员。我们的辅导员是王刘纯、南中华两位老师，他们是七七级的学长。因为 1977 年是"文革"后第一次恢复全国高考，他们入学晚，所以还有半年才能毕业，这时候要一边学习一边留校工作，而我们八一级是唯一能跟前四届学长同时在校学习的人，世称"五届同堂"，实属难得和幸运。王老师和南老师对刚入校的我们照顾得无微不至，在安排好班级宿舍、学生管理、教室教材、食堂饭票等事宜后，王刘纯老师还专门借了照相机带领我们到大礼堂、南校门、铁塔等处拍照留影,我们年级很多同学在母校第一张照片就是王老师亲自拍摄洗印的。要知道,当年通讯不方便,照相机也极为珍稀,这些及时拍摄洗印的照片是写信给家里人报平安时最好的礼物,能让父母兄弟姐妹直观感受学校面貌和我们的精神状态,从而更全面地分享我们的快乐。

▷ 中文系八一级六班 学十一楼 103 宿舍"七星"全家福,
王刘纯老师拍摄洗印

▷ 前排左一蔡英杰入校年龄 15 岁,后排左一李凌泽入校年龄 16 岁

随后,王老师组织他们七七级 6 个班跟我们年级 6 个班按序对接,传授学习经验。当时中文系每年招生 200 到 220 人左右(八一级招生人数是 200 人)、分 6 个小班,被称为"亚洲最大的中文系"(这个纪录在 1982 年被打破,中文系从八二级开始每年招生 260 人)。作为六班班委成员,我们去七七级六班拜访对接,在宿舍见到了班长关爱和学长,关老师非常耐心地解答我们的问题,并

约定了交流时间表——如果当时能够想到我们是在和未来的河南大学校长对话的话,那说什么也要借相机拍下几张照片来纪念大家的早期革命生涯。随后关老师和其他学长轮流到我们的宿舍给我们班介绍学习经验,其中有学长还未毕业就已经在国家级刊物发表学术论文多篇,也给入学不久的我们介绍学术论文的写法和经验,让我们感到十分震撼。这样的学习经验交流给了我们很大的帮助,让我们很快从高中学习方法转向了探索大学学习模式。

王刘纯老师还经常在课后带我们到篮球场打篮球,有他这位校篮球队队员现场指导,我们的动作也越来越规范。后来知道王老师的书法作品已经在全国首届大学生书法竞赛中获得了一等奖,同学们更是对多才多艺的王老师敬佩有加。

▷ 1984 年搬家到学八楼去,左后平房就是我们的乙六排 8 号宿舍

到了二年级时,七七级学长李建伟老师成为我们的辅导员。最难忘的是李老师带领我们年级 5 个班去学校设在尉氏县的农场参加麦收劳动,跟我们同吃同住同劳作,同甘共苦,实际上当起了我们全年级男生那个集体大宿舍的宿舍长。他睡在那座大房子门口的铺位上,为大家守门,伤病饮食劳动诸事事事关心又细致入微,让我们感受到了兄

长一般的慈爱。

不知什么原因,我们八一级在4年里换了好多任辅导员,前后大概有13位之多,可能是系里对我们八一级关爱有加,想把他们每一位的绝学都传给我们吧。众多辅导员中,李慈健老师、夏林老师等人仍然是七七级的学长,他们同样对我们悉心照顾,他们的宿舍就在我们的平房宿舍之间,课余饭后经常和我们聊天,鼓励大家学习,为大家排忧解难。我们之所以跟他们一起住在平房,是因为我们八一级4年之中换了3次宿舍——第一次是入学时住学十一楼,跟外语系共享。第二次是搬到学十一楼斜对过的平房宿舍(其实是瓦房)乙四排、乙五排、乙六排,我们宿舍是乙六排最东边一间,依然离铁塔最近。第三次搬家在是八〇级毕业后,我们男生搬进了学八楼。其中,住平房宿舍的时间最长。

后来的辅导员也多数是学长,其中有七八级学长陈江风老师、七九级学长郭天昊老师等,他们的关心爱护,让我们一如既往地感受到了温暖,学长们的言传身教,让我们感受到了母校校风的醇正。浸润到骨子里的河大印记应该就是这样一届一届传递下来的吧。

02　先生之风

在河南大学读书时的各位老师,正如群星璀璨,镶嵌在我们记忆的深空之中,多少年来一直熠熠闪光。看到很多同学都在《我在河大读中文》专栏的文章中追忆了各位先生的神采风范,我心有戚戚焉并完全赞同,因为大家说出了许多我想说的话。为了避免重复表达,我就不再一一列出老师的名单,而以我印象最深的几件事情来感谢所有老师。

老师们以他们不同的教学风格都给我们留下了深刻印象。记得当年我们曾把老师们戏分为"激情派"和"沉静派"两大流派,"激情派"激情飞扬、气势恢宏,振聋发聩,以宋景昌、王宽行、周启祥、何甦、李博、王立群等等老师为代表,文学课老师居多。"沉静派"

看似波澜不惊但暗流涌动,逻辑清晰、论证严密,以程仪、王浩然、管金麟、魏清源等等老师为代表,语言课老师居多。想来这都跟课程内容有关,试想面对"噫吁嚱,危乎高哉""飞流直下三千尺"的狂放谁还能沉静下来?

但不管是哪位老师,他们认真负责的态度是一样的。每次作业发回来,我们都能看到老师们认真写下的批语,如果作业里有一点点闪光之处,老师就会加一句"欢迎面谈",邀请学生前去面授机宜,以给予更多的指导和鼓励。我们当中很多同学都是因为这样的话才鼓起勇气去找老师单独请教的——因为在大学里不像在中学那样天天跟老师接触,刚入校不久的我们跟老师还有一定的距离感——这样的收获自然很多。而年轻的老师们更是勤奋,他们会在晚上直接找到宿舍,当面指导我们学习。入学不久,李晓华老师就连续几天晚上提着录音机到宿舍给每位同学录音,他教我们现代汉语语音课,录音是为了掌握同学们的语言面貌,以便在课堂上进行针对性教学。我来自豫北,方言中平翘舌音不分,我知道自己读得一塌糊涂,但录完音后李老师却鼓励我说:读得不错,音色很好,努力啊!这句简单的话让我找到了自信,对学普通话有了信心。李老师可能没有想到,他的这句话给我后来的工作带来了多么大的影响——如果当时能知道这是中国广电界最高学府中国传媒大学播音主持艺术学院未来的院长、教授在提供上门授课服务,我们说什么也得多找李老师开开小灶、好好学习。

每门课的老师都给我们打开了一扇门,他们都以自己独特的方式带领我们进入一个新世界,比如周启祥老师的现代诗歌,何甦老师的电影文学、刘思谦老师的当代文学、杜王香老师的文艺心理学、管金麟老师的写作课等等,让我们每天都有惊喜。就拿古代文学来说,第一节古代文学课由白本松老师授课,白老师自我介绍"鄙人姓白,小字本松,温县人也",幽默感一下子拉近了我们跟老师的距离。接着他在黑板上写下了一副自拟的长联,告诉我们古代文学史到底是怎样的星光灿烂、繁花似锦,让我们一下子就爱上了这门课,虽然来自豫北的我那时还不能完全听明白温县话,但白老师已经把我们带入了悠远奇妙的世界。要知道,当年中学课本里文言文有限,新华书店里也很少有《古文观止》、古诗词之类的书籍,来到中文系就像阿里巴巴打开了藏宝洞,珠玉遍地让人目不暇接。白老师讲神话传说和《诗经》,不久之后李博老师讲《楚辞》,李博老师非常有激情,每每讲课都慷慨激昂,观点尖锐深刻,很能引起同学们共鸣。后来是王立群老师讲《史记》,这是他研究生毕业留校后首次给本科生授课,我们八一级有幸成为王老师的第一批亲学生。王老师讲课如玉树临风,挥洒自如,神采飞扬,分析点评形象生动、深刻独到,极大地激发大家对《史记》的学习兴趣。

除了日常课程,我们还十分喜欢听讲座,中文系的讲座经常在十号楼123、124大教室举行,因为不受专业限制,只要喜欢都能来听,所以常常爆满,去晚了连教室门都进不去。系里的老先生们几乎都给我们开过讲座,拓展了我们的视野,让我们领略了大师风范。其中,王宽行、宋景昌两位先生的讲座大家印象最为深刻。王先生不仅把讲台作舞台,他还能把整个教室变成舞台,用现在的话说就是把教室变成了沉浸式小剧场,他讲《木兰辞》演示上马、下马、射箭等动作,手眼身法步,步步精彩,让人如闻其声、如见其人、如临其境,在最短时间就让你理解古代文化的奥妙。宋先生声如洪钟、声情并茂,讲课极富感染力,让人不由自主地跟着作者作品而喜怒哀乐、心潮起伏。

偶然听八〇级学长说起,因为年龄原因,宋景昌先生给他们年级授课结束后就不再给本科生讲课了,以后主要以讲座形式跟本科生见面。我赶紧找来八〇级的课程表,开始追宋先生的课。每逢宋先生上课,我就跑到八〇级的教室跟学长们一起学习,反正都在十号楼,串教室很是方便。宋先生讲课语言犀利、举重若轻,一首长诗他可以纵横捭阖、鞭辟入里,一首小词他能够寻幽探微、千回百转。妙语连珠,让你会心一笑,广征博引,让你视野大开,赏析点评又往往一针见血、入木三分,让人猛然醒悟、豁然开朗。宋先生的每一节课都是一次文学盛宴,都是一次美的享受,他会让你在不知不觉中提升自己的文学鉴赏能力和审美水平。就这样,我听宋先生的课有将近一个学期,宋先生每次开讲座我当然也是每场必到。收获良多,这让我感到很幸福。

除了这种跨年级听课外,还经常有同学跨系听课,这跟考试完全无关,那时也没有学分制,全是兴趣驱动。比如我们上古汉语课时,就有一个体育系的董同学经常来听课,他是学武术的,他说学习古汉语是为了能够读懂读透武术典籍。因为课后经常交流,他和我们都成了朋友。毕业后多年未见,后来从网上看到,董如军同学早已成为业界知名的武术家、教授。

我们宿舍也有人跨系去听课,他就是"奥桑"王泽远。奥桑告诉我们"奥桑"是日语"王先生"的意思。奥桑有段时间痴迷学日语,就去外语系听课,经不住他的鼓动,我也跟着奥桑去听过几次。当时外语系日语课是小班授课,每次只有十来名同学一起围着大桌上课,并且女生居多,外来者便十分显眼,这对旁听者的心理定力是个严峻考验,但老师并不介意而是一视同仁。因为没有基础跟不上节奏,几次过后我就放弃了,奥桑却坚持学了许久。后来我们起哄,说他是为了跟外语系女生套近乎才去学日语的,他从不承认,并且至今尚未就范。奥桑跟外语系女生有没有发生过美丽故事我们不得而知,已经是资深媒体人的奥桑现在的日语水平如何我们也不得而知,但那种有兴趣就可以深入学习、有爱好就可以随时听课的校园氛围,的确让我们感到舒心和自由,给了我们无限的成长空间。

入校两年下来,我们不但感受到了各位老师的关心和爱护,更得到了许多独立思考的鼓励。几乎所有的老师都要求我们在学术上不要迷信标准答案,不要迷信权威,要勇于质疑,要敢于在事实清楚、论据充分的基础上提出自己的观点,鼓励我们培育"吾爱吾师,吾更爱真理"的基本素养。知识的积累运用固然重要,但这种思辨思维、质疑精神、思考能力的培养才是最根本的,这让我们这些入校时的懵懂少年和无畏青年在心智上逐步成熟成长起来。思想启蒙、人文素养的滋养,校训"明德新民、止于至善"的浸润,在那时就把河大严谨内敛的学风慢慢植入到了我们的内心,并逐渐外化为"铁塔牌"的标签。

要说毕业后我跟哪一位老师的交集最多?那一定非王立群老师莫属!王老师在 2006 年登上央视《百家讲坛》,成为闻名遐迩的主讲人,作为亲学生的我们非常骄傲和自豪。不久后,已在央视工作多年的我也调到《百家讲坛》栏目工作,这让我跟王老师有了更多见面和学习的机会。跟大家在电视上看王老师的节目不同,我是在节目录制现场听王老师讲课的,这让我一下子就回到了多年前的课堂之上。

《百家讲坛》选拔主讲人的标准近乎苛刻,主要考察指标是学术根基、表达能力和人格魅力,候选人必须在这几个方面特别优异才能突出重围进入选拔流程,为此我们栏目组每年都会不停地到全国高校和学术科研机构反复选拔候选人。几轮选拔过后,大概只有百分之三到五的人能最终登上讲坛,而要想成为观众喜爱的主讲人,还得继续经受观众和收视率的考验。王老师以他独特的魅力成为《百家讲坛》最受欢迎的主讲人之一,也是《百家讲坛》编导们最愿合作的主讲人之一。我当然也要跟王老师合作,继续为亲老师服务。因此,在王老师录制《百家讲坛》节目时,我都会到演播室听课学习,几年下来,感觉像是跟着王老师又读了一次大学。就这一点来说,我比任何同学都幸运,我甚至想请王老师以个人名义亲撰并给我颁发一个"同硕士出身"证书,以证明我是一个好学的老学生。

王老师还是央视许多重大节目争相邀请的嘉宾,他要求央视各栏目组在标示嘉宾单位、职称时,一定要写明他是河南大学"文学院教授",他告诉我"我是中文系、文学院的人,这必须说清楚"。王老师以严谨的学风成为《百家讲坛》主讲人当中的常青树,为提升河南大学的形象、提高文学院的声誉、提振广大校友的士气做出了巨大贡献,我们要永远感谢王老师。

我们的辅导员王刘纯老师也为《百家讲坛》节目作过极大贡献。河南大学中文系七五级学长、中山大学教授康保成老师在《百家讲坛》录制《戏里戏外说历史》系列节目时,我担任这个节目的策划和总编导,为打破节目片名千篇一律的电脑字体模式,为让片名更具文化内涵并体现中国书法风采,我特别邀请书法家王刘纯老师为这个系列节目题写总片名、剧目片名和分集片名,因为王老师和康老师本来就非常熟悉,于是他欣然应允。但题写片名并非是一蹴而就的简单事情,而是需要足够的时间和耐心。总片名、剧目片名还好办,20集分集片名往往会在节目后期制作中不断修改,有时候因节目制作周期原因,修改稿还催得很急,所以往往因为我们节目的原因,一个分集片名王老师就要反复写好几次。

▷ 王立群老师《百家讲坛》节目片尾字幕　见证师生联手同心

很多时候,王老师都是在繁忙公务结束后深夜写好再拍照发给我的,还有几次王老师是在出差途中,没带文房四宝他就想方设法找来笔墨纸张,在宾馆房间写就。这项工作前后持续了不短时间,王老师从来没有半句怨言,更没有耽误节目制作,这让我非常感动，而这一切又是无偿的，一分钱稿费都没有。最终，康老师的节目视角独特、深入浅出、精彩纷呈，王老师题写的片名大气沉稳、厚朴典雅、自然灵动，二者和谐共振、相得益彰。《戏里戏外说历史》系列节目播出后深受观众欢迎，节目的创新还得到了央视总编室的表扬。康老师、王老师的合作也成就了河大中文系系友联手传播文化的一段佳话。

说到跟老师们的交往，还有一件跟学习无关的事情也让我记忆犹新。那应该是在1983年，内地电视台开始播放香港电视连续剧《霍元甲》，当年十八九岁的我们对武侠电视剧毫无免疫力，更何况到处传唱的"昏睡百年国人渐已醒"唱得大家每天热血沸腾。可是那个年头，电视机还没有普及，看电视还是非常奢侈的事情，晚饭后我们三四个同学心如猫抓，就在学八楼北边老师们居住的平房区逡巡，最终我们鼓足勇气敲开了杜运通老师的家门。杜老师听说我们想看电视剧《霍元甲》，非常热情地招呼我们进屋坐下，帮我们调了台，又陪我们看了一会儿，然后就忙去了。后面接连好几天我们都去杜老师家看《霍元甲》，并且一看就是两集两个小时，每次杜老师都很热情，给我们沏茶倒水，这让我们十分惭愧。几天后大家有所觉悟，觉得跟老师请教学习问题可以，但怎么能天天去老师本来就非常狭小的家里蹭电视并影响老师备课呢？这也太不懂事儿了吧？这不就是大傻子吗？后来我们就没敢再去叨扰，但杜老师对我们的热情和宽容，已经在我们几个傻小子的心底记了近四十年。

先生之风，山高水长。大学之德，日辉月曜。

03 体育之火

中国女排第一次夺得世界冠军的场景让我们心中的体育之火更加猛烈，虽然此前我们也经常打球、运动。入校的第一学期，第三届世界杯女子排球赛在日本举行，中国女排连战连胜冲入决赛。前边的比赛我们靠收音机收听，决赛当然想看电视转播。可当年电视机甚少,全校也没有几个地方能看。好在学十一楼南的平房区后两排里有个建筑公司入驻,他们有一台电视机,于是就请他们把电视机搬到室外大家一起看,地点就在第五第六排平房之间、直对铁塔那条路的路东边,这是离铁塔最近的一台电视机。随后这成为一种惯例,每当有重要比赛,师傅们都会主动把电视机搬出来跟大家一起观看。

  电视机放好后,工人师傅们先入座,其他位置马上就被同学们占领,并且人越来越多。随着比赛的进行,欢呼声一浪高过一浪,这里很快被包围得水泄不通。前面是直接坐在地上的,接着是坐砖头矮物的,后边是坐凳子的工人师傅们,再后边是几层站着的,最后边还有几层是站在凳子上的,其他任何有缝隙的地方都挤满了人,就连平时不喜欢体育的女生们也都抢占了位置跟着大声叫好和鼓掌。那几个小时真是群情振奋、热血沸腾,嗓子喊哑了、手拍红了都浑然不觉。比赛结束,中国女排战胜日本女排获得世界冠军,大家更是长时间地鼓掌欢呼,感觉铁塔的铃声都比往日激昂铿锵。心潮难平,于是大家结伴在校园里游走呼喊,路上不时遇见在其他地方看完电视转播的同学,队伍越走越大,欢呼声经久不息。印象中我们这边有人高兴得摔了暖水瓶,后来听说其他宿舍楼还有人点燃了床单、扫帚,真可谓欣喜若狂。

  女排夺冠激发了我们的民族自豪感,体育精神激励了我们的拼搏斗志。知行合一,对于体育运动我们就更加痴狂。在我们宿舍,一台收音机听体育新闻和现场解说一场不落,足球篮球排球羽毛球每种都练,尤其是足球,成为我们的最爱。以至于到后来,大家对每一项体育运动的规则都耳熟能详,对国内外每一名著名运动员的身高体重、籍贯战绩、技术风格都倒背如流,成为不折不扣的体育迷。我们当然不是光说不练,而是每天都要去球场运动。说出来大家可能不信,我们中文系足球队曾经写下了一段传奇——长时间保持不败记录,并且都是对阵体育系足球队。

  我们三年级的时候,因为八〇级师兄和八二级师弟中踢球的人不多,八一级成为中文系足球队的主力,刘祥麟、周玉合、郭海龙、张伟、李学民、王泽远、耿斌、李凌泽和我等等是常客,我们年级海拔最高值、校男篮队员胡德岭同学也时常上场。再进一步说,那时的中文系足球队以八一级为主,八一级以六班为主,六班以我们宿舍为主,守门员是我舍在全校足球界知名的"铁门"周玉合,队长则是我舍的校男排队员刘祥麟,作为体育班长的我很为此自豪。

因为每次练球踢球时南操场都人满为患,我们后来就去开发西边的体育系操场,趁人家不用场地的时候踢。好像除了我们,其他系也没人敢去那里出没。随后我们就跟体育系足球队狭路相逢了——那是人家的地盘,不可能不见面。

▷ 2000年毕业15年返校,中文系足球队部分队员重访旧居乙六排8号

两队相见,直接"切磋"。开始我们心里没底,不光是因为客场作战,还因为他们都体能好、体格壮、技术高、身体柔韧性和协调性强,更何况他们队里还有几位是足球专业的学生——人家可是从小练足球的。没想到,第一次切磋我们居然赢了,这让我们信心大增。随后每周我们都会跟他们切磋一、两次,每次我们都斗志昂扬,结果不是我们赢就是平,他们却一直赢不了我们。这让这群猛男耿耿于怀,他们没想到"文里文气"的中文系学生居然这么刚猛

难拿,于是发誓要灭了我们这帮秀才。每次他们都憋足了劲要怼死我们,但直到1985年7月我们八一级毕业,他们也没能实现这个愿望。

但我们和他们场上是对手、场下是朋友,比赛后常坐在一起聊天笑闹,实际上他们也没有因为没赢过我们就感到特别没面子,因为我们私聘的免费教练就是他们体育系足球专业的杨同学,相当于我们是用少林拳法打败、战平了少林派。但在我们毕业之后,中文系足球队的这个金刚不坏之体是什么时候被破的,至今不得而知。

儒家六艺"礼乐射御书数",要求读书人一样也不能少,孔子不但驾车射箭水平高超,据说还是善于奔跑能徒手捉到兔子的运动健将。所以,即便从传承传统文化的角度来说,中文系学生也不能偏废体育而是要身体力行,体育运动不但能强健体魄培育敢拼敢赢的意志,还能让你深刻理解尊重对手、追求极致、永不言弃的体育精神。我至今都很怀念和感激母校的运动场和中文系的体育氛围,想念当年一同洒汗水、忍伤痛的队友和对手们。

04 美味之叹

我们入校时校名是河南师范大学。当年师范院校的学生每月都有二十一块五毛的生活补贴,其中四块钱留存为集体助学金,每月饭票就只有十七块五毛,平均每天的伙食费不到六毛钱,饭票由生活班长每月发到每个人手里。而学生食堂的菜价记得是带肉的菜两毛五一份,素菜一毛到一毛五一份,烧茄子两毛一份,咸菜一、二分钱。那时还需要粮票,每人都得自己从家里找来带来,全国粮票最好用。主食当中30%是粗粮,记得有一个学期还因故把主食改成了70%是粗粮。不管粗粮多少,能吃饱就算不错,但这一点伙食费怎么能吃饱呢?女生还好一些,对于运动量大、饭量大的男生来说,必然是不够吃,其余全靠家里支持。不过在那个年头,家家都很紧张,支持力度也很有限,所以当年我们都是省吃俭用,还经常会饿肚子。后来有了经验,晚上多买一个馒头、留些咸菜,饿了倒碗开水就着吃。当年哪里有校门外的那么多的小吃摊、小吃街?没有能吃得起的顾客呀。西门外有几家小店,但我们极少光顾。所以就有了星期天去书店街看书买书后转到鼓楼广场时,几个人集资买两根香蕉品品味、大家合伙买一只小螃蟹尝尝鲜的故事。当时几毛钱就能买一本小书,一两块钱就能买一本好书,范文澜先生的四卷本《中国通史》定价八块钱,所以大家宁愿挨些饿也要买书。

当时我在宿舍算半个土豪,因为我父亲有工资,没钱了可以厚着脸皮写信要一点儿。有时候我们三五人上街,我会请大家每人来一份开封炒凉粉,小小的一碟每份两毛钱,但炒得外焦里嫩、香气扑鼻,吃起来酥脆可口又软糯弹牙,感觉那就是人间至味。因此开封炒凉粉就成了我的最爱,后来每次去开封必吃炒凉粉,却再也没有吃到那么用心炒制的凉粉,感觉味道也跟原来相差甚远。

集体饥饿感的消退大概是在1983年夏天以后,因为包产到户政策那时已经在河南全面推开,同学们家里的经济状况都逐渐好转,学生食堂的粗粮比例也下降了,有的食堂开始提供宵夜服务,夏天销售冰糕、冰水等,校园里路灯下卖茶叶蛋等小吃的教职工家属也多了起来,吃饱已经不是问题,但有些事情回想起来还是让人忍俊不禁。

记得有一次发还了一些伙食费结余,每个人大概领了10块钱左右。晚上饿了,宿舍有人提议吃茶叶蛋,那可是我们平常舍不得吃的好物,于是派代表外出采买。每人两个茶叶蛋吃完,唇齿留香、意犹未尽,有人提议再买,于是又派人去采买。吃完之后还有人喊没吃够,提出"要吃就吃过瘾",提议再换人采买一轮。一连几轮下来,每人都轮流出去买过,每人都吃了不少。最高纪录是有人吃了14还是15个茶叶蛋,最后大家都撑得起不了身,只好开了很长时间的卧谈会来消食。这是最为奢侈的一次盛宴,成为我们宿舍难得荒唐的一桩笑谈,流传至今。

相比七七、七八、七九级的学长,我们已经很幸福,虽然我们也算饿过肚子,但他们吃的苦比这些要多得多,很多人经历了难以想象的艰难困苦,很多人都是拖家带口在上学,压力巨大。到我们这一届,大龄学生比例降低,主要是应届生和复读生,入学平均年龄大概在十八九岁,基本没有了来自家庭的负担。但我们小时候经历过贫困,生活在牛耕和拖拉机并存的时代,能通过高考改变命运和户口已经非常满足、非常自豪,饿点儿肚子根本不算什么。因为那时候高考录取率很低,河南的录取率更低,有幸考上大学成为"天之骄子",我们既有荣誉感也有使命感,因此也不会计较吃穿更不会去攀比吃穿——至今依然如此,这不仅仅是因为没钱,更是因为我们知道,读书和理想才是人生最好的美味。

阳光清澈、心灵清爽,那是一个青春飞扬、梦想金黄的时代。

05　团聚之情

母校情、同学谊,是永恒不变的话题,绝大多数人都对母校有着深深的眷恋之情,毕业之后多回母校探望是多数人的同一个梦想。我有时候甚至会想,全年级同时返校很不现实,但如果一个小班的全班同学都返校一个月或半个月,仍然各住当年的宿舍当年的床,仍然一起上课一起打饭一起运动,那将会是一个什么样的场景?我们又将收获多少人生的感悟?考虑到现实,恐怕这也是一个难以实现的梦,但在关键节点返校团聚却是我们共同的期盼。

——因为大学 4 年,正是我们身体成长与心灵成长的黄金时期,母校给予了我们丰厚的营养,让我们羽翼渐次丰满、心意不断坚定,老师们给予了我们真诚的教导,让我们全面成长,并为我们无限充值了迎风飞翔的勇气。

从 1985 年 7 月毕业至今,我们中文八一级的年级大团聚有过四次——毕业 10 周年聚会(1995 年)、毕业 15 周年聚会(2000 年)、毕业 20 年聚会(2005 年)和毕业 30 年聚会(2015 年),班级小聚当然更多,虽然每次相聚都不可能全员到齐。

每次返校大团聚,系里、院里和学校都非常热情和重视,但我们总觉得时间匆匆,无法表达对母校和老师们的深情,所以每次返校后都仍然对下次相聚充满期待。

▷ 2015年毕业30年返校,八一级六班同学合影

我们毕业30年聚会时,看到同学们顶风冒雪从新疆、广东等四面八方赶回母校,自是非常感动,把酒叙旧,更是感慨万千。我一时兴起,遂以中文系八一级我们六班35名同学的名字以诗经体连缀成篇,并与同学们分享,以做聚会纪念。后魏留成同学专门以此写成书法作品赠我,至今收藏。只是当时未敢把记老师的那一章公布,一是感觉妄写先生们名讳多有冒犯,二是未能记录全部授业老师恐有得罪。如今一并贴出,虽难免牵强,但可表寸草之心,谨以列出的老师为代表再次感谢所有师长和忍辱负重的伟大母校。

《汴风·春水》

春水漾漾　绿柳飏飏

丹莉芬芬　建新载阳

春之日贵书　太学其煌

英杰晏晏　有学汴梁

童子俊启　学民书强

玉慧于心　文泽尔藏
夏水涣涣　鸣蜩央央
薇萍青青　影双林广
夏之日尚学　奋之有刚
崇娴圣文　传增贤章
金瓯银才　恪劼韬光
怀彼洪愿　泽远道长

秋水汤汤　高天朗朗
秋英灿灿　载绛载黄
秋之日业成　玉合印璋
如狄立军　卫国守疆
尔如月出　素娟清光
持平居正　将子远航

冬水茫茫　雁阵行行
玉梅夭夭　雪丰松昌
冬之日长忆　思我同窗
三十有年　天各一方
明德新民　初心不忘
成家立业　岁月绵长

河水泱泱　嵩岳苍苍
高士济济　名校流芳
昔之日受业　师恩浩荡
君恒严铮　传道有方
晓华清源　振犁春祥
金麟访秋　冬冰景昌
耀钦庸懋　何甄玊香
运通锺彦　本松永茂

怀通文田　连波海江
文金兴业　琛珏遂工
立群宽行　思谦中良
师名永志　勿日犯上
俊山豫林　浩然增杰
传我薪火　安澜启祥

汴水沧沧　铁塔印印
我心明明　母校其光
今之日恒聚　有慰长想
越陌度阡　踏雪履霜
祥麟其敏　凌泽跨岗
杰虎陟岭　迹留成行
谅尔未至　思尔心伤
月有盈亏　来日方长
旧文稚影　素心铭记
佳酿醇醪　玉阁珍藏
师生如仪　嘉年成祥
举觞共祝　母校永无疆

我们35人只是35颗水珠，六班只是一朵小小的浪花，中文系八一级只是母校众多道浪潮中的一小部分，只有在母校的大海中，我们才能吸纳澎湃的力量，才能绽放出生命的光彩，我们跳荡的人生音符才能汇入母校的大合唱：

嵩岳苍苍　河水泱泱
中原文化悠且长
济济多士　风雨一堂
继往开来扬辉光
四郊多垒　国仇难忘
民主是式　科学允张

猗欤吾校永无疆

　　猗欤吾校永无疆

　　——《河南大学校歌》（作词：嵇文甫　作曲：陈梓北）

▷ 中文系八一级 2015 年毕业 30 年返校与老师和领导们合影

2021 年 8 月 13 日

（本文图片由作者提供）

"导师"的意义

——刘增杰师八十华诞感言

中文系 1983 级（研究生）　解志熙

整整三十年前的 1983 年 9 月，我从偏僻的西北乡村来到河南师范大学也即后来恢复校名的河南大学中文系，师从任访秋先生、赵明先生和刘增杰先生，攻读中国现代文学硕士学位。任先生的博通、赵先生的严谨，当然都给我们一帮学生非常深刻的影响。刘先生当时四五十岁，按那时的说法他还是"中青年学者"，实际上代任先生主持系务，而为人宽厚和蔼，所以在三先生中，我们这些学生请教较多而且觉得比较亲近的还是刘先生。我们那一届研究生，李天明兄、章罗生兄来自湖南，我来自甘肃，出自河南本省兼本校的只有袁凯声兄一个，再加上一个来自天津的进修生张宜雷兄。我们毕业后，3 人回原籍工作，留校的是凯声兄和我，凯声兄后来调到郑州，我则在外念书四年后又回到河大工作了 10 年，于 2000 年调走。回想在河大的 13 年间，我在学习、工作和生活上受刘老师的教诲、鼓励和关照之多，难以一一尽述，此处摘叙一二亲历故事，从中亦约略可见吾师宽和仁厚、属意高远的为师为人之道。

"推着"学生前行的老师

从读硕士到读博士，我其实是被刘先生"推着"一步步走向学术"前沿"的。

大概是 1985 年的第一学期吧，我们该准备硕士论文了。对每个研究生来说，毕业论文无疑是最大最难的关卡。当时的我也不例外，所以很担心，生怕选题不妥、论述不慎，过不了答辩关。起初为保险起见，我曾想做一个作家论，比如师陀或者沙汀，觉得这样的选题比较好处理一些，也比较稳妥而少危险。可是刘先生却再三鼓励我说："不要那么谨小慎微啊。现在学术方法正在更新，你们师兄弟总得有人尝试做一个比较大的、比较新的题目，哪怕做得不很成功、不算成熟，也比走老路、轻易完成一个老套题目有出息啊。你何不试一试呢？"

正是在刘先生的鼓励和推动下，我才选取了中国现代抒情小说的艺术特征作为毕业论文的题目。应该说，这是一个比较大的课题，而且也是当时公认的一个艺术难题——唐弢先生当年在香港演讲，曾经公开点将，希望有人能够解决它。那时的学术界人士普遍地比较习惯于对文学现象的社会政治思想分析，在艺术的把握分析上则大都不知从何下手。所以我所能依赖的其实也就是自己平时喜欢乱读书，对中外美学思想、外国文学稍为熟悉，加上1985年前后学术界正兴起方法论热，视野渐趋开阔、思想渐趋活跃，那些讨论也给了我不少启发，于是鼓足勇气，自己开动脑筋"瞎捉摸"，东拉西扯地开始"论"这个问题。由于一时拿不准，所以在开题报告的时候，看到四位师兄都胸有成竹、侃侃而谈，轮到我，我却对刘先生说："我就不说了吧，我写好提纲给您看，可以吗？"这除了胆怯，也暗藏了我的小小的狡猾，就是不愿在师兄弟之间争胜。刘先生欣然同意了。会后我把提纲交给刘先生。提纲大约有两万多字，刘先生认真审阅了，并于1986年元旦写了《读解志熙论文的断想》，让系办的秘书张福民兄送给我。这份"断想"既给我很大的鼓励，也提出了中肯的批评和建议，我一直珍藏着，现在就转录于此，从中可以看出刘先生当年是如何鼓励学生、因材施教的——

读解志熙论文的断想

（此意见供参考，并转任先生、赵老师参阅，修改时请以任、赵的意见为准）

一、本文已是基础比较好的初稿了,希望在修改一、二部分的时候,把三、四部分补出来。

二、论文试用了新的研究方法。我不能说你对新武器的使用已经纯熟精良,不是的,破绽仍可看出,漏洞也时有所见;但是,重要的是,新武器已显然表现出了比旧武器更大的威力,它对现象的解释已从表层向内在层次延伸。

三、论文本身也初步构成了一个系统。就像作者对于抒情小说的分析那样,论文似也不是线性因果关系,而是试图以多重因果关系或非因果关系来诠释。你的努力应该受到鼓励。

四、论文的语言犀利。语言的犀利反映了论文作者思维的敏捷、理论的厚度和认识的深入。当然,语言上的追求不应该只是犀利,决定论文质量的还在语言表述的准确性。新的术语的引进,如果不是对读者故意设置的障眼法,就是找到了表达自己的见解、深层思想和意蕴的新词汇、新构架了。你的语言显然属于后者。

五、我赞赏本文的成功绝不是说它完美无缺。相反,论文的某些缺陷仍是显而易见的。以下问题,就是我读时偶然想到,希望作者进一步思考的:

(1)要正确评价情节叙事小说、社会分析小说和抒情小说,不要为了强调后者而把前者说得一无是处。事实上,它们共同构成了我国现代小说的繁荣;它们本身的不同特征使它们得以相互区别,它们的相互吸收、渗透、借鉴又使它们分别受益。不适当的过分强调有时会适得其反。

(2)作为一个新的品种,抒情小说本身要克服什么障碍才能前进?这一品种在现代小说中的影响为什么长期并不理想,论文有时对此类问题应有所论及。

(3)如果说论文的语言水平处于同一水平线上,那是不客观的。我鼓励你在论文语言抒情化方面的尝试。语言的匆促之处折射了作者赶任务交卷的心态。语言的进一步提炼和净化,将是你面临的一项并不轻松的任务。

1986 年元旦

▷ 刘增杰先生1986年元旦审阅解志熙论文的意见

那时的刘先生放下节日不过,却坐在那里认真诚恳地给一个年轻学生的论文提纲写"读后感",想来真让人感慨万千。刘先生的"断想"在热忱的肯定和鼓励之余,又委婉地提出了3条批评和建议,实在是切中肯綮、点中要害之言,及时点拨我不要因为偏爱自己的研究对象而走向偏颇独断,而应力求全面地、辩证地看问题,更为深入地分析一个文学现象发展或受阻的深层原因,以及更准确、更仔细、更客观地使用学术语言……而今手泽如新,重读拜读一过,我想说这篇"断想"对我的影响不止于一时一地,而是终生难忘的,不仅仅关乎如何为学为文的问题,而且事关如何为人待人的问题。我日后亦为人师,每当不自觉地想有所懈怠或马虎之时,就会想起刘先生以及严家炎先生等老师当日待我的认真和热忱,是他们端正了我的为文以至为人的态度。前几天一名即将结业的博士后和我聊天——她在清华中文系的3年,一直兼为现当代文学、比较文学和文艺学3个专业研究生毕业论文的答辩秘书——她感叹说:"解老师,在所有的老师中,你给所有的研究生所写的评语都是最认真、最全面的。"对她的这个表扬,我是愿意承认的,但我说,"我之所以这样做,是因为我的老师对我的言传身教啊,我能还给学生的,其实远远不及我的老师之待我"。这是我的真心话。

　　此后的二稿、三稿呈交刘先生后,他仍然认真地在1986年3月30日和1986年4月24日两次写出了阅读意见给我,此处不赘述。正是在刘先生的耐心和细心地指导下,我的论文得以逐步完善,最后在6月20日下午顺利答辩通过(这个答辩时间是最近看任访秋师的日记才记起的)。答辩是在河大老十号楼的一个大教室进行的,那个下午就剩我一个人做最后的答辩,所以时间颇从容,答辩气氛也很轻松,记得在答辩中间,刘先生还开玩笑地提议说,"给解志熙一支烟吧,让他过过瘾再讲。"答辩委员会的老师们都给这篇论文以较好的评价,但最让我觉得知心的还是刘先生的一句话——他说:"我觉得解志熙在这个题目上找到了他自己。"这话的意思,不仅是说我找到了适合自己的题目,而且也点明了我之所以对这些现代作家的抒情小说感兴趣，归根到底是因为他们表现在其抒情小说里的那些徘徊在新与旧、传统与现代、城与乡之间的矛盾情结，在我自己也感同身受，所以我解说起来也就情不自禁地融入了自己的生活体验。刘先生敏锐地看出了这一点，所以他的这句话要比其他老师的赞扬更让我感动和感激。

可能因为这个论文的选题、方法和观点比较新颖吧，所以答辩不久，论文的核心部分被《文学评论》采用，那在当时算是一件不大不小的喜事。其实就我个人来说，硕士论文的意义不仅在于完成、发表了一篇比较像样的论文，而且在于通过整个选题、写作、修改的过程，让我学会了怎样从事学术工作、找到了学术上的自我、获得了学术上的自信。而这一切都与刘先生息息相关——没有他的鼓励，我不会选那样的难题做毕业论文的，而没有他的点拨，我也未必能够顺利完成它。而差不多同时，我也考取了北京大学严家炎先生的博士生，算是"双喜临门"，记得关爱和师兄在为我高兴之余还善意地提醒我"不要被胜利冲昏了头脑"。

其实说到考博，那也非我所自愿，而同样是被刘先生"勉强"所致。我的个性是比较被动的、保守的、知足的，并没有什么学术上的雄心壮志，而且特别恋家，所以在硕士的最后一个学期伊始，就拜托我的现代文学启蒙老师支克坚先生，请他问问兰州大学和西北师范大学是否要人，很快得到消息说，两个学校都愿意接受我。想到从此能够在家乡的高校工作、可以就近照顾家庭、帮助妹妹们上学，这在我实在是于愿已足而别无他求了。可是就在临近毕业的前夕，刘老师却恳切地对我说："解志熙，你能不能留校工作，就算帮我3年忙，行不行？"这让我很为难，然而想想如果不是河大的几位老师的优容和培养，我恐怕还在乡下当孩子王呢，所以我还是同意了留校。而随后——大概是1986年的6月末吧，此时已决定我留校工作，而毕业论文也已完成并且答辩了，心里颇觉轻松，不料有一天刘先生却叫我去，要我报考北京大学严家炎先生的博士生，并且说他早已把推荐书寄去了。这完全出乎我的意料而毫无准备，所以我心里并不情愿。见我犹豫为难，刘先生便激励我说："你还年轻，来日方长，千万不要以我们这些当老师的水平为准，甚至不要以河南的水平为准，要向全国最好的水平看齐，到北京去读读书、见见世面吧！"我就是这样被刘老师"逼迫"着、推动着去读博士的。不待说，这一步对我在学术上的长远发展，确是至关重要的，而倘若没有刘先生当日的激励和督促，我其实是不会走出这一步的，那也就未必会有后来的发展了。

"幸遇名师"这句话早成滥调了，所谓"名师"似乎也被人们望文生义地仅仅理解为"有名之师"了。其实，"名头大"的先生未必就一定是名师——有不少有名之师倒往往只把学生束缚在自己的学术范围之内，使学生不能别有开拓和发展，而像刘先生这样自觉地督促和激励学生超越自己的老师，那需要何等的胸襟和气度啊，这才是无愧为名师的导师！而正因为有刘先生以及任访秋先生、赵明先生给我打下的这个基础，所以我到北大之初，也就没有一般从外地考入北大的硕士生、博士生初来乍到时常有的那种张皇失措的不自信状态，而对一些北大自产的才子才女之妄诞自是、夸夸其谈，也不免暗自好笑。当然，北大的学术条件和北京的学术环境自是不错，严家炎师之严谨求实的学术态度对我的影响也至为深刻，而他也同样宽容地鼓励我在学术上自由探索。让我不喜欢的乃是那里的一些师与生之沽名钓誉、竞赶时髦、热衷虚荣的做派，其实不过尔尔。所以我很快就搬到校外去住，静心地做自己应做之事，既不参与任何热闹、也不去拜访任何名人，而安心地收视反听、独立思考感兴趣的学术问题。感谢刘先生等河大老师给我的底气，使我能够在北大保持一点清醒和从容。

见义勇为风骨凛然的老师

按照预定计划，我在北京的学习期限是 3 年，即从 1986 年 9 月到 1989 年 6 月。但到了 1988 年年底，我在征得刘先生的同意后，向北大研究生院提出了延长半年学习时间的要求，将毕业推迟到 1989 年年底。当时正式提出的理由是希望有更充足的时间来做好毕业论文,而没有说出来自己的真正想法。1989 年元月写了一则短文《鲁迅遗产的代价——从"历史的中间物"谈起》(刊于 1989 年 3 月 25 日《北京大学·学术理论副刊》第 9 期),借检讨鲁迅等人的政治思维、文化思维之偏颇,提出了忧虑的预言和含蓄的警告。然而人微言轻,我的忧虑的预言和含蓄的警告并没有多少人注意。

  记得那年的 5 月,出于对严家炎师安全的考虑,我搬到他在双榆树借住的小公寓里陪伴他。严先生是个认准理想就一往无前的人,所以白天我们师徒相伴着骑车到北大,他忙他的事去了;而我则上图书馆阅读旧报刊,全图书馆就我一个人在看书,看累了就站在三楼的窗户边看看下边热闹的校园。晚上回到双榆树,严先生则给我们俩做一顿"科学"餐,倒也不失清淡绵长的味道,然后师徒俩聊聊天,就各做自己的事情,第二天又重复如此,算是平安无事地度过了一个月。可到了下一个月初,局势陡然紧张,一位关心着严先生的北大中文系老师给我打电话叮嘱说:"解志熙啊,我们自顾不暇,严先生就托付给你了,你们出去走走吧!"我便与严先生商议,他提议去东北找他的一个老学生——一个工农兵学员,可是也有一段时间不联系了,具体情况不明,我不免担心盲目而去的后果,所以提议说:"为今之计,您还是听我安排吧。而我能去的地方无非是甘肃的兰州和河南的开封。兰州,我已离开多年,没有把握,有把握的还是开封,咱们就去开封吧!"严先生同意了,于是我们俩便连夜直奔开封,在次日的早晨敲开了刘先生的家门。那时能够接纳我们这两个不速之客的,也就只有我的另一位老师刘增杰先生了,这在我可以说是无须考虑而自然而然的选择,那自然是基于我对刘先生为人的信任,我自信这种信任是不会有错的。而事情当然也正如所料,当我敲开刘先生在河大西门外的那所平房宅院,刘先生和潘师母毫不犹豫地而且热忱亲切地接纳了严先生和我,立刻动手收拾屋中的一间小小隔间,于是严先生就在那间小屋中悄悄住了整整一个礼拜，饮食起居得到了悉心的照顾。晚饭后我也常去看看两位老师，陪他们两个老朋友聊聊时局、谈谈学术……直到一个礼拜后，我们才重返北京。

这件事过去 20 多年了，此后我也没有再与两位导师重提此事，但每当想起此事，两位导师当日的风度和风骨都让我敬佩不已。刘先生不愧为见义勇为的仁人君子。那时的他身为河大中文系主任，已经是焦头烂额、身心疲惫不堪了，而仍然慷慨担当、当仁不让地收留了远方来客，表现出不惧风险、见义勇为的仁人君子风度和风骨，这实非常人所可及。而我当年也没有事先给他打招呼就贸然地去了，去了和离去的时候也没有向他和潘师母说任何感谢的话，此后多年来刘先生也从未提及自己当年的这一义举，那在他可以说是不容思索也无须思索的当然之行吧。危难时刻见真情也见为人，刘先生于此可谓有当矣。严先生则安之若素，居然安心地在刘先生家的那个小小隔间里撰写了一篇论文——《二十世纪中国小说理论资料》第二卷"前言"的初稿。回京后的严先生仍然是有"问题"的，后来海峡那边的国民党中委兼统派领袖胡秋原先生听说了，特意向大陆的国家主席李先念传话，才得以缓解。想想严先生大半生都被认为是一个忠诚的中共党员和文学史家，不料临难却得到一个老"自由人"兼国民党中委的援手，历史的峰回路转也是满有意思的事。

"首先是做人，然后才是做学问"——我从刘先生和严先生两位老师身上可谓亲见之矣。

主动"放飞"学生的老师

1989 年末我完成了博士学位论文，次年 1 月答辩通过后，即给刘先生电话汇报、准备回开封，而刘先生为了让我稍为喘口气，说 1990 年的前半年就不给我安排教学任务了。这不啻给我了一个额外的机会，所以我决定继续留在北京，乘机再补看半年文献资料，为今后的研究多做点准备。就在那年盛夏的一个中午，我和刘先生居然在北京图书馆不期而遇。那天中午我抱着一大摞期刊穿过北图的大阅览室去复印台,根本没有注意别人,突然听见有人低声招呼我,回头一看是刘先生,原来他是乘暑假之机来北图查资料的。如此意外相逢,自然很高兴,但我们只简短说了几句话,就各自忙自己的事了。而我的补看资料几乎欲罢不能,快到预定上课的时候了,我才在 9 月末匆匆返回开封,从此开始了在开封的 10 年从教生涯。

重返开封之后的 10 年间,我无论在工作上还是生活上,都一如既往地得到刘先生的悉心关照。即如我的婚姻问题,就是在刘先生的暗中关照下解决的。工作负担也不重——我在近现代文学研究室工作,担任的教学任务并不多,课余主要帮着带研究生。至于职称问题更近乎意外地在 1991 年底"一揽子"地解决了——那既得益于省里刚开始实行的"特批"政策和学校领导特意让我去"钻空子"的命令,当然,同时也肯定得到了刘先生的关照。而那时在刘先生的开明的领导下和精心的引导下,系里的人事关系相当和谐,学术气氛颇为浓厚,而学校对一些拔尖的青年教师,尤其是陆续学成归来的博士们的待遇,也可谓爱护有加、竭尽所能。我自己因为归来较早、学术上略有成绩,所以确是很受照顾、占了很多便宜的一个。

不过,深受照顾的我也常常有所不安和焦虑。那不安和焦虑并非对生活和待遇有什么不满足,而是惶惑于今后的学术研究究竟何去何从。就我自己而言,已经形成了一种学术习惯,喜欢在充分占有原始文献的基础上,做一些原创性的研究工作,而问题恰在于,开封和河大什么都不少,独缺现代文献——当年的战乱,使原始的现代文学文献几乎荡然无存,新购的书籍根本无法弥补这个巨大的缺憾,那时的网络上也没有任何旧期刊。虽然按河大领导的说法,只要我待在河大就可以,写什么不写什么都不要紧。可是想想自己才刚刚三十出头,从此原地踏步甚或退步回去,实在难以安心和甘心。即如那时我正在从事唯美—颓废主义文学思潮研究，几乎全凭过去在北京的读刊笔记，而笔记毕竟不可能详尽无遗，并且引用时还需要找原刊核对，有些资料手头没有，只能拜托北京上海的师友复印，所以进展缓慢，自然不免焦急。如此情况短期内是无法改变的，然则长此以往，何以处之？所以心里颇为纠结。

因为不愿让老师为难，所以我的这些焦虑，当时并没有对刘先生说。然而就在1993年春初，我要出版一本论文集《风中芦苇在思索——中国现代文学的现代性片论》，循礼请刘先生写序，而让我惊讶莫名的是，刘先生的序在表彰我的"信守合同"、回河大工作之余，竟然主动提出了在适当的时候还给我"自由"的想法——

无论如何说，河南与北京相比，学术环境总还是相差一大截。志熙回河南，分明有着对河南、对师友情谊的报偿。但愿这一感情因素不会成为对他的束缚。就长远来说，我还是希望还给他充分的学术自由，让他走自己愿走的路。

刘先生还特意把这篇序复印了一份给我留念。老师为了学生的前途而想"放飞"学生的这份情谊、胸襟和气度，让我非常感动和震动。次年夏天，在西安召开的现代文学研究会年会上，清华中文系主任徐葆耕先生邀我去清华工作，有感于他的诚意，我答应了，但我后来却一直拖着未办，甚至不好开口与刘先生说此事，因为那时河大正在用人之际，我实在不好"独善其身"。这事被北京的一些师友听说了，不免为我焦急。最近翻检旧物，找到樊骏先生给我的一些书信，其中1994年11月12日的一封就是专门敦促我尽快办理调动的：

我一再听钱理群同志说，你将调清华任教。前一阵子，我还在打听你来了北京没有呢。现在知道你仍在开封。不知调动的事进行得怎么样了？

……

为了你，更为了学科，我赞成你调清华。……

我能理解你在去留问题上的踌躇（如果换了我，也会这样考虑的)。贵校、贵系都有值得赞美之处。前年在你们那里开会,对贵校重视青年人才、贵系的融洽气氛,都留下很深印象。这些,自然都有利于工作,也让人感到温暖。但这些仍难以从根本上改变上述的不利状况。我读了刘增杰同志为你的那本书写的前言(读了三遍),很受感动,觉得他虽然很矛盾,舍不得你离开,但也决不会阻拦你。当然,也可能正因为如此,你更为难。……总之,这件事早解决比迟解决好,拖着不办,最糟!

  应该说,樊骏先生很准确地抓住了我当时犹豫不决的矛盾心态,而这矛盾其实是难免的甚至是必然的——老师待我以仁义,作为学生的我岂能掉头不顾而去啊。所以,1995年年底我致电徐葆耕先生,决意不去清华了。做出这个决断,虽然对清华颇觉抱歉,而在我自己倒也感到一身轻松了。后来,清华中文系又第二次约我,而河大现代文学学科的博士点也于1997年获批了,所以我在次年遂向刘先生第一次提出了调动的要求,刘先生慨然同意,学校则希望我再坚持两年,我也同意了。这样到了2000年初,我也就如约调赴清华中文系。

  当然,我个人虽然离开了河大,但与刘先生及河大的精神联系、学术关联并没有断。而刘先生对我到清华以后的学术工作,也给予积极的支持和持续的呼应。记得2003年后半年,钱理群先生和我有感于现代文学研究界一些人喜欢搬弄话语、游谈无根的学风,想从文献史料研究入手多少有所匡正,于是决意该年年末在清华中文系召开一次小型的"中国现代文学文献问题座谈会",刘先生闻讯后积极赶来参加,给予了很大的支持。而就在那次座谈会上与会同人商定,在今后几年间召开三五次文献史料专题讨论会,持续予以推进。此后,北大召开了一次小会,中国现代文学馆召开了一次大会,而河南大学文学院则在刘先生的倡议下,举办了两次规模不小、反应颇大的学术研讨会——"史料的新发现与文学史的再审视——中国现代文学文献问题学术研讨会"(2004年10月)、"史料问题与百年中国文学转捩点学术研讨会"(2006年9月),那无疑是最为"给力"的。而刘先生自己则率先垂范，独自精心编校了《师陀全集》（2004 年），此后他又深思熟虑，编撰出版了发凡起例、取精用宏的《中国现代文学史料学》（2012 年），出版后很快就成为中国现代文学学科必备的专业参考书。"先生文章老更成"，最近偶然读到刘先生在今年《文史哲》第 1 期上发表的长文《论现代作家日记的文学史价值——兼析研究中存在的两个问题》，其视野之广阔、眼光之独到、议论之中肯，洵属现代文学文献史料研究的典范之作，令我既佩且欣、感叹不已。

▷ 解志熙 2016 年 11 月 19 日复刘增杰先生函

最感欣慰的是在先生的晚年,我们师生俩竟不期然而然地有了一次愉快的学术合作。盖先生自编校出版了《师陀全集》之后,即自感时间仓促、有所遗漏,所以常思有以补之,正好我和我的学生裴春芳在那之后也陆续发现了师陀的一些长篇短篇小说及其他佚文,也曾报告给先生。待到去年年初《中国现代文学史料学》脱稿后,刘先生决意开编《师陀全集续编》,2月间乃来函征询于我。对先生再接再厉的精神,我深为感动,遂尽一月之力,校录出手头的师陀佚文交给他,而厚道的先生收到校勘稿后,于3月19日来函说:"这是一次难忘的合作,就署刘增杰解志熙合编吧。"其实在我自己,能够襄助先生完成夙愿,则于愿已足,何须列名呢,所以复函恳辞,然而刘先生又来函解释说,他如此提议乃是为了纪念师生合作的缘分,所以要我"遵命!"明白了老师的心意,我也就只好"遵命勿违"了。当《师陀全集续编》于今年6月出版后,刘先生又来函说:"感谢师陀让我们有了这次愉快的合作。"的确,师生在学术上能够如此有缘合作,其实是不易幸遇之事。就此而言,我和刘先生一样都应感谢师陀的。

是的,人间难得是缘分。犹记年轻时的我曾经困执于人生,乃遍读古今中外哲人的著作以求解惑,不料惑未得解而疑又丛生,不免感到一切合理化的解释其实都不过强作解人而已,唯觉大乘佛学的哲学基础因缘论差可慰心耳。因缘论略谓,世间万事万物皆无自性,一切都不过因缘和合而生而有。这简古的说法足以解释一切有缘之有及其因果逻辑,即善故有善缘,恶必有恶缘。我之得遇刘先生,诚然是幸而有缘,而刘先生之待我,当然是善而善缘。而让我感愧莫名的是,去年年末的一天与刘先生通话,偶然向他说起当日催促我报考北大、后来又主动"放飞"我的往事,先生乃于12月18日的来函中作了这样的解释:

人生是缘。当你从西部高原迈进中原,也许最初只是一种朦胧,从你的背景,读书经历,见识,天资,悟性,我感觉到,你完全可以走自己的路。你所需要的只是提醒。比如,你需要在适当的时候进京,打开眼界。除此之外,你的内蕴,你的勇气,智慧,都够用,不需别人搀扶……

先生的"人生是缘"说,诚然于我心有戚戚也,但他以为我不需要别人的扶持,则是他一贯低调自持的谦辞。其实,我自22岁认识刘先生而至于今,整整30年了,这30年如果没有先生始终如一的善意扶持,则我肯定不会这么平安顺利地度过,那是可以断言的。

或许正因为浮世难凭吧,所以人生的因缘才弥觉珍贵。尝记周作人氏早年译介日本俳人小林一茶的一首俳句,乃有感于人生终于难以断念的,正是这人间因缘的系恋,所以有句云:"露水的世,虽然是露水的世,虽然是如此。"这虽然是消极的说法,而正不妨从积极的意义上来理解——人生既然还有可珍贵的因缘,则纵使浮世又何必消极呢!其实,世间事大抵都可作两解。即如李商隐感叹年华之逝去而有诗云:"夕阳无限好,只是近黄昏。"可朱自清先生却反其意而用之,欣然改为:"但得夕阳无限好,何须惆怅近黄昏!"此诚所谓仁勇通达之言。我敢肯定,一向乐观豁达的刘先生一定会首肯朱自清的改写。古语云"仁者寿"。今当吾师八十华诞之庆,而仁厚如吾师者,其实是无须我来祝福的,而我禁不住的乃是对师生因缘、从学往事的回忆,所谓抚今追昔,委实感怀良多、不胜依依,所以谨撰这篇小文,既为师道仁道之存证,亦为个人生命因缘之存念焉。

2013年8月29日谨撰于清华园
(本文图片由作者提供)

饮水亦思源,薪火永相传

医学院1982级　陶襄萍

"感恩父母给予我生命,感恩老师教会我成长……生活在感恩的世界里,感恩的世界和谐美丽,生活在感恩的世界里,感恩的世界有我有你",这是我最喜欢的歌曲《感恩》中的歌词。每当我听到这首歌,心弦都会悄然拨动,感激之情油然而生,回忆也如影随形。

我的父亲曾是一名空军,驻地在北京南苑机场附近。北京郊区的营房麦田,天安门广场的巍峨壮观给我的童年留下了清晰而美好的印象。父亲转业回到母亲的家乡开封后,我便开启了终生难忘的读书生涯,聆听了许多老师的授业解惑,一朝沐杏雨,一生念师恩。

师生缘遇,一场美好。在开封五中读书时,印象至深的是从初二到高二教我们化学的茹建国老师。茹老师高大儒雅,博学多才,讲课别具一格,"随风潜入夜,润物细无声"正是茹老师教书育人的真实写照。每次上课的前几分钟,茹老师都会讲一些人生哲理与理想信念,像战前动员一样鼓舞士气。他讲起化学知识既生动风趣,深入浅出,又激情洋溢,妙语连珠……在潜移默化中,同学们都爱上化学,爱上科学,也爱上学习,从而改变了各自的人生轨迹。为了追随茹老师,我们尖子班的学生几乎都放弃了报考重点高中的机会,中考成绩全校第二名的我义无反顾地留在了五中。茹老师的谆谆教诲、无私奉献不仅给我们播撒科学知识的种子,更重要的是帮助懵懂的少年们树立起正确的人生观、价值观和世界观,毕业合影照上他给我们的题词是:"愿相会于中华腾飞世界之时"。高考报志愿时,茹老师建议我学医,从此我走上了治病救人、护佑生命的人生道路,也与河南大学结下了神奇的不解之缘。

　　1982年9月,一个难忘的金秋,17岁的我开始了丰富多彩的医学生生活。医学生与其他专业学生最大的一个区别就是,离开学校进入社会时,就担负起救死扶伤的职责,所以在读书期间牢固学习医学知识,掌握基本医学实践技巧成为每一位医学生的责任。记得学习人体解剖实验课时,考试形式是抽签回答问题,考试的焦虑使我战胜了对人体标本的恐惧。人体的骨骼肌肉神经非常多,我努力记住它们的数目位置走向,勇敢地戴着手套触摸骨骼肌肉以加深记忆,努力克服福尔马林辣眼的不适感反复学习,终于顺利通过考试,也由此萌发了医学人文思考。很长时间我都不再吃排骨与红烧肉了,主要是画面感太强,联想丰富活跃,减肥效果惊人。繁重的学习之余,学校还组织了各种各样的德育体育及文艺活动,比如,学雷锋活动、清明诗会、运动会、青年节篝火晚会及新春联欢会等。我们82级医学专业有四个班,药学两个班,每班50多人,大概分5个组,每组2位女生。我所住的宿舍有8位女生,类似"小联合国",各班均有两名女生入住,消息相对灵通。医学生圈子基本在学校,偶尔到医院见习,最后一年到医院实习,以书本知识为主,以治病救人为己任,对医学类相关事物仍具有较大的探索能力。印象较深的破冰活动是:女生帮助男生缝被子。那是我第一次缝被子,似乎有一行还缝在了垫被上做了返工,针脚质量忽略不计,男生们非常热情地准备了水果表示感谢。校团委的王颖老师、高留战老师,班主任胡光忠老师、钱一飞老师,辅导员吴佳英老师,年级书记范秀云老师等等,他们爱生如子、和蔼可亲、认真负责、诲人不倦,都给予我无微不至的关怀与帮助,让我铭记在心,至今难忘。

在校期间，我任班级学习委员，又在校团委负责宣传工作，这段经历也成为我一生的珍贵财富。记得每天饭前的一段时间是广播组工作时间，我和同学们轮值播音，从策划、组稿、写稿到播音，干劲冲天，干得风生水起。礼堂里负责广播音响设备的刘老师，一直给予我们工作上的最大支持。当时我选择了一首新潮诗歌《风流歌》，尝试男女生配乐朗诵，播出效果好评如潮。在吴佳英老师指导下排练舞蹈《在希望的田野上》的场景历历在目，与邱琳学姐表演双人舞蹈《妈妈教我一支歌》的画面也浮现脑海。全校女子篮球赛时，我们班有两位校篮球队员球技高超，尤其是传球投篮炉火纯青，安排我上场只负责"盯人"，不让对方主力球员拿到球。比赛场上因过于专注盯人、缺乏抢球投篮意识，即使篮球到了身边我也无动于衷，成为同学们的调侃趣闻；最终，由于分工明确，配合默契，我们班获得了女子组冠军。还有排球比赛，我发的球从来不听大脑指挥，经常都不知落在哪里，于是心虚的我主动请求下场。但老师与体育委员（兼女排教练）却不同意，说我的优势就是发球神出鬼没，对方球员防不胜防（实则是班里高个儿女生少，无人可换）。自我感觉瞬间良好，犹如电视剧《排球女将》里的"小鹿纯子"附体，这也许就是积极心理暗示作用（罗森塔尔效应）的亲身验证吧。

1984年学校响应国家号召，准备在高校发展党员，培养德智体全面发展的青年人才。由于童年曾在军营里生活，父亲又是做党务工作的老党员，我从小是读着《钢铁是怎样炼成的》《青春之歌》等书籍长大的，对党的感情非常深厚，感觉这是无比神圣的心愿与召唤。于是积极参加党课学习，认真书写入党申请书。七一的前几天，范秀云老师作为入党介绍人与我谈话，并嘱咐我要一颗红心两种准备。很快，组织部领导又与我们一组4人（81级2人，82级2人）谈话，轮到我陈述入党动机时，我非常激动地表达了自己成长的心路历程与真情实感。谈话结束后，领导让我把谈话内容整理成书面形式,准备在新党员入党宣誓大会上代表新党员发言。后来听说,自从我发过言,学生递交的入党申请书如雪片般纷至沓来。可能是大家从我这里认识到,党员并不像电影里英雄人物那样高不可攀、遥不可及,努力奋斗,也许就会梦想成真呢。毕业时学生党员已达到了一定规模,还成立了医学生党支部。我们这几届医、药专业学生后来几乎都成了各医药专业领域专家学者。有坚守基层治病救人,也有奔赴军营救死扶伤,有成长为厅局级干部,校级院级领导,还有出国深造走向了世界。母校培养了许多德智体全面发展的毕业生,遍及祖国大地、五湖四海,为祖国发展与社会繁荣做出了应有的贡献,诚如郑板桥诗云:"新竹高于旧竹枝,全凭老干为扶持。下年再有新生者,十丈龙孙绕凤池。"

饮水思源,思念母校,感承师恩,深蕴心田。2012年河南大学100周年校庆前夕,我们82级医二班第一次在明伦校区举办了同学聚会,医学院领导和范秀云老师、胡光忠老师、吴佳英老师等出席聚会并热情发言。红色横幅写的是"相识三十年,关爱恒久远",给学校捐赠的礼物是写着全体同学名字的"桃李满天下"大型汴绣,我们演唱的是《年轻的朋友来相会》《感恩的心》《烟花三月下扬州》与《亲吻祖国》等歌曲,师生们深情相拥,欢聚一堂,感慨万千,互诉衷肠。我从学校老师处获得了北京校友会岳光鑫会长的联系电话,立刻向岳老师报到,感受了找到组织的喜悦。其后,我和在北京工作的江同学积极参加了京友亭和京友林的捐款活动,为100周年校庆奉献自己的赤子之心。自此踊跃参加每年北京校友会组织的新春年会与活动,有幸听到了校领导的歌声与祝福,也结识了一些热情洋溢、谦和低调的校友,体会到了母校与校友大家庭的温暖。北京校友四世同堂、桃李芬芳,可谓人才辈出、藏龙卧虎。一枝独秀不是春,万紫千红春满园,凝聚校友、互助友爱,反哺母校是校友会的重要职责。在学校领导与医学院、药学院、护理学院领导的亲切指导下,在北京校友会领导与老师的热情帮助下,经历了半年多的辛苦筹备工作,北京医药护分会于 2016 年 5 月在北京成立。我与同年级的江同学、王群同学及黄家强学弟、康鹏程学长作为主要发起人,成了为校友服务的资深志愿者,实现了护佑生命、为爱奉献的人生价值。

▷ 参加北京校友会学雷锋活动

2017 年是河南大学成立 105 周年,郑州校友会联合北京校友会准备出版一部纪念书籍《翰墨情缘》作为校庆献礼。我负责联系的有林伯襄校长后人茹建国老师(开封),张锁江校友(北京)以及医药专业段钟平、杨长虹、王长虹、张保朝、张曦、黄明、赵志军、李华强校友等人。此时,我才欣喜地得知中学恩师茹建国老师竟然是河南大学首任校长林伯襄先生的外孙。林校长的故事让我敬仰之余,又倍感亲切,我终于明白茹老师就是林校长"事成于人,人成于学"理念的最好践行者与传承者,林校长后继有人。得遇良师,薪火相传,春风化雨,人生至幸。当我激动地给茹老师打通电话时,80 岁高龄的茹老师还记得我的名字与模样,说我名字里有个"襄",会让他想起外公,所以一直记着。他还如数家珍般说起我们班的同学,讲着我们少年时代的故事,关心着我们现在的工作与生活。不久,我从北京专程回开封拜访茹老师,低调谦和的茹老师破例题词,为河南大学105周年校庆送上祝福寄语。得知我就职于北京大学第一医院,慈祥的茹老师欣慰地笑了。

"教育强国,科技启民"是林伯襄校长于1921年为河南大学设定的办学宗旨,张锁江校友是河南大学杰出校友代表,践行科技强国的典范。他1986年毕业于河南大学化学系,是从河南大学走出的化学工程专家,他是中科院院士,博士生导师,中科院过程工程所所长,中国科学院大学化学工程学院院长,深受大家拥戴。当我拨通锁江校友的电话时,心中有些忐忑不安,担心打扰到科学家的日常工作。锁江校友很快接起我的电话,非常耐心地听取了请求,并在百忙之中亲笔书写河南大学105周年校庆祝福寄语,按照要求及时发送至我的电子邮箱。锁江院士的平易近人、谦和低调与博学严谨,令我难忘并敬佩不已。河南大学110周年校庆,北京校友会提前一年立项准备出版纪念书籍以致敬母校与前辈。口述历史系列、回忆录系列及校庆献礼系列,均得到了锁江院士的鼓励与支持。祝福寄语"大河泱泱,桃李芬芳,明德新民,国家栋梁"凝聚了院士校友与立群教授等诸多北京校友赤子心血与深厚情感。正是锁江院士提出了"国家栋梁",升华了校庆寄语的情怀与格局,既符合文字押韵,又蕴含百年母校的文化历史传承,彰显了他的博大胸怀与文学功底。

"白日不到处,青春恰自来。苔花如米小,也学牡丹开。"这是一首人生励志的小诗,也是我们生活中最可取的一种佳境,更是对校友志愿者的写照与勉励。2017年的北京校友会新年迎春年会暨健康公益讲堂由医药护分会承办。校领导的慰问祝福,院领导的歌曲献唱《为了谁》,还有参加南苏丹维和医疗队的军人校友及战友维和经历分享等,给校友们留下了深刻的印象。后来,我们成立了北京校友芳华艺术团、芳华书法社、明德读书会、明德健身团、明德健康公益讲堂等校友社团组织与科技学术团队,开展了丰富多彩的校友健康文体活动与学术科技讲座。分享的科普讲座有王群校友的《红酒与脑健康》、江其生校友的《细胞治疗之临床应用》、我的《生物反馈治疗与音乐治疗技术》《行为医学与艺术融合实践》、黄家强校友的《如何将高通量数据变成医生的精准"听诊器"》、孔维军校友的《中药安全性研究与产品研发应用》,等等,给大家带来了思想启发与理念更新。在校友总会领导的精心安排下,来自母校的黄慧慧老师与王凯歌老师为北京校友带来了家乡豫剧与美妙歌声,还有陈真校友的《谁不说俺家乡好》《谁说女子不如男》令人难忘,他们都是北京校友会的艺术顾问。我们医艺同行筑梦健康,共同践行着现代医学模式,为"健康中国战略"奉献自己的力量。

▷ 2018 年在北京校友会医药护分会承办的新春联谊会上演出《年轻的朋友来相会》

2020 年 1 月 8 日,我与校友志愿者们再次辛苦筹备,举办了北京校友会迎春年会与明德健康公益讲堂。学校领导莅临现场慰问,与校友们欢聚一堂共迎新春,北京校友物理分会也在年会上举行了别开生面的成立仪式。王立群教授即兴为校友们做了妙趣横生的文学演讲,段钟平学长为大家分享了《常见肝病及预防》,屈歌校友分享了《嗓音康复与案例》。北京校友芳华艺术团为大家呈现了张鲜明校友作品节选《中国上场》配乐诗朗诵情景剧、小合唱《我和我的祖国》、李玉玲校友领唱的《军港之夜》、彭忠校友演唱的《你是我的玫瑰花》与玺儿校友的原创歌曲等五彩缤纷的文艺节目。不久新冠疫情暴发,豫南医院告急,美国校友会与德国校友会积极捐赠医用防护用品。作为奋战在首都抗疫前线的医务人员,我深知基层医院的困难,于是迅速联系了美国与德国校友会负责人,与豫南医院两位院长校友对接防护用品接收工作,以解燃眉之急。国内外的校友们同心协力共克时艰、守望相助共同抗疫,一起把校训"明德新民,止于至善"书写在祖国大地上。"敬佑生命救死扶伤,甘于奉献大爱无疆",这是习近平总书记对医务工作者的深情寄语,也是我们弘扬的新时代职业精神与奋斗目标。

▷ 参加2020年北京校友新春联谊会《中国上场》演出

岁月如歌,芳华延续;抚今追昔,感恩不已。校友们都有自己独特的励志故事,我们的人生平凡而精彩,就像朵朵黄河浪花,汇聚向海,生生不息。大河泱泱,桃李芬芳,明德新民,国家栋梁,这是北京校友对母校110周年校庆的祝福寄语;饮水思源,甘于奉献;大爱无疆,薪火相传,更是我们新时代的使命担当。我和我的祖国一刻也不能分割,无论我走到哪里,都流出一首赞歌……祝福祖国、祝福母校,为祖国奉献,为母校奉献,正是我们全体校友的共同心声。

▷ 2002年夏天，作者陶襄萍（左二）与于淑敏（右一）校友、王瑞芳（左一）校友、金勇（右二）校友在北海公园合影

（本文图片由作者提供）

汴水流,静静地流……
——忆张如法老师

中文系 1983 级　于淑敏

古书记载,孔子去世,弟子心丧三年。吾辈恐难如此,但张如法老师 2020 年 3 月远去后,我时时想起他,怀念关于他的点点滴滴。

张老师 2020 年 3 月 19 日倒在了春天的门槛,再也不能享受迟来的春光。因为疫情防控,我无法回开封向张老师作最后的告别,心中悲苦又无可奈何。电话中听到徐师母说,他去后,请人从五楼家中抬出……我实在无法接受那个场景,不禁失声痛哭。如今想起仍恍然如梦般不真实,似乎张老师仍住在学校西南门外狭窄的家中,在春光明媚、鲜花次第开放的日子里,他在温暖的校园里闲逛,用手机拍几张花朵,然后再请人拍一张他伫立花前的照片,发在微信朋友圈……但如今再也看不到他了。

我不是张老师的嫡传弟子。在河南大学读研究生的 3 年中,因为李频同学的关系,我先后认识了学报编辑部的王振铎、宋应离和张如法 3 位老师,有时去听他们的课。我曾和李频开玩笑说:学报编辑部您的 3 位恩师,名字都奇特而带有玄机,以吾等俗人的思路来解读,似乎对应了中国传统文化的儒道释精神。这 3 位老师性格迥异,学术道路竟殊途同归,都在编辑学研究领域独树一帜,使河南大学的编辑学研究成为全国编辑学研究版图中的一个独特样本,他们 3 人先后都获得"中国新闻教育贡献人物奖",印证了我心目中河大"八十年代学报三杰"的称谓。

  我向张老师请教的机会屈指可数。但回忆起来仍满心暖意。

  记得第一次去见他，印象最深的是他爽朗的笑声，那种笑让人亲近，能迅速消弭距离感，又带一点磁性，笑容在他那五官分明的脸上绽放，让人瞬间忘记他高高的个子和为师尊严所带来的压力和陌生感。那次谈了什么几乎都忘了，记得那天徐师母还煮了一碗她现做的汤圆甜水，那种沁甜的味道多年后仍与师母温柔贤淑的形象联系在一起。

  如法师1938年生于上海，后随父母到南京生活。1950年在南京六中求学时，他受苏联电影《乡村女教师》的影响，违背亲人让他学理工科的意愿，毅然报考了南京师范学校中文科，立志要当一名小学教师。在校期间，他充分发展手风琴、乒乓球等兴趣爱好，为当小学教师做准备。两年后因学习成绩优秀，被保送到华东师范大学中文系。1959年大学毕业本想响应国家号召到新疆支边，后来服从组织分配来到开封师范学院（后改为河南大学）教书，也算是支援内地教育。同在华师晚3年毕业的徐明霞师母为了爱情，只得放弃上海的工作，分配到郑州一间中学教书，几年后才调到开封，结束了他们两地分居的生活。

  听张老师说，1970年，开封师院中文系的老师都下放到"五七农场"劳动锻炼，他曾担任小组长，在全连的讲用会上发言，谈他到农场后在思想改造上的收获。从大上海来到真正的农村，当然有心理落差。但在那荒诞的年月，知识分子的尊严已被降至最低，夫复何言。1973年《开封师院学报》筹备恢复出版，张老师从中文系调到学报编辑部工作。此后，学校校名先后改为河南师范大学、河南大学，他都在学报编辑部从事编务，写文章、做研究只能利用业余时间。

  我看到张老师写的文章《读〈阿Q正传〉所想到的》，发表于《开封师院学报》1974年第4期。在当时的政治环境和学术语境下，可能探讨鲁迅作品是被允许的。张老师还与中文系的王宽行老师合作发表了《也谈陶渊明的政治倾向》。20世纪80年代初，张老师的研究选题仍然以文学为中心，如关于毛泽东诗词、陈毅诗词和秋瑾诗、绿原诗的解读等论文，有论述鲁迅杂文的讽刺艺术，也有探讨苏曼殊的创作、《老残游记》的思想与艺术等，不脱近现代文学的研究范畴。可是，繁重的编务与科研工作总是相冲突，张老师此后从文学研究转向编辑学研究。

20世纪80年代初，在出版业空前繁荣、编辑队伍迅猛壮大的形势推动下，提高编辑人员的素质与编辑活动的水平成为时代需求，同时，把编辑工作当作一门深广的学问来研究也是行业所迫，河南大学学报编辑部自1985年起在社会科学版开设"编辑学研究"专栏，拟借此彰显河南大学学报的一个独有特色，后来它成为一个常设和名牌栏目。1986年学报编辑部招收了第一届编辑学专业研究生。从此老师与学生在这个新领域共同探索。张老师在授课之余先后发表了《作者心理与编辑工作》《谈学术稿件的编辑加工》《谈谈编辑效益》等文章，论述编辑出版活动、编辑风格、编辑的文化学意义，探讨编辑学的本质含义，其中编辑学教育以及拓展编辑学研究和编辑主题论，是他主张"编辑学研究应强调理论联系实际"的思考和总结。

那四五年间，学报编辑部成为编辑出版、教学、科研三位一体的新型科研机构，以王振铎、宋应离、张如法诸师为中心，形成了一个扎实的研究群体。他们陆续出版了《编辑学通论》《中国大学学报研究》《中国大学学报简史》和《编辑社会学》等专著，在业界和学术界都产生了较大的反响。张老师著的《编辑社会学》先后列入"编辑学丛书""编辑出版学丛书"再版。他还出版专著《编辑的选择与组构》，论述编辑出版活动的本质和编辑的文化学意义，彰显其拓展编辑学教育及编辑学研究的艰难探索历程。

这一时期也许是张老师一生事业的顶峰。但与著书立说相比，张老师最骄傲的是培养了四十多名研究生。从1986年招收第一届编辑学专业研究生，到2002年起在新闻与传播学院做硕士研究生导师,他投入了全部的情感和精力认真指导,视学生为亲人,并常年与毕业的学生保持联系,为每个学生取得的学术成果而骄傲和欣慰,他的人生也因与这些学生的关联而愈加充实。

多位师友在得知张老师去世后表示,他们的第一篇学术论文是张老师编发在学报上的。我相信那种回忆,更多的是对张老师常年默默地为人作嫁的感念和缅怀。我的第一篇学术论文《人名符号:中国近代小说的文化考察》也是经张老师发表在1989年第2期《河南大学学报》,那是我读研后发表的第一篇文章,交稿子的情节已经淡忘,但我非常清晰地记得,校样是张老师亲自送到研究生楼交给我的,我看到他手上还带着任访秋先生同期发表文章的校样。我那时正跟着任先生上课,见他这样跑太辛苦,便自告奋勇提出送校样给任先生。当时我诚惶诚恐,又有不解:责任编辑还亲自给作者送校样?张老师年复一年都如此?我这篇论文不久被人民大学报刊复印资料第8期全文转载,得到了张老师的夸奖。他说,小于你不错啊,发表第一篇文章就被人大复印资料全文转载,这是很多老教师都求之不得的呢。受张老师的鼓励,第二年我又在学报上发表一篇文章,责任编辑仍然是张老师,他仍然把审读后的校样送到研究生楼。对一个学生辈的作者如此,我从张老师身上看到他躬行"编辑社会学"中倡导的编辑与作者建立良好关系的理念。

当时我怎么也不会料到,1990年6月研究生毕业后,经张老师穿针引线,我也做了一名学报编辑。此后30年先后从事报纸编辑、图书编辑,算是间接地继承了张老师的"衣钵"吧?但我也许仅能做到老师教导之万一,前辈风范我唯有景仰。

张老师热爱生活,兴趣广泛。学校很多人都知道他喜爱摄影,这既是他与同事朋友的交往方式,也实践着一个编辑的职业之道。20世纪八九十年代鲜有手机拍照,他的相机可称得上是奢侈品。张老师在各种活动、会议中都充当义务摄影师,不辞辛苦地为他人拍照,再把照片洗印出来送人。任访秋先生在1978年的"桂林日记"中,记录了如法老师随任先生、刘增杰老师和赵明老师从武昌到桂林开会、访学,一路为他们拍照留念的足迹。如12月4日在漓江,"如法为来游的几十位同志摄影";12月5日"午饭后,如法约我和增杰、赵明,还有钱谷融、陈则光两位同志,登上饭店后边最近的一座山峰,照了几张照片";12月9日,"午饭后,如法又约到外面照相";12月12日去石林,"如法为我们摄了几张影"。虽寥寥数语,但从中仍可见张老师温厚谦和的性格。

为人服务对张老师来说是愉快的,带给他人的也是幸福的回忆。记得任先生八十大寿时,中文系为任先生举办庆祝活动,我们几个研究生得以幸运地参加活动,并在会后蹭宴席,一饱口福。任先生在学校南大门与参加活动的老师合影留念,张老师当时拍摄了活动的大合影照片,也拍摄了我们三个研究生与任先生和马师母的合影。这些照片我都珍藏着,成为对母校与恩师的珍贵记忆。

张老师与时俱进,活到老,学到老,精神生活非常充实。互联网刚刚兴起时,张老师自己摸索着用电脑上网,并教会几位退休的老同事,此后,他总是来者不拒,自己搭钱、搭时间,热心地为这些退休同事修理电脑,答疑解惑。QQ、博客普及时,他开通QQ空间和博客,发各种照片,还学会应用某些小程序,将整理出来的旧照片做成视频、配上字幕。微信流行时,他也及时使用微信,跟上时代的脚步,在朋友圈发布种种动态,尤其是学生们的活动消息,成为一个小小的信息集散地。记得2017年元旦我收到张老师制作的新年挂历,上面是他自己历年的照片,背景是轻快的歌曲,画面上是飞翔的仙鹤。想必他给多个关心他的学生都发了一份,借此表达对学生们的记挂和祝福。

以前听人说张老师爱好收藏,曾任职河南书画收藏协会开封分会会长。但我去他家几次从没听他提过收藏的话题,对他的藏品也无缘饱览一番。记得他书房的书架上总罩着一层透明塑料薄膜,我以为是挡灰尘的,想来是他收藏的宝贝?

张老师2018年八十大寿时,回绝了学生们为他筹备祝寿活动的好意,特意挑选了一百张照片,精心制作了一组"有声影集",影集配乐是《真的好想你》。其中有他拍摄的于安澜、任访秋、李丙寅、刘增杰诸师,有外出开会、约稿的名家如钱谷融、魏绍昌、绿原、骆宾基、严家炎、李欧梵、姚雪垠、戴文葆等人,也有与历届研究生的合影,甚至有平日给予他帮助的邻居和菜店、超市小老板等。他细心地为每张照片注上说明文字,"感谢老师长辈的教导,感恩同事朋友的关心帮助,感激学生的拜访"。和着背景音乐慢慢翻看,很能看出他的用心用情。我有一次给他留言,建议他分类整理,考虑将来有机会出版。我哪里想得到,他是抱病——清理这些旧藏品,也许他通过追忆往昔峥嵘岁月,既抵抗自身疾病的疼痛和苦楚,也以"感谢感恩感激"这种方式,寄寓对师长友朋的眷恋,向人世间慢慢地作最后的告别。

2020年8月,我和李频到开封参加会议,第一时间便去张老师家看望徐师母。屋内陈设依旧,张老师常用的桌椅还原样摆放,不同的是书桌上摆放一幅张老师的照片。我把一束鲜花放在张老师照片前,向他三鞠躬。环顾四周沙发还在原地,书架上的书基本都清空了,只有待处理的光盘等物散乱地堆放着。师母说前年张老师患脑垂体瘤手术后,便开始考虑后事,整理所藏的书报资料,并陆续出售旧书和收藏。"人事有代谢,往来成古今"。世间聚则欢喜,散则忧伤,人如此,书亦如此。那些图书与藏品"曾在他家",能给他带来一时的心动和喜悦,庶几也体现了它们的价值?

那一次回母校,李频特意请来湖南的一位摄影师朋友为几位老师拍照留念,宋应离老师、王振铎老师虽然年迈,但身体安康,精神尚好。我不禁想,如果张老师在场,他可能会有兴趣与前来的摄影师探讨交流摄影艺术问题吧。

2022年4月18日,王振铎老师因病故去。20世纪80年代的"河大学报三杰"渐次凋零,属于他们的时代渐行渐远,这让我悲伤不已,也感叹岁月流逝之无情。记得王立群老师说过,百年河大的文脉传承有两个方面,一是创立以来靠李嘉言、万曼、高文、任访秋、华钟彦等优秀学者的延续,二是靠一批来自不同地方的学者的学术传承。从这个意义上来看,张如法老师在河大工作、生活六十余年,是否可以说他为河大带来一丝上海气质、海派文化?喝黄浦江水长大的他,当年激情澎湃地来到古都开封,在河南大学为教育事业无怨无悔地奉献了自己的青春岁月,直至终老。他以自己的方式融入河大,也在河大厚重坚实的学风中实现了自己的人生理想。

汴水流,静静地流……

听人说,世上的水是互通互联的。是否有一叶扁舟默默地流到黄浦江?

弦歌不辍，雅音妙绝

中文系 1987 级　梁晓云

母校文学院迎来百年华诞之际，自从襄萍师姐和灿发老同学给我布置了写回忆文章的作业，思绪纷至沓来。想要提笔，又生怕自己笔涩词枯，唐突了母校。但是从本科到研究生，7 年不短的时光，毕竟留下了不少回忆。且从思绪中翻腾起的浪花中，仅撷取跟老师们有关的几朵，努力传达自己对母校中文系的感情于万一。

先生之风，山高水长：那些年，难忘的一句话

我们那一届，有段时间政策上是不允许应届生考研的。直到 1990 年秋，已经大四开学很久了，突然得到恢复研究生考试的通知——是由当时的辅导员邢勇老师在"飞机楼"——十号楼的一个大教室宣布的。邢勇老师的动员令很具震撼力："将来会有一天，研究生满街走，大学生像条狗……"消息太突然，时间太紧张了——离考试时间只有两三个月。我不知道，如果不是邢勇老师"振聋发聩"的那句话，导致我产生不甘心于"像条狗"的想法，跃跃欲试又忐忑不安地报了名，我是不是有勇气考研呢？一切成了未知。我平时几乎不会去找邢勇老师的，但是动员会后，我和宿舍的朱萍一起去找了他，问他现在才开始复习是否来得及，其实是想考又怕面对失败，想从老师那里寻求支持。邢勇老师讲话一向斩钉截铁，当时也是毫不迟疑地说："怎么来不及？当然来得及！"还给我们讲了他的经历。他的鼓励，给了我俩很大的信心。可以肯定

的是,我选择了考研,之后又考博,都是从此而开始。我们这一届的很多同学,相信也是被那一道突如其来的"考研令"唤醒了之前长达一年多的迷茫状态,很多人的命运由此而改变。

读本科期间跟刘增杰老师有关的一件小事铭记在心。那次,他布置的小作业批改后发下来,上面有老师的批语,除了夸我那次作业完成得不错之外,是叮嘱我要多读书:"沉下去,深深地沉下去……"之后的多年,深切体会到,唯有读书,是最能让自己有底气的事情。但是又只能承认读书太少太少,辜负了老师的教诲!

读研三的秋季,我在紧张的复习考博中。有天上午 10 点左右,去李贤臣师家里还《四库全书总目提要》。那时候,李老师还住在平房。当天天气很好,站在院子里,李老师伸出食指,向上指了指天,很认真地对我说:"这么好的时间,不要用来干还书这样的杂事——类似的事情,等到看书看累了,中间休息的时候再处理。"李贤臣老师是我心目中那种典型的纯粹的学者,他轻轻地一句批评,让我感到无比汗颜,对"时间"沉甸甸的分量也有了更深的理解。他那句话,记了将近 30 年,并且很多次在课堂上跟学生讲起。也许,可以传达给学生一些我曾经体验过的那种触动。

愧疚的是,自己资质平平,未能带给老师们"新竹高于旧竹枝"的欣喜和骄傲,但是当年,"全凭老干为扶持"却是实打实的。

春树桃李:那些年,课堂内外的老师们

课堂,是老师们的主阵地。因为个人对古代文学的兴趣,最难忘那些将古代文学的精华和魅力播种到心头的老师。课堂上的无数瞬间,记忆犹新——记得华峰老师讲先秦文学,谈到《夸父逐日》,他那激情洋溢的一句"弃其杖,化为邓林",将充满了浪漫色彩的画面,牢牢嵌入我的脑海,至今,他当年的语调言犹在耳。记得常萍老师潇洒的那一转身,在黑板上写下:"南宋词坛的高音区——辛弃疾",开启了对南宋爱国词的讲解。张进德老师讲的《水浒传》、徐江老师讲的《三国演义》传递着浩气英风。陈江风老师的"天文与人文"课,给我们打开了从古代天文学角度探究传统文化的一方天地。张家顺老师、杨国安老师、王利锁老师上课的场景,也都历历在目。研究生阶段,李贤臣老师、白本松老师、王立群老师的课,则把我们带往古代文学研究更深的堂奥。

教外国文学的老师跟古代文学的老师们有截然不同的气质。太阳神阿波罗、海神波塞冬等希腊众神,被李伟昉老师传达得熠熠生辉。袁若娟老师讲起乔治·艾略特、夏多布里昂……如数家珍。赵宁老师讲的安娜的命运发人深省,蒋连杰老师讲的托尔斯泰笔下那株不屈服的牛蒡花至今在记忆中挺立着……还有教"文学概论"的张豫林老师,"现代文学"的赵福生老师,"当代文学"的田锐生老师,"文艺心理学"的胡山林老师,"现代汉语"的张宝胜老师,"古代汉语"的李建伟老师,解志熙老师的"围城"讲座……各有各的精彩。离开了河大后,回忆中,才更意识到河大中文系的老师们是如此"有料"!

在母校包容的氛围下,学生也能接受和欣赏不同个性、不同风格的老师。当时教我们魏晋南北朝文学的是马予静老师。期末考试时,她监考"古代文学",我们惊讶地发现,她在考场点燃了一支烟,潇洒地吞云吐雾起来。事后,同学们兴奋于这一重大发现,并没有同学挞伐她表现不妥,有违"师道尊严"。我感觉,她抽烟时潇洒的动作,真有些她讲授的那段魏晋风流名士的余韵呢。读大四时,关爱和老师给我们上"近代文学"课。关老师温文尔雅,是典型的谦谦君子,课讲得非常严谨充实,但他有一个特点,讲课时视线永远朝着教室的某一个方位,而不看学生。后来,看到网络上曾出现一个流行语:"四十五度角仰望天空",我想起讲课时的关老师,不由得猜测,沉浸在自己世界中的老师,大概会有那样一个状态吧。说起这些事,但愿没有唐突老师们,因为在当时同学们固然是抱着一种津津乐道的欣赏态度,而多年之后那些场景已成为每位老师鲜活的一面,烙在学生的心中。

出于机缘巧合,我们偶尔也能窥见老师们的另一面。

上研究生时，不记得是什么缘故，系里派老师到研究生楼看望学生。到我们宿舍的，是本科时教过我们《东方文学》的梁工老师和另一位老师。梁工老师突然问我："你家是哪里的？"我回答："洛阳。"以为是老师对学生的随口一问、以示关心而已，没想到他接着还问："洛阳之前呢？"我有点困惑了："好像是从山西大槐树迁到河南的。"更没想到还有一问："山西之前呢？"我老实回答："不知道。"梁工老师脸上泛起蒙娜丽莎般神秘的微笑："根据我的考证，梁姓，是从内蒙古迁过来的。"可惜，我那时候在老师面前特别放不开，没好意思就这个话题进一步追问，他究竟如何考证出来的，有哪些依据。但是他的话，给我留下的一个后遗症就是，后来再碰到同姓，不由自主就会问对方，老家是哪里的，还会刨根问底，并且告诉对方："据我的一位大学老师考证……"真想知道，作为《圣经》文学研究专家的梁工老师，对于梁姓的来源、历史、发展，后来是否有新的考证成果？

还是在"飞机楼"，一个下午，是一次师生联谊活动，主要是老师们表演节目。大一曾教我们《现代汉语》的蔡玉芝老师，朗诵了她黄河边一游后有感而作的长诗，展示了她诗人气质的一面。也是那次活动中，沈卫威老师说他不会表演，但还是朗诵了一段"小白兔，白又白，两只耳朵竖起来"，一边把两手的食指和中指竖起在头的两边，还蹦了两下——可谓传递了"重在参与"的真谛！

边家珍老师在给我们讲《诗经》时，还是研究生，除了上课没有过多的接触。后来我们上研究生时，他已经留校。那年一起改高考卷，数日连轴转，大家都很疲惫。听同宿舍的小溪说，中间休息时，边老师讲起阅卷时偶尔碰到某考场的整本试卷中有很多是空白卷，改起来非常爽，说："就像吃蒜薹炒肉丝一样！"没想到，温文尔雅的边老师打起比方来如此接地气！我想，他是有多爱吃这道菜啊！

难忘老师们可爱的一面！

悲哉人道异：那些年，过早离去的老师

我们考研那年，河大古代文学专业的招生导师，除了李贤臣老师外，还有两位：李春祥和李博老师。我一直喜欢古代文学，想报考这个专业，但是对于如何复习、准备，完全一头雾水。有意找老师请教，但是这三位老师全都没给我们担过课，一个都不认识。不知道哪里来的勇气，我跟朱萍贸然地就闯去了李博老师家。不经事先联系就去老师家，现在的学生可能觉得不可想象，但在当时，恐怕是一种普遍现象。所以老师们似乎都习以为常，不以为忤。记得我们这两个跟老师素昧平生的本科生，拘谨地坐在李博老师家的小板凳上。虽然老师并没有具体讲如何复习，但是他热情欢迎的态度，还是给了我很大信心。万万没有想到，还没等到我们入学，李博老师就因癌症去世了。后来听到一种说法，李博老师脾气很大，在街上看到什么他认为不公平的事情就会出头。我猜想，这可能就是他生病的一部分原因；我相信，容易"拍案而起"应该恰是他真性情的一部分。

在读研期间，李春祥老师也病了。李春祥老师的研究方向是元明清小说戏曲，所以在考研面试时，他提问我的是一个有关《西厢记》的题目。我那时读书很少，只答得出来从文学史上看到的有限的部分，没有什么自己的见解。我回答后，李春祥老师还给我做了补充和提点，态度非常温和亲切。永远的遗憾是，再没能在研究生课堂上聆听他的传授，而再见到的，已是追悼会上他的遗容。之前有限的见面，终成宝贵的回忆！

一朝沐杏雨，终身念师恩。开封铁塔的风铃余韵不绝，河大中文系的风雅之音永续。"云山苍苍，江水泱泱。"万重山送我们一路前往，源泉，来自河大，来自河大中文系！

铁塔湖，那荡漾的波
——35年往事琐忆
中文系1987级　王灿发

一、老师，那永远的爱

1987年9月的一天，从我的家乡驻马店市新蔡县出发，坐上票价7块钱的大巴车，来到了开封。在那之前，我最远也就去过县城，没有去过大城市，感觉开封是非常遥远的地方。也是从那一天起，我走进了新世界的大门。

父亲送我去上学，主要想带我去拜访王复光老师，认识认识。听父亲讲，王老师和我同村，按辈分应该叫爷爷，他年轻时参加革命，没有回过老家，所以我不认识他。我和父亲到中文系问清楚王老师家的住址后，就到他位于明伦街的家。敲了三下，门开了，一位老人出现在面前，他精神矍铄，头发微白，衣着简朴。"志英来了，欢迎欢迎，几十年没见了。"声音爽朗，他一眼认出了父亲。进了客厅，他夫人也很热情地让座、倒茶。父亲对我说，这是你大爷。王复光老师在他家中排行老大，按老家规矩，不叫爷爷，叫大爷。我赶紧说"大爷好"，王复光老师又介绍他爱人，说这是你大奶。王复光老师很高兴，说"真是好孩子，考上大学不容易"。本来，第一次见教授，我还是很紧张的，看他那么慈祥、热情，我情绪放松下来。

王复光老师和父亲聊了过去，聊了我们村王姓都是山西大槐树过去的,都是一家人。吃过饭,王复光老师和他爱人好像商量了一阵什么,然后就带我上街,找到一家裁缝铺,原来是要给我做一套西装。王老师说,大学生了,就要像个大学生的样子。过了几天,我穿上了生平第一套西装。后来,我和王老师一家慢慢熟悉了,经常去他家蹭饭,"改善下生活",有时候感觉不好意思去,他还批评我。有一年过中秋节,我正在寝室,突然有人敲门,开门一看是王复光老师。王老师说,今天过节来家里吃个饭。在生活中,王老师这么一个人是像父亲一样的长辈。

▷ 1997年拜访王复光老师

王复光老师是中文系古代汉语老师,大一时他和助教一起给我们开过古代汉语课。在他书房里,聊天中还经常听他聊古代汉语知识,比如,给我讲甲骨文"寒"字的意思。因为他,我对古代汉语非常感兴趣,买了几个版本的古代汉语教材、古汉语词典。这个"毛病",保留到现在,到了书店看到有新版本的古汉语词典还会买,买多了就送朋友。对于人生方向的把握,王老师对我影响很大。他常说,人生就像捅竹节一样,一节一节捅,只要坚持不懈就能成功。1991年毕业离校我把被子放在他家里,1995年我考上了郑州大学的研究生,被子还在他家放得好好的,我去他家拿了被子,继续去读研究生。读研时,一直和王复光老师保持联系,回去看望过他几次。毕业后我在华中师范大学任教,曾担任《旅游导报》的兼职记者和编辑,还把报纸寄到王老师家里。1999年底我从武汉回到开封去看望他,却得知王老师已经过世了。今年从他女儿那里得知,王老师是1949年以前参加革命的,新中国成立以后在东北师大上大学,大学毕业就留校,然后在延边大学任教,1984年从延边大学调到河南大学。王复光老师教我如何学习,如何做人,如何树立生活的信心,如何树立人生方向,令我终身受益。

我的辅导员是邢勇老师,现在他已经是信阳农林学校的校长了。当时他比我们大一届,留校当辅导员,因为年龄差不多,就像我们的大哥一样,我们遇到问题就找辅导员。那时因为我家条件不好,每到学校冬季补助发放的时候需要写申请,然后辅导员签字,邢老师每次都批了我的申请。那时候50块钱的补助能解决很大问题,回家路费也有着落了。邢老师对我们的要求比较高,但是也很宽容。1995年我考上研究生回学校探望,邢老师还带我去食堂吃饭。

▷ 2007年入校20年与邢勇老师合影

当时的系主任是陈江风老师,他开了一门"天文与人文"的选修课,这门课非常有特色,深受同学们欢迎。华锋老师讲《诗经》,非常细致,给我留下非常深刻的印象,因为之前从来没有听过唱诗,感受到古人的韵味。我对古典文学的热爱大概就是从这时候开始的。后来我搬过很多次家,古代文学史全套、古代文学选读全套,这些书都还在我的书柜子里,一直没丢过。这些对我转到新闻学的教学和研究也很有帮助,扎实的文学、文字和语言功底来自大学四年中文系的学习。

温振宇老师,教我们《章法学概论》,他结合大量的例子讲,用章法学来分析《诗经》和《红楼梦》。对于我后来研究新闻,尤其是在文章形式结构的分析上非常有启发和帮助。后来我搞研究、写文章一直非常重视结构,到现在我还经常向我的学生们推荐温老师的这本书。

还有一位不得不说的老师就是上过《百家讲坛》的王立群老师,虽然我上学的时候没有听过他的课,但后来"补课"了。毕业后有幸见过多次,他给我讲他如何通过层层选拔登上百家讲坛,如何去讲人物,如何做学问。王老师渊博的学识给了我很多教益。

▷ 2021 年 2 月在海口拜访王立群老师

二、学九楼 221,那无价的真情

1995 年 9 月我回到了母校河南大学,来到学九楼下,望了望 221 寝室,拍了张照。我走出大学校门,踏入社会,整整四年了。这些年过得好快,再回首大学时代的生活,真是感慨良多。

很难忘在河南大学读书的那段美好时光,这是我人生的重要转折点。1987 年我从河南新蔡县一个偏僻的乡村到了开封,就读于河大中文系。在此之前,我从未出过远门,到车站看别人坐上到郑州、开封的车,心里十分羡慕,心想自己何时能到大城市逛逛呢?

冲过"黑色七月",接到了河大录取通知书,想到将要实现看看大城市的梦想,这怎能不令我欣喜若狂呢!姐姐和哥哥每家给我50元钱作为上学的费用,姐姐还给我做了一套新衣服、一床新被子。就这样,在父亲的陪同下,我来到了开封。从农村到城市,五光十色的都市生活令我大开眼界。比起城市人,我穿得土里土气的,典型的农家子弟打扮,但我并没有感到自卑,穿得好与差、洋与土,只不过是生长环境不同使然。初到学校,第一个认识的同学是王朝阳,他也分在学九楼221房间。一问是哪儿的,他说:"我是郑州的。"一口好听的普通话,给了我很好的印象。我们一块儿吃饭、一块儿上街,他并没有因为我是农村来的而羞于为伍。隔了几天,又陆续认识了同宿舍的张献国、聂全志、张军、梅思龙、陈曦、朱文松、李欣,有的来自开封、郑州,有的来自县城,有的来自农村,彼此相处融洽,结下了深挚的友谊。我们或一起读书,或一起谈天说地,或一起打打"五十K",日子过得很充实。

▷ 中文系87级3班入校20年返回母校

我的家庭比较困难,父亲年近花甲,母亲卧病在床丧失了劳动能力,经济之拮据可想而知。朝阳、全志、献国几位同宿舍好友,常常接济我。一到冬季补助下来,献国常催促我写申请。4年的大学生活,就在这充满真情的气氛里过去了。1991年大学毕业我远赴新疆,到了遥远的边陲。这一去就是几年,关山重重隔不断真诚的友情。1995年8月我考取了郑州大学的新闻学硕士生,返回了故乡。下了火车和朝阳取得联系,他说:"几年不见,真想你呢。你是我们年级的一大'怪才',能吃苦,能闯荡。"是啊,我何尝不想念老同学,不想念家乡呢?

外出漂泊,一个人在广阔的戈壁,迎着漫天的风沙,苦苦寻求人生的路。冷漠的面孔,遇到的多了,每当此时,我便想起大学时给予我友情和爱心的同窗好友,想起八七级中文系同学的热情的面孔。一别几年,真的好想他们,可何时能再见面呢?(本节文字原刊载于1997年1月24日《人口时报》,略作改动)

三、西域,那美丽的梦

"沙漠驼铃""长河落日"的美景,时常出现在我梦里;吐哈油田、塔里木油田的开发,更增添一层诱人的魅力。上高中时,语文课文《天山景物记》描绘的天山美景,令人神往。上大学时,特意读了有关介绍新疆风土人情的文章,知道了"天池""葡萄沟"……于是在我心灵的深处埋下了一颗探奇的种子——毕业后去新疆工作,寻找人生的新方位。

1991年7月,结束了在河南大学中文系4年的大学生活,挥挥手告别了中原,告别了生我养我的桑梓,踏上了西去的列车,开始了西域寻梦的生涯。

列车里的天南海北人,脸上写着自信与笑容,看起来都有明确的目标。而我则有些忐忑,我的下一站,是到新疆的何处,一点也不清楚。凭一腔热血去支边,去干一番事业,自己有那样的能耐吗?真的对自己有些怀疑起来。念此去千里烟波,人生之舟尚无避风之港湾,前途尚难预料,不禁想起荆轲的易水之歌来。

列车行驶了三天两夜,于7月12日抵达了新疆的首府——乌鲁木齐(蒙古语意为"水草丰美的地方")。这的确是一个现代化的大都市,扑面而来的是现代都市的气息:鳞次栉比的大楼,宽阔整洁的公路,川流不息的车辆。我像一滴水一样被突然抛进陌生的西域大海里,眼花缭乱,分不清东西南北。维吾尔人、哈萨克人的服饰,漂亮、奇异;维哈语、哈萨克语宛若夜莺的歌,宛转、悠扬,走到哪里总在耳边响起,像流动的音乐,但我却一句也听不懂。这是一个与中原风俗截然不同的少数民族聚居的大城市,一切都那么陌生,一切都那样新鲜。

抵达乌鲁木齐市的当日,我顾不上旅游的劳累,叩响了新疆维吾尔自治区教委的大门,教委的一个同志很热情地接待了我。当我表示愿留在乌鲁木齐市从事文字工作时,该同志很为难地说,乌鲁木齐市留不下,只能到地、州。既来之,则安之。到地州,就到地州吧,总不能因分配地方太小而"打道回府"吧。走时慷慨激昂,回时灰溜溜的,这不是有志气的男儿所为。在教委同志的热心引荐下,次日我来到了乌鲁木齐市的一个卫星城市——昌吉,这是一个新兴的小城市。如果说乌市是一个千娇百媚的大家闺秀,那么昌吉则是一个略施粉黛的小家碧玉。这里绿树成荫,显得恬淡宁静,虽不繁华,却也热闹,倒是很不错的一个小城市。到昌吉州大分办,有关同志询问了我的情况后,即告诉我先找地方住下,等待分配。虽说大分办同志很热情,但这里毕竟举目无亲,我在一个小旅馆里一住就是20天,20天简直像是20年!没有一个熟人,没有一个可以说话的人!住的是双人房间,每天都换个陌生的面孔。人家问,你是干啥的?我说:"什么都不干,等候分配。"别人一听就愕然,从关内跑到新疆住在旅社等分配,莫非犯了什么错误"发配"到边疆?看着人家怀疑的眼神,我哭笑不得:正常人就不兴来新疆支援建设?!

白天就往分办跑跑,并在分办做些力所能及的工作,比如帮助毕业生登记啥的。每到晚上最难熬,常常坐在旅社门前的台阶上,看街上穿梭的行人,望天上无数的星星,直到喧嚣的城市沉静下来,我才回到房间睡觉。当然,气候也不太适应,嘴唇干裂、流血;饭食刚开始也不适应,羊杂碎、盐、辣子面一拌,别人吃得津津有味,我也买一点,一尝就吐了出来,咸淡不均,难以下咽。不吃,又不能饿肚子,就硬逼着自己喝奶茶,吃羊杂碎,吃拌面,油塔子等。

终于等到了消息,州教育局同意见个面。旅馆里疯长的寂寞、孤独快把我窒息了,"丑媳妇总要见公婆",见面就见面,反正旅馆是不能再住了。州教育局分办同志对我悉心培养,指导我写材料,我积极给当地媒体投新闻稿,一个月后,同意接收。这样,我总算"嫁"了出去,有了个"家",结束了漫长的待分的日子。这段待分日子,我感触很深,州分办、州教育局工作人员十分热情、热心,显示了新疆人的好客、豪爽的高尚人格。于我而言,能适应艰苦的环境方为男儿之本色,男儿唯有真才实学才不会功亏一篑。

分配工作后,精神压力减轻了,可还是不能松一口气。刚到一个陌生的工作环境,要以勤奋的工作、磊落的人格,让别人认可你,这样才能拉近你与同事间的心理距离。科室的各项工作,争着多干点,年轻人嘛,多干点又累不着,这样踏踏实实工作了两年。同事评价我:"小王踏实,能干,行!"得到同事的赞扬,这就够了。劳动价值得了承认,这就是最大的欣慰。

两年后,州上抽调州直机关青年干部下基层挂职锻炼。我是大学毕业后就进机关的,没有基层工作经历,单位抽我下去,虽说下去比较苦,但我还是很乐意地下去了。毕竟这是一次磨炼人生意志的机会。锻炼采取的是一竿子插到底的办法,把青年干部直接派到乡镇。我是下吉木萨尔老台乡挂职,从城市到农村,展现在我面前的又是一个新的天地,一个人生的转折点。

从城里下到乡,就像从水面一下沉到水底,到了真正的基层。到了农村,才发现农村的新疆,与城市的新疆风格迥异。农村天宽地广,别有一番洞天。这里是唐朝北庭都护府所在地,天山北麓,准噶尔盆地前缘,向南望即是高入云端的天山,向西北望即见和天相接的沙漠戈壁。视野极为广阔,夕阳西下时,云蒸霞蔚,相当壮观。

下到乡里,要切实办点实事。我对全乡的教育状况进行调查摸底,十四届四中全会后,我又徒步30多公里,翻山越岭,到山上的二宫河哈萨克族村调研。二宫河在天山深处,山路陡峭,起伏曲折,走路就是爬山,翻过一个山头,再下去趟山涧,然后再上山头。山涧没什么路,里边有许多大石头,走山涧就一个石头一个石头地跳。这样从早上八点出发,直到下午五点多才到。第一次走山路,累得腿像灌了铅似的。在平原地区长大,从不晓得走山路的滋味,这一次才真正领略了什么是山路。回到乡里后,脚也打了几个水泡,腿疼了一个星期。

周末的夜晚,空空的乡政府大楼冷冷清清,想起来到西域闯荡两年,没啥成就,内心颇不宁静。望着星空,在空旷的天地,唱一曲《妈妈的吻》,因思乡之情而潸然涕下。工作虽然搞得不错,但还是要继续学习,虚度光阴,能对得住来西域之前的一番雄心壮志吗?于是我决定再上一层楼——考研。跑遍乌鲁木齐的大小书店,竟没有买到一本考研参考书。没有书,等于没枪炮。我立即给在人大读研的同学写信代购,书寄来,但离考试只有三四个月了。白天上班,夜晚我把自己关闭在小屋里苦读。新疆冬天的夜里,有时零下20多摄氏度,屋里又没暖气,腿冻得很,我把被子裹在腿上,"定格"在桌边,趴在桌子上学习,时常到了深夜。心血没算白费,考完后不久,我接到硕士研究生复试通知书。接到通知,还是颇费一番周折的。当时郑州大学研招办的梁惠老师特别负责任,把电话打到州教育局,州教育局又打电话给吉木萨尔县教育局,吉木萨尔县教育局又打电话给老台乡政府办公室,老台乡政府办公室秘书又骑摩托去村委找我,因为那天我正在农村丈量土地,那时是没有手机这种移动通信工具的。昨日还在大山深处,今日已迈进高校,生活又来了个180度大转弯。

生活就像爬大山,生活就像趟大河,诚然!西域寻梦几年,我寻到的梦,是一个五彩斑斓的梦!梦里,有美丽的星空,那一颗颗星星,就是一个个像亲人一样的朋友,少数民族的、汉族的,真诚、友爱,像石榴籽紧紧地抱在一起!(本节文字原刊载于1996年《中原侨声》,略作改动。)

(本文图片由作者提供)

河大四忆

生物系 1988 级　赵要风

"河之大者,润生泽物"是我们在河南大学生物系建系 20 周年时想到的八个字。生物系 1987 年恢复建系,作为 88 级生物系本科生,我们对河南大学,对生物系的感情之深厚不是简单的"母校"两字可以概括的。想起这 8 个字也是寄望我们挚爱的河大生物系多培养品行端方的大家,泽被造福社会。

时间过得真快,一下子 10 年过去了,又到了建系 30 周年的时刻。我们的孩子们也到了当年我们入学的年龄,不由得使人想起 30 年前我们在八朝古都开封,在河南大学,在生物系度过的 4 年时光。大学头两年居住的宿舍,窗外即是铁塔湖,触目便有宋代琉璃塔。经明伦街从庄严的南大门进入校园,穿越两侧古式小楼,直抵古色古香的校礼堂。那种底蕴深厚是现在很多大学校园感受不到的,以至于到现在我还顽固地认为自己记忆中的河南大学校园是其他任何一个大学都无法比拟的。

师

当年入学时,系是新系,教导我们的老师大多也刚本科或研究生毕业,年龄与我们相差无几。与这些年龄相仿的老师朝夕相处,对每个老师都会留下终身印象。王天仕与李锁平老师的厚道与真诚,郑合勋老师的帅气,翟国堂老师的俊朗,谷艳芳老师的美丽,郭曙光老师的聪明让我们一提起生物系便会联想起来。

蔡兴元先生是生物系恢复建系的创始人。先生是朝鲜族人，毕业于北京大学。在我们心目中，蔡先生温文尔雅，一身书卷气。刚开始因为先生是系主任，我们是学生，不自觉地会有距离感，对先生的学识了解不多。到了准备研究生入学考试时，先生老将出马，亲自给我们辅导生物化学。当时我们生物化学教材用的是沈同先生1980年出版的上下两册，是国内大学为数不多的经典教材。这门课的讲授者是翟国堂老师。国堂老师刚毕业，知识面也广，讲课极为幽默，极大地刺激了我们对生物化学的兴趣。认真想起来，我对专业英语的兴趣就是翟老师给勾起的。当年国堂老师在曹更生实验报告记录本上的一句"Your calligraphy is very good"，绝对让老曹同学热血沸腾，不但当年的生物化学课程考试得了第一，如今也成了河南大学的教授。国堂老师讲授生物化学是一流水平，但等蔡先生给我们辅导生物化学时，我们又更进一步地理解了什么叫高屋建瓴。先生对这门学科的系统理解是深入骨髓的，当时听了蔡先生大约两三个小时的讲解，真如醍醐灌顶一般，忽然醒悟原来对一门学科是可以这样透彻地理解的。大约是确实开悟了，后来我在参加中科院研究生入学考试中，生化考了70多分，题极难，据说这个分数是当年报考遗传所考生中的生物化学第一名。每忆及此，内心便感谢先生。虽然先生已经仙逝，但先生之风，山高水长！

当年宋纯鹏老师刚从燕园研究生毕业，给我们教授植物生理学课程。从宋老师那里我们得以了解老一代植物生理学家比如汤佩松先生和他们的传奇故事，这些前辈和他们的传奇经历真的能激发我们对科学的兴趣。想想宋老师现在成了河南大学的掌舵人，我们真是荣幸。宋老师是对我们生物系和河南大学有巨大贡献的。想想在当年一穷二白的情况下，河南大学生物系闯出在全国的名气是离不开宋老师以及尚富德老师的智慧和努力的。记得10年前，一位国内有名的从事生物学研究的同行在访问了河南大学生命科学院后，专门撰文盛赞宋老师在那么艰苦的条件下做出了极为优秀的工作。那时我刚从欧洲游历8年回国,看到有关母校、有关宋老师的消息,心里别提有多兴奋了。

张大卫老师绝对也是我们班同学们印象极深的一位老师。当年具有研究生学位的老师很少,大多数老师都是本科毕业。大卫老师比宋老师来得早,从遗传所获得硕士学位后到了河南大学生物系。当时大卫老师知识面广而新,口才极好。来了以后即用他自己精选的英文文章给我们作专业外语教材。大卫老师当时的授课震动了我们班,尤其是女生。记得在最后一堂课大卫老师与学生互动过程,有人写了一张纸条,"张老师,在我们心目中你就是一个伟人"。我后来考研报考遗传所也是受大卫老师的影响,一个老师真可以影响一群年轻人。

友

生物系88级一班不到40人,男生3个宿舍,女生2个宿舍。据我们的第一任班主任天仕老师说,当年他去招生,我是我们班第一个被录取的学生,颇感荣幸。生物系88级在路云和天祥两位班长的领导下像他们俩的名字一样,绝对是和谐的一个集体。我自己的舍友八大金刚:Adei(源自鲁迅先生的《从百草园到三味书屋》)、忠子、红民、二建、圆圆、小曹、我和皮皮。世事沧桑,年不及半百,红民兄几年前竟然没了!同居一室四年,兄弟之情何能忘怀!占才(Adei)嗜读且极幽默,考研政治超过80分,一个字,服!毅彰(忠子)亦嗜书,曾记我从旧书摊淘得冯梦龙著《情史》一册,毅彰羡慕无尽,苦求不已,不予。下次见毅彰,一定携书赠之。红民忠厚,未曾想最早离兄弟们而去。二建品性如闲云野鹤,超常的从容淡定。泽春(圆圆)坚忍执着,一路从河大闯到加拿大当教授。更生(小曹)之天资无有其匹,围棋杀遍生物系无对手,乒乓球技艺拔刀四顾心茫然,学习成绩在男生中更无出其右者。记得当年学习中心法则,更生就预言,他绝对不相信RNA在中心法则中只是简单充当了一个蛋白质翻译模板的作用。这些年最新生物学的进展印证更生的直觉多么敏锐！年龄最小的建政（皮皮）多才多艺，一首吉他弹唱惊煞四座。宿舍八大金刚出了四个博士，五个教授，也不枉老师的教诲！

学

说起来颇感惭愧，当年报考河大生物系还真的不是因为对生物学感兴趣。高中求学期间偏执地认为做一名中学老师极为无趣，一辈子教授一本书！所以选择生物系的唯一理由是自己认为学习生物学将来最不可能做高中教师。造化弄人，进了校才发现我们的专业是正儿八经的师范专业，是专门培养高中教师的。

大学前两年沉浸在误打误撞进入生物学专业的失望情绪中，时不时与二建因为睡懒觉而逃课。记得逃了几次植物分类的课后被饶广远老师发觉，在课堂上警告：以后这两个小子再逃课，期末考试绝对不及格！被警告后还真的管用，以后不但不逃课，私下里还拼命用功记忆那些在我看来没有任何规律的植物分类知识。最后这门课程少有的考了个全班第一，以至于到现在还可以给非生物学专业的人士嘚瑟一下如何鉴别牡丹和芍药，丁香和紫荆的区别。

大学后两年接触遗传学、生物化学、细胞生物学等课程后忽然发现生物学如此有趣，如此迷人，便决定考研，继续从事生物学研究。考研准备的过程是一个进入忘我状态的过程，半年的时间里主题只有两个字"读书"。在此期间任何时间都不想浪费，每天早8点，晚10点，一定在教室看书。记得冬天天冷，为了节省时间，自己不愿出去，让二建他们帮忙到市中心买了一件当年常见的黄色军大衣御寒。几年后我第一次去见媳妇就是穿着这件军大衣。想象一下，一个1米84的小伙子，体重仅50余公斤，裹着一件寒碜的黄大衣，竟然通过了媳妇的面试，真要感谢兄弟们给带来的好运气！

食

我当年的高考体检记录是身高1米84,体重50公斤,瘦到无以复加,绝对好排骨。虽瘦,但饭量不小。有生以来最多的进食记录是在大学创造的。某一天因缘际会,没吃早饭,午饭又错过,晚饭时大碗牛肉拉面吃了两碗(四两饭票一碗),二两一个的烧饼吃了4个,创造了一个至今未被自己超越的一顿饭进食一斤六两面食的纪录。

大学4年毅彰、二建、更生和我组成了一个吃饭帮,最早老崔和我结伙,后毅彰和更生渐次加入。吃饭"四人帮"是一个完美组合,好处很多。四人中两人负责买粥,每人端两个碗;一人负责拿两份菜;一人负责馒头,真是perfect!"四人帮"的好处还体现在我们花和别人一样的钱可以吃到比别人更好的菜,理论是这样:一个人单独吃饭一定要买一份菜,我们四个人四份菜吃不完,就可以吃小灶,只买两份小炒!每个月每人30块钱交于更生会计,每当大家不想在学校食堂吃饭,便向曹会计提出申请能否用"公款"到外面改善伙食。通常会到南门校门口小餐馆"值得吃"或"好再来",一人一碗鸡蛋面加一瓶汴京啤酒,价值人民币两元,一辈子都忘不了的绝配!

后来考研期间三位兄弟为了保证我足够的营养,定期每周去给我买鸡蛋和方便面。每天晚上从教室回来我可以煮一包方便面加一个鸡蛋,二十五年前那绝对是人间至味,现在想来那滋味里还有兄弟们的情谊!

学 海 传 灯
——张豫林先生纪事

中文系1991级　张政法

豫林师于我,不是"经师",而是"人师"。从我1994年给河南大学广电专业实习代课算起,至今"教龄"已26载了。张老师学生众多,我则也成为一名教师,从师道入手,师者谈师者,可算是"原汤化原食儿",得同源相和之妙。

我从豫林师课堂与"私塾"、理论与实践上得来的,主要是3个方面的感受。

首先是高悬的审美人格。在懵懂的当年,文学概论课堂上的豫林师,讲授的内容自然已雨入涸田,记忆更多的是郑重的格调、投入的思考、铿锵的声音、高蹈的姿态。舞台上的豫林师,一头银发,一袭浅色西装,声未起,已觉海雨天风,扑面而来,神魂不觉欲随之起舞歌咏;声既出,如洪钟大吕,直入人心,有余音绕梁之叹。老师教美学,以美为美,不喜怪论,美者自持品相;老师教表达,大处着手,"做眼赋活"于文字,表达先有神韵。后来更入门下,修习中外美学,也熟悉了更多老师做人做事的风格,他一生都在赞颂美、传播美、创造美、捍卫美,是美的传道者、践行者和捍卫者。人格高悬,是普通人做人之本,是读书人修业之本,也是艺术家创作之本,人格高,诗格自高。从那时起,过审美的人生,从作品中感受美,在创作中生成美,在生活中发现美,就成了我人生的指南。以真为美,以善为美;以美为真,以美为善,也成了我对真善美的理解和持守。教学之中也总是强调人格学格艺格为先，唯声唯技唯利者，如匍匐前行，终生难以登高。人过中年，快慰此生唯高格。

再者是高扬的自我灵魂。张老师的表达，个性鲜明、风格高迈，尊重文本而从不被文本所驱使，而是以我为主，赋予文本以创造性、个性化的媒介转化和舞台呈现。我本性独立，读书不盲从人言，后跟从老师读中西美学名著，在读书与表达中渐悟得一个道理：我之为我，自有我在。看他人著述，理解、辨别、比较、批判，文字外要看到意图和逻辑；搞创作表达，价值、关系、预期、布局，声音里要贯穿目的和方向。没有一个"我"在，如何高妙的理论都是"异己者"的"入侵"；如何酷炫的表达都不过是"邯郸学步"或"僵尸起舞"。后来读博士，写博士论文，理论依据之一就是主体性哲学，进一步确证了我长期的所思所学，没有一个独立的自我，就无力对环境保有能动性，就无法对世界发挥创造性，就无能对工作或受众承担应负的责任。而自我的确立绝不是自欺、自慰的结果，主体性不只是灵魂的觉醒，还要经意志的磋磨，更要锤炼能力化作践行主体性的力量。确立了主体性，面对作品、面对受众，一个自信的传播主体才能做到行事以敬、待人以诚、言为心声、言行一致。

第三就是声音活力。忆当年，虽然年届耳顺，张老师还是投身到播音主持专业创建和口语表达教学中来，一个是社科"歧视链"中高高在上的上位学科，一个是饱受"播音无学"讥笑的不入流的小专业，从美学到播音学，用时髦的话来说是"降维打击"。但是门外汉永远不知门内的学问，声音作为人类最重要的媒介符号，蕴含着思与情、意与美的所有密码，是理性的感性显现，也是感性的理性升华，不通声音之美，其实就不能通达人类文化的审美核心，不能体悟人类文化的创造妙谛。张老师一方面有丰富的舞台创作、表演实践经验，一方面有深厚的美学、文艺学理论积淀，是我见到的可以把理论化用到实践中去，又能把优秀实践经验升华到理论层次的少有的几位大师之一。他于播音主持艺术是业余爱好，但深谙其中三昧，他先是一位旁观者，而一旦投身进来，就打破了一些惯有程式,极大拓展了口语表达的声音域限、表现力场,让声音以更加富有活力的方式呈现内涵。小举一例,"对比推进律"是张颂先生表达"六规律"中最能体现声音表达形式规律的一条,在豫林先生这里则不只是快慢、高低、强弱、虚实的机械对比,而常常给人以"惊艳"的震撼。在我这里,对比推进则进一步被概括为力的关系,不但可以用来解释声音的跃动弛张,放之于社会人生、自然物理,无往而不适。本就是大道所在,反求由术入道,至于术也无有一分者,是不能窥见豫林师所见到的声音之"理式美"的。

  以上是我就自己从老师治学和实践中得来的一些感受。作为老师,"教什么"固然重要,"怎么教"才是精髓所在。如果说,作为学者的我,从老师那里得来的,敢说从不曾糟蹋,有时候还要更加用心推进;但是作为师者的我,从老师那里看到的,起到的作用往往只是"澡雪精神",在身体力行方面,却是愧难企及。豫林师可为弟子范者,于我有三:

  一是有教无类。孔子的"有教无类",实际上分为三层:就受教育权来说,人人平等,因此要有教无类;就个人天赋来说,"中人以上,可以语上也;中人以下,不可以语上也。"需分层而教;就具体操作来说,则因材施教,所以有"求也退,故进之;由也兼人,故退之"。豫林师的有教无类,不但做到了这三点,更是在第二点上也不分层待人,而是"凡有求教于我者,无不授之真经",真正做到了至诚。做到至诚是很难的,人心惟危,师生之间难免会存在有意无意的误解乃至冲突,对于一个善良的师者来说,受伤总是难免的,意志不坚者往往改弦更张,不再诚以待人。《中庸》有言:"唯天下至诚,为能经纶天下之大经,立天下之大本,知天地之化育。"为师不能至诚,学生何能至诚?读书人不至诚,天下如何和谐平善?师道的要义,恰就在以至诚化人心,进而以至诚之人心化育天下。每次看到张老师夫人周老师发的朋友圈,总是说"爱徒×××",徒是不是爱师我不确然了解,但师爱徒是千真万确的。但愿,张老师门下,师生相爱相得,彼此至诚以待,进而推己达人,一人之所在,即浸润一方环境,那真是善莫大焉。

　　二是重情志涵养。豫林师并不排斥术,恰恰相反,无论是播音发声、朗诵表达,还是新闻播音、节目主持,他总是办法多多,而且往往一试就灵。但更为重要的,豫林师传授给学生的,是情志涵养。凡是真在张老师门下用过功的,总要读过一些书的,至少是几本美学书。没有一些学养,学不来张老师的真门道,不过是形似而已。我的体会有二,我总结为:"纯以气盛""总是格高"。前者就是韩愈所说的"气盛,则言之短长与声之高下者皆宜";后者如王国维"词以境界为最上,有境界则自成高格"。缺少真学识,无有真性情,没有真追求,不立高标准,是不可能有走心的表达的。写作之人常追求"无一字无来处",我从张老师那里领悟到的是表达应"无一声不妥帖",这就要求既要彻底弄懂文字深处的逻辑,又要真正贯通情感的脉动流向,更要始终驾驭声音做合目的的变化。实践中,我也和当代头部的播音员主持人和朗诵艺术家做过深入交流,更加深切地感受到"不读书难通真意,强为美误了声音",只有日常在情志涵养上下足了功夫,才会有高超妙造的创作。

　　三是传灯精神。豫林师作为美的布道者,平生教徒无数。在中原大地的播音主持教育领域,更是有"燃灯"之功。因为身体原因,张老师在口语表达方面的心得并没有公开出版,但是却通过一代代弟子口口相授,早已成为"真经"。毫不夸张地说,凡是河南大学走出来的播音主持教育工作者,无不受惠于先生的课业智慧,无不承传了先生的教育理念,无不领受了先生的教育精神。河南省应该是全国播音主持教育大省,开设专业之多,在全国居于前列;教育队伍之庞大有力、学风之勤勉精进,也属难得;毕业生社会成就之大,在同类院校中更在前茅。何况,老师早已桃李遍天下,杏坛之上、声屏之中,教化流布。《维摩经》云:"譬如一灯燃百千灯,冥者皆明,明终不尽。"满头银发的杏坛师魂,早已成为一面旗帜,猎猎招展于每一位弟子心头,指引方向;早已化作一盏明灯,高高照耀在每一名学生心海,勘破迷航。作为弟子,当如《大智度论》所说:"为令法不灭,当教化弟子,弟子展转教,如灯燃余灯。"高擎心灯,灯灯相传,播大光明于世间。

若从读博算起,我离开河南大学已经18年了,其间虽然多次回去,或专程或兼谒,从没有和老师断过联系。每次在那个仅可容膝的书房与老师促膝长谈,心里总是无比温暖,感觉像是充了一次电一样。看着墙上自己与老师的合影,想起当年在老师家里一起读苏格拉底、柏拉图、亚里士多德、朗基努斯、康德、黑格尔、莱辛、布瓦洛……对自己的怠惰总是心生愧疚。智者以人为鉴,我更以师洗心。从老师家里走出,我总会有如释重负、心镜重光的感觉。

母校立项为大师作传,真乃盛德智举。撰联一副,以为收结:

杏坛育林,春暖中原万木竞秀,

心海传灯,光照十方智慧通明。

2020.8.11 写于北京三明居

北京校友会志愿者掠影——

反哺母校梦魂牵

明德新民,京华岁月

——北京校友会名誉会长岳光鑫、李运筹访谈录

前言:对于身在首都北京的河南大学校友来说,岳光鑫、李运筹两位校友的名字经常被提起,因为他们是河南大学北京校友会的共同创始人和主要负责人。岳光鑫和李运筹校友在20世纪90年代初开始为河南大学在京校友凝聚在一起,志愿服务。时值河大110周年校庆之际,我们怀着感激之心来到两位长者的家中进行访谈。

受访人:岳光鑫,88岁,北京校友会名誉会长,首届会长。

李运筹,81岁,北京校友会名誉会长,第二届常务副会长兼秘书长。

访谈人:陶襄萍、董世盼、吴阳。

访谈时间:2022年4月24日。

访谈形式:北京住所现场访谈与线上访谈。

问:两位会长好!岳会长曾经入选河南大学首届最美校友,颁奖词如下:"曾是军营战士,后成河大学生,犹如山岳青松,毕生追求光明,坚信金石为开,始终待人真诚。聚校友于逸仙堂,祝校庆以京友亭,无名无利无悔,有情有义有深情。他就是北京校友会首任会长、河大最美校友岳光鑫。"李会长长期为北京校友与母校默默奉献,是资深的校友工作志愿者,能否简单介绍一下自己?

岳光鑫：我 1934 年出生，河南大学中文系毕业。曾任原国家教委离退休干部局副局长。1997 年 8 月河南大学下发文件通知，任命王文进为河南大学校友总会会长，我为副会长，主要负责北京校友工作。

李运筹：我 1941 年出生，1977 年从四川调入河南大学，1989 年调到中国人民大学。曾任中国人民大学修建处处长，河南大学北京校友会第二届常务副会长兼秘书长。

问：请两位会长讲述一下河南大学北京校友会成立的情况。

李运筹：我 1989 年从河南大学调任到中国人民大学工作，当时河南大学很多毕业生考取了中国人民大学的研究生，他们到京后需要找住宿、联系导师，大家都觉得有必要成立河南大学在京校友的组织。时任人大校长袁宝华是河大校友，也支持成立河南大学北京校友会。经过多次协商，河大决心成立北京校友会。首先我们拜访了河大在京的著名校友周而复、姚雪垠、袁宝华等人，他们对成立河南大学北京校友会都很支持。

岳光鑫：现在回忆起河南大学北京校友会成立的日子依然很激动。成立大会在 1992 年 9 月，正好是教师节前的一个星期日，地点在教育部大院东侧中山纪念堂会议室。河南大学在京著名校友万伯翱，老校友、民政部原部长王国权同志参加了当日的成立大会。为等待乘火车返京的姚雪垠同志参加大会，还派专车到车站接他，到会祝贺。当时有近百人参加了成立大会。

岳光鑫、李运筹：河南大学北京校友会的基本任务就是团结在京河大校友，本着"服务校友，回报母校，奉献社会，为国争光"的宗旨，建起一个联络感情、沟通信息、交流经验、互帮互学的服务平台。

问：当时的组织架构您是否还记得？

岳光鑫、李运筹：经过仔细回忆和查证有关资料，河南大学北京校友会第一届组织架构如下：

名誉会长　袁宝华

会　　长　岳光鑫

副 会 长　宋德民　李运筹　褚维智　逯祖毅　蔡瑞卿
　　　　　戴松成　王静环　金击强　吴潜涛　秦英君
　　　　　应觉媛　周培兴

秘 书 长　宋德民

副秘书长　李运筹　孙长缨　王子玉　彭德全　王小宁
　　　　　崔红星

问：北京校友会成立后的主要活动有哪些？

岳光鑫：1. 发动在京工作的校友以及在京读研的同学，广泛联络，收集校友的信息；转告河大北京校友会成立的信息和开展活动的计划。

2. 收集母校掌握的在京工作校友（尤其老校友）的信息，发动他们尽快联络其他更多校友。

3. 每年春节前要召开一次联欢会。大家在一起吃吃饭，聊聊天，演一些节目。母校领导都到会祝贺并介绍母校的发展情况。尤其是郑州校区的建设，重点学科的发展。前两次活动地点都在河南饭店，后来年会主要在中国人民大学学生餐厅举行。中央音乐学院的校友，战旗文工团的校友，中央电视台的校友们，能歌善舞，异常活跃，著名豫剧演员小香玉也曾经到会助兴。

李运筹：每次校友聚会，第一项议程都是大家起立，集体合唱《河南大学校歌》。北京校友会成立后，校友见面最迫切的需求是，在京尽快找到自己的同类。校友会的组织者深知此事的重要。抓紧时间，组织骨干，拜访新老校友，调动一切力量，搜集信息编辑了一本《河南大学北京校友通讯录》（第一集）。其中搜集了600多名新老校友的信息。

平时部分市区校友活动在双秀公园举行。内容有：幼儿教育讲座,声乐讲座。还和江西师范大学联合组织声乐合唱练习,并成立了合唱团。

▷ 2010年春节,河南大学时任校长关爱和等领导来京看望校友

问:听说后来成立了各专业分会,您能给我们分享一下分会的情况吗?

李运筹:第一个成立的分会就是人大分会,有57个人左右。当时人大校长袁宝华是河大校友,在人大读博读硕的年轻校友也很集中。成立后主要是联系广大校友,校友们纷纷打电话,非常激动,觉得在北京终于有了河大毕业生的精神家园。

再后来又分别成立了医药护分会,外语分会、生物分会,法律分会、物理分会、软件分会等等,北京校友各分会的活动也逐渐开展起来,我们的校友群体越来越大。各专业分会也组织活动,成为加强联系、交流信息的重要渠道。如:访问老校友,爬山远足,举办专业座谈会,参观博物馆、画展。

问:您记忆中印象深刻的活动有哪些,咱们为此做了哪些工作?

岳光鑫:2002年母校90年校庆时,北京校友捐资出力,为母校校园内立下一块校训石碑,其上镌刻着由著名校友周而复书写的"明德新民,止于至善"的校训碑文。北京校友会号召校友返校祝贺;我代表北京校友会到会祝贺,并宣读贺词。

李运筹：第一，2012年河大百年校庆是北京校友心中的大事，北京校友会组织专人修订并补充编印出版了《河南大学北京校友通讯录》（第二版）。母校九十年校庆十年后，此项工作一直牵动北京校友的心，是北京校友久久期盼的大事。在岳光鑫会长和秘书长的精心组织下，将新

▷ 北京校友会编印的校友通讯录封面

近联系到的在政府、军队、教育科研、新闻出版、文艺卫生及工商管理等领域2157多名校友的8种信息汇集成册。孙长缨、王小宁、张衍飞、方志刚等校友，利用工作之余，多方联络调查，几经搜集核对，终于在母校100周年前正式出版了新的更加详尽的新版《校友通讯录》，受到广大北京校友的极大欢迎。

第二，组织北京校友回母校探望老师，赠个人书画作品和出版的个人著作以感谢母校的教育和培养。

为庆祝母校100年校庆，北京校友集体捐资在母校西校区栽种100棵银杏树，命名为北京校友林（由副会长褚维智负责植树）；在其旁边建一座纪念亭，命名为京友亭（由我负责建亭），并立碑纪念。碑文如下：

正值河南大学百年华诞之际，首都广大学子集体捐资建此"京友亭"和"北京校友林"作为对母校的献礼和永久纪念，以表达对母校的感恩之情。感谢母校的教育和培养，祝贺母校取得的辉煌业绩，祝愿母校盛世高歌再铸辉煌，期盼母校早日跻身中国名校之列。

在建亭和植树中，万伯翱、褚维智、徐玥、薛渊博、王子玉、戴松

成、孟永超、张志学和易虹夫妇等校友做出了积极贡献。

问：请谈谈北京校友会换届与组织建设情况。

岳光鑫：2015年3月12日，北京校友会进行了换届调整，由原郑州校友会会长刘向阳接替我担任第二届北京校友会会长，由李运筹担任常务副会长兼秘书长。时任母校校长、河南大学校友总会会长娄源功在换届会上讲了话，时任河南大学党政办主任孙功奇、河南大学校友总会工作办公室主任尚慧敏参加了换届会。

▷ 北京校友捐建的京友林、京友亭、京友石

2015年，刘向阳同志接任北京校友会会长。当时的小型团拜年会就改在刘向阳同志的单位所在地——延庆举行。校友年会是校友一年见面交流的契机，是了解学校发展和母校领导见面的难得机会。

李运筹：自从北京校友会成立，每年春节前母校领导都到首都看望在京校友，向大家介绍母校的发展和教育改革，同大家共叙师生之情，母校的壮大和快速发展使校友深受鼓舞。

为了感恩母校的教育、培养和关心，在京广大校友努力工作，刻苦学习,并以优异的学习成绩和工作业绩回报祖国,为母校增光添彩。他们之中有保卫祖国安定的将校军官和公安战士,有活跃在国家行政管理、经济运行、司法执法中的公务员,有科研院所的研究员、中学教师、大学教授、医务人员,媒体的著名主持和编辑记者,有大公司老总、个体小公司的创业者,还有漂在北京的寻梦者。不论高低贵贱,不计学长学后,他们的称呼是:河大北京校友!

北京校友会注重人才梯队组织建设,为校友们提供公平而宽松的公益平台,通过校友公益活动与工作,发现人才、培养人才、选拔人才,逐步建立老中青校友志愿者队伍,星火燎原,薪火相承。

2016年小型团拜年会在北京延庆举行,校友代表20人左右与校领导团聚联谊。

2016年5月,医药护分会在北京成立,校友总会代表与各学院领导到会祝贺,近百名师生欢聚一堂。

2017年年会在人民大学学生食堂举行,校领导与学院领导到会联谊,参会师生90人,由医药护分会承办。

▷ 联谊年会上,校领导与北京校友共迎新春

2018年年会在北京延庆举行,校领导与学院领导到会慰问,参会师生200人,由医药护分会、软件分会共同承办。

2019年年会在人民大学汇贤府举行,校领导与校友总会领导及学院领导到会慰问,参会师生100人左右,医药护分会与软件分会承办。

2020年年会在人民大学学生食堂举行,校领导与总会领导及学院领导到会慰问,物理分会成立,参会师生120人左右,医药护分会与软件分会承办。

2020年8月,按照校友总会章程,经校友总会与刘向阳会长本人提议,由医药护分会会长陶襄萍校友(河南大学教育发展基金会理事,河南大学校友总会理事)接替我的工作,担任北京校友会常务副会长与秘书长职务,岳光鑫校友与我担任北京校友会名誉会长。由于疫情原因,北京校友会常务理事会线上举行,刘向阳会长代表校友总会宣布北京校友会职务调整任命决议,常务理事全票通过。参会人员有:刘向阳、李运筹、陶襄萍、杨奕、赵要风、杨英军、冉广照、王玉杰、李乐9人。

岳光鑫、李运筹:北京校友会全体校友在接触中都纷纷表示感谢母校的培养,感谢学校领导对北京校友的关心,河大是校友们心中永远的精神家园。

问:2022年9月,河南大学将迎来建校110周年庆典,请二位会长给河大校庆说点寄语吧。

岳光鑫:庆祝河南大学建校110周年,大河泱泱,桃李芬芳,明德新民,国家栋梁。

李运筹:祝贺河南大学建校110周年,祝福河南大学越来越好!

(本文图片由受访人提供)

《大河泱泱》——校庆献礼雕塑诞生记

北京校友会秘书处

护理学院 2009 级汤湘伦、药学院 1997 级苗润丰

河南大学 110 周年校庆到来之际,河南大学北京校友会创作了校庆雕塑《大河泱泱》,向母校献礼。这件雕塑作品,寄托着北京校友会对母校的深切祝福。

校庆雕塑创作团队是如何发起创作的?其寓意与释词该怎样解读?主创杨奕校友有哪些心路历程?我们为您娓娓道来。

一、校庆雕塑《大河泱泱》创作团队简介

《大河泱泱》雕塑

指导:岳光鑫　李运筹　王立群　刘向阳

设计:杨　奕　陶襄萍

策划:杨英军　赵要风　冉广照　李　乐　王玉杰

监制:王子玉　王　群　王　坤　苗润丰　邱　爽　周武广

二、《大河泱泱》雕塑寓意与释词精选(按收到文本的时间顺序)

1. 于淑敏校友解读寓意

大河泱泱,让我想起《河南大学校歌》的首句"嵩岳苍苍 河水泱泱",也情不自禁地想起黄河边的母校河南大学。一位曼妙女子,踏着黄河的一朵浪花而来,在母校的书海里徜徉。她双手执

笛,笛声悠扬。萦绕耳边的,是在母校刻苦读书的岁月回响,还是对美好未来的畅想?是对古老校园的深情倾诉,还是记起母校初心不改的模样?来吧,让我们侧耳倾听,游子对母校的念念不忘。

▷ 作者手绘雕塑草图

电脑合成图稿

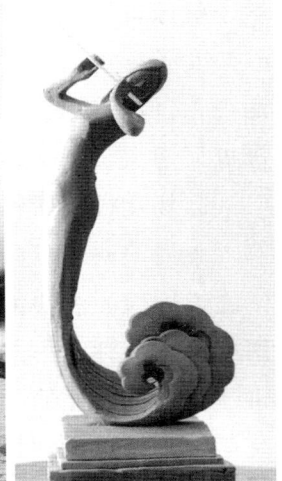
泥塑小样

2. 王灿发校友解读寓意

嵩岳苍,大河泱,铁塔巍,书声朗。潮头澎湃傲然立,笛声悠扬传天际,新民家国情怀浓,天涯黄河母亲情。

3. 陶襄萍校友解读寓意

傲立书海的美丽女神既是黄河母亲的化身,也是百年母校的化身,更是赤子校友的崭新形象。寓示着"母校"和"校友"正如黄河与浪花一样,血脉相连,息息相通。作为根基的书籍象征了河南大学的悠长历史与厚重文化。美丽女神回望抚笛,演奏出母校对校友的殷切呼唤与慈爱注视,饱含着校友对母校的深情倾诉与衷心祝福,更表达了百年母校与莘莘学子共同谱曲"一起向未来"的强烈心声;大河泱泱,桃李芬芳,明德新民,国家栋梁。

4. 汤湘伦校友解读寓意

雕塑由展开的书本和亭亭玉立的女子两部分组成:作为根基的书本寓意河南大学作为百年学府,有着悠久的办学历史和深厚的文化底蕴;女子寓意河南大学像母亲一样,培育了莘莘学子。

女子的裙摆是浪花的形象,河南大学坐落于古都开封,位于黄河中下游。浪是黄河赤子,黄河是浪的依托,寓意河南大学和河大学子就像黄河与浪花,血脉相连。

女子抚笛演奏,像是河南大学对河大学子的殷切呼唤与慈爱注视,又像是河大学子对河南大学的深情倾诉与衷心祝福,奏响了母校河南大学与莘莘学子一起向未来的新时代主旋律。

5. 杨奕校友所作释词

大河泱泱,源远流长,奔腾浩荡。滔滔东去,经文华浸染,载大学之道煌煌。泱泱河大,百一十年迤往,人才辈出,去国兴邦,无尽国士栋梁。神女一曲隽永,一颂母校展新颜,青春永驻,地久天长。再咏莘莘学子比仙子,乘书卷清风谱新曲,波举云裳朝天阙,余音绕梁。掩卷铭记,明德新民,止于至善。开新篇,风入松声如天籁,听我辈再奏华章。

三、杨奕校友雕塑创作访谈

1. 你是如何产生设计这件雕塑送给母校的想法的?

我们这一代得以在适龄阶段考入大学,得益于国家结束十年动乱,进入改革开放的新时代。这不仅是发生在包括我在内的一批青年人命运上的重大转折,更是一桩能反映在我们身上的,事关时代变革、改革开放的典型事例。

适逢母校河南大学110周年校庆,对于这所在曾经千千万万考生中,向我们招手、敞开大门的学校,每一位被录取的大学生都会一往情深地回忆起那个永远让人备受激励的年代。

特别对我这个当时正在部队服役的普通汽车兵,能够获得极其稀缺的,选拔部队优秀士兵参加全国高考的名额,已经不能用百里挑一、千里挑一的词语来形容了。更奇迹的是,因为当时的信息不畅等原因,我没能获得如期参加所报考艺术类专业的复试通知。当两天后部队领导员群锁连长和袁副指导员带着我,找到已经准

▷ 雕塑《大河泱泱》设计制作模型

备撤收的高招考场,向河南大学设在洛阳考点的主考官马岭老师讲明情况。马老师当即向省高招办请示,并获得批准:考场和监考人员不撤,在以后的两天里专门为我一人开设复试考场……

这在当下几乎是无法想象的事情,就奇迹般地发生在那个时代,发生在改革开放初期,一片热忱为国选士的部队领导、互相素昧平生、爱才惜才的大学老师和我这样一个普通年轻人身上。

试想,仅此就足以使一名后来被录取的考生和毕业于这所大学的学子,在思想和情感深处刻录难以磨灭的印记。由此产生的为自己母校做一点事的念头实在是自然又自然的事。

2.设计制作这件雕塑的过程是怎样的?

河南大学的毕业生,人才济济,各领风骚。作为在校学习美术,毕业后又多年从事文化工作和专业美术创作的我,应该立足本职工作,拿出学到的本领,为学校做事。哪怕对这所百年老校来说微不足道。因为这并不妨碍我和校友们群策群力,把事情做得经典一些、隽永一些。

特别是我现在正根据全军要求,为部队规划、指导军营文化建设,设计、监造一批又一批军史、部队史雕塑,积累了一定的实践经验。如果能够借此为学校制作一尊形象比较艺术、贴近校园文化又有校园装点作用的雕塑不是很有意义吗?

在北京校友会研究为母校110周年校庆致贺问题时,我提出这个创作建议。其意义与可行性方面,我考虑:其一,这不仅是我一个人的创作冲动,但凡从那个时代走过来的校友,都容易想到一块儿,形成共同心愿。其二,身在首都的校友应该有与之相应的视点与心气儿,况且我们又有这方面人才和能力。实现这个创意可以动用最少的人力,但又集中更多人的心愿与关注,达成确立具有较高审美价值和能够长久保留的标志性、艺术造型的目的。特别在北京疫情正紧迫的现实情况下,这个方案更具有可行性与可操作性。

▷ 到北京房山石材厂考察制作雕塑石材

3. 这件作品是怎样集中了北京校友心愿与各种努力的?

这件作品的创作建议提出后,北京校友会常务副会长陶襄萍老师等人先是分头与各方面酝酿,于 2022 年年初,北京校友会集中研究各种意见,确定了包括这尊雕塑在内的围绕校庆展开的几项工作。

随后,陶襄萍校友又多次约集校友会常务理事和秘书处的校友,对北京雕塑材料、承制厂家和制作地点等进行实地考察(最远到房山调研汉白玉石材等),一步一步地推向实施。特别要指出的是:这一切是在疫情期间,相关工作不便开展的情况下,大家利用休息时间脚踏实地干出来的。

雕塑作品就区区一件,但看因为版面、字数有限而被一再精简的指导和监制人员名单,就能理解这也是群策群力的结果。

▷ 北京校友会校庆雕塑《大河泱泱》献礼仪式

对于一件代表群体意志的作品，出思想、出创意也包括在创作、设计概念之中。陶襄萍老师作为参与谋划和具体创作，集中大家的思想、提议、建言，梳理成设计思想，从创作角度归纳成文，充实、完善和提升作品意蕴，使有限的雕塑之形向无限的思想、情感境界拓展、延伸。

你看，作为题目的"大河泱泱"又具有"泱泱河大"的双关意联。有母校的期望，也有学子对母校的回望。就像王立群教授的歌词《我的大学》所述："走遍万水千山，从未走出你的视线"。我们没有淡出母校的视野，母校也没有淡出学子的视野。

不是吗？你从雕塑那优美的曲线造型，可以看到从书卷中涌起的黄河浪花，像母校、像女神无私的托举；是不是又可以从乘风而起的神女回望并悠扬演奏中听到从天上传回的深情乐音？

大河泱泱，涛声依旧，河南大学的师生汇成互动的泱泱之势，奔流不息，向着日出的东方、向着苍茫的大海，奔腾永远！

这也正是我们对母校的祝愿！

（本文图片由北京校友会提供）

校庆献礼歌曲创作纪实

北京校友会秘书处 护理学院 2009 级汤湘伦、
药学院 1997 级王正帅、外语学院 2000 级丁富彦

为了向河南大学 110 周年校庆献礼,抒发爱校情怀与赤子之心,展示校友风采,北京校友会特地策划了校庆歌曲创作项目等。四世同堂的北京校友组成了创作团队,历时近一年,在防疫抗疫过程中,齐心协力完成了校庆献礼歌曲音频制作,令人振奋不已,可歌可赞!

一、歌曲《我的大学》音频创作团队与创作时间轴

创作团队:

作　　词:王立群

作　　曲:张　纯

编　　曲:玺　儿

演　　唱:屈　歌

伴　　唱:玺　儿　董宏蕾

指　　导:王立群　张　纯　郝文勉　孙伟国　李玉玲

朗　　诵:张政法

总策划:陶襄萍

音频制作人:玺　儿　陶襄萍

监　　制:屈　歌　王正帅　丁富彦

2021 年 4 月 17 日,陶襄萍校友诚挚邀约王立群教授撰写校

庆献礼歌曲歌词。半月后,立群教授即完成了《我的大学》初稿,拉开了北京校友会校庆系列活动序幕。

2021年5月5日,陶襄萍校友把立群教授写的歌词转发给张纯校友。2021年6月20日,张纯校友完成了《我的大学》谱曲工作。

2021年6月21日开始进行录制试唱音频小样工作。陶襄萍校友把《我的大学》旋律谱先后发给了李玉玲校友、彭忠校友、李乐校友、屈歌校友、李明玺(玺儿)校友等专业歌者。张纯校友把歌谱发给了李艳秋校友。美声唱法、通俗唱法、民歌唱法、混合唱法等等,风格迥异,交相辉映,抑扬顿挫,目不暇接,难分伯仲。

2021年11月23日,经过张纯校友耐心细致的作曲歌词讲解,更有王立群教授的诗词文化教诲,还有郝文勉校友的专业指导,陶襄萍校友借鉴了《河南大学校歌》歌词,在保留立群教授原创基础上提出了"大美礼堂""三世缘""书声琅琅悠且长""薪火相传永无疆"等建议,得到了张纯校友与立群教授的认可,歌词旋律谱基本定稿。

就像击鼓传花一样,玺儿校友主动承担了编曲配曲工作。经过了校友专业人士反复试听、研究,最终又确认了由男中音屈歌校友来演唱《我的大学》,以诠释河南大学的悠久文化与厚重历史。

2022年3月,李明玺校友加班加点完成了《我的大学》编曲配曲工作。屈歌校友百忙之中两次莅临录音棚,精益求精地录制《我的大学》。陶襄萍校友、王正帅校友、丁富彦校友客串了总策划、制作人与摄影师角色。

2022年5月,张政法校友在玺儿配曲背景下朗诵了立群教授的歌词《我的大学》。屈歌校友的倾情演唱与政法校友的深情朗诵均获得了立群教授和大家的好评!

一枝独秀不是春,万紫千红春满园……希望大家对校庆歌曲与创作团队有更深入的了解,以实际行动践行校训,积极参加校友志愿者活动,星火燎原,薪火相传。在此,致谢所有校友志愿者!

二、部分主创人员采访实录

1. 屈歌校友采访实录

受访人：屈歌（河南大学 1996 级音乐系，就职于首都师范大学）

访谈人：汤湘伦（河南大学护理学院 2009 级校友，就职于北京市盈科律师事务所）

问：屈师兄，请您介绍一下在河南大学的经历，在河大时有哪些令您印象比较深刻的人和事？

屈歌：我 1996 年考入河南大学音乐系，那时候河南只有河南大学有音乐本科这个专业。要说在河大上学的时候，有哪些比较深刻的人和事啊，这个还真不是一句两句能说得完的。我的辅导员是姚红卫老师，他自己也是非常上进的一位老师，他在自己努力学习的时候也要求大家像他一样努力学习。那时候全校出早操的估计也就只有我们班，一直这样坚持下来，虽然大家当时可能还有一点儿想不通，但是后来我们班 48 个人，硕士、博士加起来有 30 多人。姚老师后来在上海音乐学院念博士，现在在上海师范大学工作，我觉得他对我们的影响真是非常大。

除了姚老师，还有赵为民老师、王思琦老师等，他们那种不断上进的求学精神，给我们带来很好的引领作用。我还想特别说一下我的声乐专业课老师——翟学京教授。考大学前，我并没有见过翟老师，仅是知道他是一位专业好又教得好的老师。我是已经到学校报到后，才壮着胆子直接去琴房找他，老师听我唱了两首歌后，答应收下我。就这样，我很幸运地成为翟老师的弟子，开始了我们大学四年乃至一生的师徒情缘。在学习之余，翟老师和师母韩进教授对我们极为关爱，隔三岔五地把我们叫到他们家打打牙祭。每每这个时候，翟老师总会用轻松、幽默的语言和我们聊天，甚至开一开小玩笑。我们知道他是用这种方式祛除我们的拘谨，让我们更放得开、吃得多(笑)。

总之,有太多的老师给了我们各种各样的关心照顾以及在学业上的教诲,所以想到河南大学,想起大礼堂,想起我们原来的艺术学院,心中马上就充满了无限的温暖,这个也是我们后来在不断前进的道路上,源源不断的动力所在。

▷ 献礼歌曲部分主创人员录音棚中合影

问:您觉得河大的经历中哪些对您后来的影响比较深?

屈:1996年入学之后,我有幸参加了河南大学纪念长征胜利60周年的纪念活动。当时是举全院之力,全部老师同学都参加了,我们当时把黄河大合唱乐章整个演下来,那是对河南大学整个艺术教育和音乐教育专业的一个大检验。

那是第一次现场听到乐队的声音,大家用了很长时间一起排练这些节目,这是非常难得的一次艺术实践的机会。到最后去郑州演出,反响也非常好,这个事情对我们后期组织活动,或者在活动中与人沟通协调,都产生了非常深远的影响。

印象最深刻的还有2000年我们毕业的时候,当时在姚红卫老师的带领下,我们班组织了一次最终的汇报演出,当时全班同学都参加了,大家各显其能。有少量的个人节目,其他大多都是大家一起合作的。我们2000年毕业,也是千禧年,我们最后大合唱唱了一个《跨世纪的新一代》,现在我对这个旋律还是记忆犹新啊,当时也是姚老师给我们排练,所以那种同学情谊,现在想一想也是非常让人怀念。

问:请您跟我们分享下您参加北京校友会活动的情况?

屈:大学毕业之后我先去部队工作了几年,然后又到中央音乐学院读研,再后来又回到了河南理工大学工作。几年之后,又考学到中央音乐学院读博。这样,我从2011年开始了在北京的生活。中央音乐学院3年博士生活毕业后,2014年又到解放军总医院耳鼻喉科嗓音诊疗中心做嗓音康复、嗓音发声生理等方面的研究,于2020年进入首都师范大学工作。

在这期间,尤其是在博士后阶段,就开始参加北京校友会的活动,活动组织者陶襄萍老师是我们北京校友会的负责人,对我们非常关照,每一次搞活动都不遗余力,组织得非常得力。我们还有很多其他校友,对我们校友会的活动给予很多支持。

自从我跟北京校友会联系上之后,基本上每次活动我都参加,尽我自己的这个专业所长,如果有需要的话我也是会积极参与。

问:请您跟我们分享下您参与创作校庆歌曲的情况?

屈:这一次校庆歌曲的创作,词作者是王立群教授,我当时读到这个词就特别有画面感,特别亲切,让人一下就想起来原来在河大生活的点点滴滴,我觉得特别温暖,特别深情。

这首歌的曲作者,是张纯老师,我在河大上学的时候,张纯老师和他的夫人王红老师都是我的老师,我有幸参与这首歌的演唱,这首歌的录音、编曲由咱们的校友玺儿来做的,所以也一并感谢为这个歌曲付出辛勤劳动的各位校友。

问:在参与创作校庆歌曲过程中有什么感想?

屈:其实在刚开始准备这个歌曲的时候呢,我心里边儿还是有一点儿害怕,担心胜任不了这个工作,因为我知道这个歌曲有这么重量级的词作家,这么优秀的作曲家,都付出了很多,我们也希望最后能够得到很好的展示。

因为这首歌不仅仅是两位词曲作者,他们的深情厚谊在里边儿,同时是代表北京校友会给母校的一份献礼,所以我觉得责任重大,在演唱的过程中脑子里除了浮现在河大学习时候的场景,也会浮现这些年我们搞校友会活动的时候的场景,所以这首歌我觉得还是挺能打动人、唤起人、凝聚人的,对我来讲还是有着非常特殊的意义。

问:再次谢谢师兄,请您表达一下对母校110周年的祝福吧!

屈:在母校建校110周年这个特殊的时刻,祝愿我们的母校越来越好,培养出越来越多的人才,也希望我们的母校为我们国家的教育事业做出更大的贡献。

当年培育我们的老师,有的还在工作岗位上,有的已经退休了,我祝各位老师工作顺利,身体健康,心情愉快;也祝我们的同学能够取得更大的成绩。

2. 李明玺校友采访实录

受访人:李明玺(河南大学药学院2003级校友,歌手)

访谈人:汤湘伦

问:玺儿学长您好,相信很多校友对您已经很熟悉了。不过在咱们访谈的开头,还是想请您再介绍下自己。

李明玺:我是2003年进入河南大学药学院,学习药学专业。2007年的夏天,我大学毕业就来到了北京一边找工作一边想继续学习音乐。一开始找了一个酒吧唱歌的工作,后来觉得不太合适就没有继续了,偶然的机会接触到了音乐制作的工作,就这么边学边做到了现在。

问:母校有哪些让您印象深刻的人和事儿?

李:很幸运的是在校期间,我遇到的老师都对我非常好,印象深刻的是学校里的辅导员白桦老师、谢纳泽老师,专业课的几位老师、学院领导,包括我在校期间因为热爱音乐也认识了艺术学院的王思琦老师、校外琴行的石峰老师和当时管理医药护校区礼堂的刘老师,还有很多老师。他们都是我的贵人,在大学期间给了我很多帮助。非常感谢他们对我这样一个顽劣的、爱惹麻烦的学生无差别的包容和照顾。再次真诚地向各位老师鞠躬致敬!

问:我知道您在母校读书的时候就有自己的乐队,担任103入侵乐队的主唱。现在回想起那段青葱岁月,您有什么感想?

李:组建自己的乐队是每个男孩子心中的梦,我高中就开始玩乐队,大学期间也组建了自己的乐队,名字就是以自己的宿舍编号103为基础命名的:103入侵乐队。现在回想起来,更多的是羡慕那时候无忧无虑、无拘无束的我们,天马行空、肆意妄为地表达。因为乐队我获得了更多的关注,也有机会认识和接触到更多志同道合的好朋友(包括女孩子),这使得我终身都受益。

问:您毕业后一直坚持在音乐的道路上,音乐对于您来说,意味着什么?

李:音乐对我来说是第二种语言,比起说话,我更善于用音乐来表达自己;我成长中,它给我自信;激动或难过时,和我一起宣泄;现在它也是我赖以生存的根本。可以说音乐就是我形影不离的伙伴,是我认识世界和他人的窗口。

问:2014年您参加《中国好歌曲》,并加入杨坤老师的原创音乐大碟,能不能跟我们分享下,这些经历对于您的意义?

李:这个节目给了我让更多人认识我的机会,给了我更多继续做音乐的自信和动力,让我交了好多音乐上的新朋友,节目的

Title 也会让我提高一些收入,这个很关键,哈哈。

问:校庆歌曲《我的大学》的编曲是以河南大学校歌引入的,对于河南大学校歌您有没有什么特殊的情感,跟我们分享一下?

李:河南大学的校歌是我深深烙在心里的歌,我相信每一个同学一辈子都忘不了,离开学校以后会经常和同学在聚会时唱起。其实在校时并没有完全理解这首歌的深意,但它就像一条细细的小溪,在我离家踏入社会的这么多年,一直流在我心里那片草原上,滋润着它,让它没有断掉最源头的信念,不会变得荒芜。"嵩岳苍苍,河水泱泱,中原文化悠且长。"这种文化底蕴和自信一直都引领着我。很多歌曲是成长了以后才能慢慢完全理解的,这首歌对我来说也是。

问:河南大学北京校友会在每年都会举行一些校友活动,您作为咱们医药护分会的一员,在京期间参加了不少的校友活动,能不能讲一下您的感受?

李:其实每次活动都是组织和策划的校友们更辛苦,他们都在默默地付出。我也非常荣幸能被校友们认可和邀请,希望未来不管是否在我擅长的领域,都能更多地为学校和校友们多做贡献,尽小小一份力。

问:您为母校创作的另一首歌《我的母校》我听完以后感觉特别的温暖,旋律也特别朗朗上口,相信传唱度会非常高,里面有没有哪句歌词是您特别喜欢的?能否谈一下您创作这首校庆歌曲时候的一些小故事?

李:母校要举行校庆,作为其中的一分子,我本就非常想通过擅长的方式来表达对母校的爱意,去年底正好又收到陶襄萍学姐代表校友们的邀约,决定用一种流行音乐又带一点校园清新曲风的方式创作一首歌曲,那些在学校里美好的回忆、对学校的感恩和美好的愿景就都写了进去。歌词里"我会努力也保持善良,我会传递光明的信仰。"是我对母校的承诺,也是母校教给我且秉持的信念。

问:母校110周年校庆之际,咱们北京校友会的校庆寄语是:大河泱泱,桃李芬芳,明德新民,国家栋梁。那么,您有什么祝福的话,说给我们的母校和学弟学妹们?

李:母校肯定是会一直屹立和繁盛的,我祝所有校友们都能在自己的道路上硕果累累,也希望有更多的朋友了解和喜欢我的母校:河南大学!

学弟学妹们,我和你们一样,也正在为生活而奔波,也会为琐事而烦恼。我会和你们一起继续加油的。如果你们有足够的能量,希望你们能传递给身边的人;如果你们遇到困难,也一定不要害怕或不好意思寻求帮助,大胆地表达自己,这是个充满爱的世界。

问:感谢玺儿学长,祝您一切顺意,在音乐的道路上有更好的发展,希望您多回母校,继续关注母校的发展。

李:谢谢,感谢校友们的支持和帮助,辛苦湘伦学弟。我会一直关注和支持母校的!

我的母校

词曲：玺儿

1=#C 4/4
♩=68

5 5 5 5 5 4 3 4 5 5 1. | 3 2 2 1 2 —
华夏 文明 的母 亲河 畔 是我的母校

5 5 5 5 5 4 3 4 5 5 5. | 3 2 2 1 2 0 1 2
她曾 经历 过战 火纷 飞 风雨中飘摇 滋滋

3 5 1 1 1 2 3. 5 5 1 | 6 — — 0 1 2 | 3 5 5 5 1 5 5 5 6
地教导 辈出有 为年 少 百年变 迁多 舛仍 屹立不

5 — — — | 5 5 5 5 5 4 3 4 5 5 1 1 | 3 2 2 1 2 —
倒 我也 在 这 里沐 浴学 海 和 同学们打闹

5 5 5 5 5 4 3 4 5 5 1 1 | 3 2 2 2 1 6 0 | 3 5 5 5 1 5 5 5 6
铁塔 湖上 的清 风吹 来 翻开课本一角 风情万 种不及你的

5 — — — | 5 5 5 5 3 5. 5 5 3 | 6 - 7 0 5 ‖: i 7 i 1 1 0 i 2
好 河南大 学我 的母 校难 忘的时光 总是

3 2 2 i 2 2 0 5 | i 7 7 1 1 0 i 2 | 3. 2 2 i 6 6 —
在心中 激荡 老师的 嘱托 一直伴 着我 成长

$\dot{3}$ $\overset{\frown}{55}\overset{\frown}{51}\overset{\frown}{5556}$ | $5---$ | 3 $\overset{\frown}{51}\overset{\frown}{12}\overset{\frown}{32}\overset{\frown}{21}\dot{1}$ | $6---$ | 0000 |

我　会努　力也保持善　良　　　我　会传　递光明的信　仰

0000 | 0000 | 0000 | $\overset{\frown}{55}$ $\overset{\frown}{5}55$ $\overset{\frown}{43}$ $\overset{\frown}{45}51$ 1 |

华 夏　文　明　厚重　大地　上　你

$\overset{\frown}{32}\overset{\frown}{22}1$ $2-$ | $\overset{\frown}{55}$ $\overset{\frown}{5}55$ $\overset{\frown}{43}$ $\overset{\frown}{45}51$ 1 | $\overset{\frown}{32}\overset{\frown}{22}1$ $6-$ |

长得枝繁叶　茂　四季　轮　换 桃李　更不　断 已　散落天涯海　角

3 $\overset{\frown}{51}\overset{\frown}{12}$ $2\overset{\frown}{5}$ $\overset{\frown}{55}\overset{\frown}{56}$ | $5---$ | 5 $5\overset{\frown}{33}\overset{\frown}{55}.$ $\overset{\frown}{55}\overset{\frown}{3}$ | $6-705$ ‖

千　姿百　态 都是　你的　骄　傲　　永　远感　恩我　的　母校　难

$0.$ $\overset{\frown}{51}$ $\overset{\frown}{71}\overset{\frown}{7}$ $\overset{\frown}{11}\overset{\frown}{1}$ 05 | $\dot{1}$ $\overset{\frown}{71}\overset{\frown}{7}$ $\overset{\frown}{11}\overset{\frown}{7}$ $\overset{\frown}{1}\dot{1}$ |

在迷　茫的　路　上　　你　是 明灯　为我　照亮

$0\dot{1}$ $\overset{\frown}{71}\overset{\frown}{7}$ $\overset{\frown}{75}$ $\overset{\frown}{44}$ | $\overset{\frown}{43}.$ 300 | $0.$ $\overset{\frown}{51}$ $\overset{\frown}{71}\overset{\frown}{7}$ $\overset{\frown}{11}\overset{\frown}{1}$ 05 |

用 心生 活 也不　弃梦　想　　　　岁月　走的　匆　忙　身

$\dot{1}$ $\overset{\frown}{71}\overset{\frown}{1}$ $\overset{\frown}{71}\overset{\frown}{2}$ $\overset{\frown}{3}3$ | $0.$ $\overset{\frown}{52}$ $\overset{\frown}{12}\overset{\frown}{22}\overset{\frown}{12}3$ | 4 $\overset{\frown}{31}\overset{\frown}{14}\overset{\frown}{31}2$ 2 |

边 的人　来来　往往　　却念 念不　忘那些 年 萦绕　菊花的 芳　香

D.S.(结束句)(渐慢)

$2--05$ ‖ #$2.$ $\flat 2 2\sharp 2\flat 2$ $\dot{1}2.$ | $\dot{1}---$ ‖

难　永　驻　心中的　信　　仰

▷ 李明玺创作歌曲《我的母校》词曲

（本文图片由受访人提供）

我的冬奥之旅

护理学院 2015 级　李阿漫

2008 年夏季奥运会在北京盛大开幕的时候,是我小学五年级的暑假,11 岁的我吃着冰棍看着电视机里流光溢彩的烟花脚印,听着扣人心弦的击缶声,在淡雅的水墨画中,在火红的金歌热舞中,在奥运圣火缓缓地点燃过程中,感受到我们向世界传递着中国的声音。随后的十几天里,我看到了各国奥运健儿的英姿飒爽,听到了观众朋友的呐喊助威。望着东方的那一抹红,我心潮澎湃。我想,如果有一天,不管以什么样的身份我也能参与到奥运会该有多好!14 年后这个愿望实现了,通过层层选拔,我成为 2022 年北京冬奥会的一名工作人员,14 年间我已从一名小学生成长为一名硕士研究生,有幸参与到此次世界盛会,激动万分。

我目前就读于首都医科大学,是护理学院三年级的研究生,从 2020 年 11 月份开始,我就进入冬奥组委和首钢滑雪大跳台场馆进行全日制的工作。我担任的是医疗协调员的职务,协助医疗经理统筹协调医疗保障工作:编写医疗保障的方案、制定医疗风险清单、拟定演练救治脚本并推演和演练、协调处理突发医疗事件、多部门沟通处理问题、文件翻译、后勤保障等等。我们通常在比赛训练开始前 2 小时到岗,结束后 2 小时离开,每日最长的工作时间超过 18 个小时。

刚刚进入场馆工作时,场馆团队成员只有 16 人,办公条件简陋,医疗保障资料空白,我就跟我的医疗经理两个人搜集资料、查阅文件,完成了上百份的医疗文书记录,为后来的医疗保障资料库奠定了基础。我自己也在克服着每天4个小时的通勤问题,平衡着冬奥实习和学业的时间分配。但是,看到医疗团队的逐渐壮大,演练流程越发顺利流畅,冬奥会场馆获得了两块中国金牌,自己成就感的喜悦将之前的困难乌云一扫而光。

▷ 李阿漫在冬奥会做志愿者

在这近400天的实习生活中,我也有很多印象深刻的事情。我记得2021年11月孙春兰副总理来到首钢滑雪大跳台考察医疗站情况的时候,我穿着隔离服,站在医疗站,跟副总理介绍我们的医疗文书工作。孙副总理精神矍铄,对我们的医疗保障工作表示肯定,提出了很多建设性的建议,叮嘱我们要在家门口做好待客工作。除此之外孙副总理很暖心地说,你们辛苦了,你们是国家的骄傲。这是我跟孙副总理离得最近的一次,她的关怀让我倍感暖心。2022年2月4日我有幸成为一名现场观众,在鸟巢观看盛大的冬奥会开幕仪式。现场的震撼和感动无以言表,在升五星红旗的时候,我一边唱着国歌,一边禁不住留下滚滚热泪,我为生为中国人感到骄傲,我为祖国的繁荣富强感到自豪。2022年2月的时候,国际雪联医疗官珍妮·舒特女士在场馆考察的时候,我当时担任了陪同接待和翻译的工作,在介绍完医疗工作陪同她去餐厅就餐时,珍妮对我说:你真的很棒!这句赞扬极大地鼓舞了我,我深受感动。

　　除了完成医疗保障的一些任务,我也是医疗领域高校志愿者的管理者。我们的志愿者是来自首都医科大学的大三或者大四的同学,大家在赛时来到场馆辅助完成一些任务。作为他们的学姐,我把自己掌握的工作技能耐心地教给他们,同时关注每个志愿者的心理状态,跟每个人都聊天谈心。我记得有个同学不能吃辣,就去跟餐饮领域协调每天为她专做素餐;我记得有同学对分配岗位不适应,就跟负责的老师沟通将她调整到其他合适的岗位继续工作;我记得有同学违反了场馆的纪律,立即跟相关领域核实情况,在规定允许的最大范围内,给予宽大处理等。结束离开的时候,有同学给我发信息:阿漫学姐是我见过最好的学姐;阿漫学姐很辛苦,谢谢您。看到这些,我觉得自己的一切付出都是值得的。

　　经过这段时间的锻炼与学习,我结识了朋友,收获了很多友谊,逐渐理解了管理与沟通的重要性,深刻体会到举办大型赛事活动的背后需要付出多少心血。当遇到工作、学习和生活中各种繁杂的事情时,我已经能够更加理性和从容,学会了有序应对和统筹安排。离开家乡,异地过了两个冬奥年,家人的鼓励和理解也让我的内心倍感温暖。

　　倾力冬奥,自豪满怀!相信多年以后回想起来,这段服务保障冬奥会的时光依然会闪烁着熠熠光彩,值得我用心用情珍藏和铭记。

(本文图片由作者提供)

我的冬奥志愿者故事

体育学院 2016 级　齐亢亢

我是齐亢亢，目前是北京师范大学体育与运动学院 2020 级体育教育训练学的硕士研究生，本科就读于河南大学体育学院体育教育专业。

▷ 齐亢亢成为冬奥会志愿者

冬奥会是冬季运动项目的最高盛会，能够在这个平台上成为一名光荣的志愿者是体育人心中的梦想。我读本科期间就报名成了冬奥会志愿者，尽管读研究生期间错过了学校的第一批志愿者选拔，但是通过努力，最终还是赶上了冬奥会这趟梦想列车。冬奥会是中外体育交流，展示中国良好形象的重要窗口。作为新时代的青年党员，我被选拔上的那天就暗下决心，我们有责任和义务去把自己最好的一面、把中国最好的一面展示给国际友人和世界，同时在冬奥会期间结交许多志同道合的伙伴，丰富自己的人生阅历，实现自我成长，自我进步。

在冬奥会和冬残奥会比赛期间，我的岗位是国家体育馆反兴奋剂领域陪护员岗位，主要负责通知运动员接受兴奋剂检查，并在其比赛后下场直到检查完毕的陪护工作。在确定成为反兴奋剂业务领域的志愿者后，我和伙伴们接受了反兴奋剂理论、实操以及情景模拟的全英文测试，经历了十余场考试，才初步具备反兴奋剂业务领域志愿者的能力要求。而这仅仅是开始。上岗前我们的团队还开展了一场又一场的头脑风暴，两人一组用英文模拟了很多个运动员可能出现的突发状况及应急预案，从运动员下场到赛时更衣室、新闻采访区、颁奖区再到兴奋剂检查站，这条流线我们走了无数遍，只为在陪护过程中确保零失误。我们需要在比赛前几个小时就到达场馆，在赛后兴奋剂检查结束后才能离开。这就意味着有时我们要凌晨5点起床6点出发，有时晚班到凌晨一两点钟才能下班。在工作期间，我们要全程陪同运动员，确保运动员的一举一动都在视线范围之内。由于是与运动员进行直接接触，所以对专业业务水平和英语交流能力要求非常高。比如在陪护期间，有的运动员对于兴奋剂检查可能是"身经百战"，已经对兴奋剂检查流程较为熟悉，不需要我们太多的沟通就能顺利带到检查站，而有的运动员则是"初出茅庐"，需要我们全过程沟通流程，还需要密切关注运动员在检查中的各种行为，尽最大可能避免出现兴奋剂违规行为，一旦有可疑行为，需要进行记录并完整且详细地报告相关情况。

印象比较深的是我的一位小伙伴在执行陪护任务时，由于这个队刚刚输掉一场关键比赛，而陪护的运动员又是主力队员，所以在比赛后找到下场的运动员告知身份时，运动员带着情绪说了一句不太好听的话,比较激动。此时小伙伴展示出志愿者的专业素质和能力,没有让运动员的负面情绪影响到自己,待运动员的情绪稍微平复后,依旧真诚地告知通知程序,而这个运动员在结束检查后也对我们竖起了大拇指。所以意外情况随时会发生,这些都需要我们熟练地掌握业务能力,反复地进行打磨。志愿者是对外展示形象的窗口,我们的一举一动都会被放大,所以适当换位思考,站在别人的角度上思考问题,可能我们的工作会做得更加出彩。

作为一名体育人,我觉得我的专业培养了我自信、乐观和不畏艰难的意志品质。我们14个人是学校仅有的服务冬奥会和冬残奥会的志愿者,从进入闭环到结束隔离一共是76天,其间我们与外界无任何接触。所以这次志愿服务的时间跨度之长,封闭时间之久,对我和小伙伴们来说还是一个不小的考验。因此在不耽误工作和遵循防疫要求的情况下,我和我的小伙伴运用所学的知识,充分利用驻地的空间,进行简单的体育锻炼活动,我们相互鼓励,确保自己的身体和精神都能保持活力,在志愿服务时不懈怠,战斗到底。

国际奥委会前主席罗格对志愿者给予高度评价:"没有他们,这一切都不可能实现。"正如国际奥委会主席巴赫在北京2022冬奥会闭幕式所言,"你们眼中的笑意温暖了我们的心田,你们的友好善意将永驻我们心中"。我觉得志愿者在北京冬奥会上书写下了精彩的志愿服务,弘扬了奥林匹克精神,志愿者的微笑是中国最好的名片。对于我来说,冬奥会志愿者不仅仅是一份经历,更是我生命中的高光时刻,是我倍加珍惜的荣誉。冬奥志愿者给我上了一堂大大的思政课,在志愿服务中我深刻感受到了荣耀感、自豪感和使命感。河大一位老师曾经给我们讲我们以后要了解体育,懂体育,传播科学的体育,做一个有情感的体育文化人。我这次志愿者的经历也印证了老师的话。的确,作为一名体育人在服务冬奥的经历中,充分了解冰雪运动,感悟奥林匹克精神,在服务社会、帮助他人当中得到锻炼和提升,这将成为我今后工作岗位上的宝贵财富。作为冬奥会专业志愿者我们何其荣幸,经历后才知道,每一个志愿者背后也有无数的工作人员,他们默默地照顾着我们,因此我要向每一位为冬奥会做出了贡献的人表示由衷的敬意。"奉献、友爱、互助、进步"的志愿者精神真真切切地彰显在本次冬奥会,小伙伴们的团结协作、互相进步的行为让我感动了一次又一次。中国冬奥冰球队、冬残奥冰球队在赛场展示的勇于拼搏、突破自我的精神更是令人激动不已。

在今后的学习生活中,我愿意继续作为一片"燃烧的小雪花",去温暖身边的人。

（本文图片由作者提供）

护佑生命，抗疫有我

——北京校友抗疫剪影

北京校友会秘书处

护理学院 2009 级汤湘伦、药学院 2005 级孙磊

河南大学北京校友会医药护专业分会于 2016 年 5 月 2 日正式成立。校友总会在贺信中说，北京作为京畿之地，是全国政治、经济、文化的中心，驻京校友在各自领域取得骄人成绩，为母校赢得了荣誉，母校为你们感到骄傲和自豪。广大校友长期关注母校，宣传母校，支持母校发展，母校深表感谢。校友是学校的宝贵财富，母校也一直牵挂、关心着校友。希望医药护专业分会成立后，在北京校友会的指导下，积极开展工作，加强校友间深度融合，提升凝聚力和向心力，成为河大精神的传承者和传播者，促进校友与母校事业的共同进步。医学院、药学院、护理学院、第一临床学院、淮河临床学院等母校领导到会祝贺。他们希望医药护专业驻京校友铭记校训，勿忘母校，常回家看看。

作为众多分会中的一员，医药护专业分会在母校河南大学的真诚呵护下，在河南大学北京校友会的直接领导下，广大医药护专业校友的积极参与，各项工作均取得较大进步，受到母校领导和校友们的赞誉和好评。尤其在新冠肺炎疫情肆虐期间，校友们不畏艰难困苦，坚持救死扶伤，治病救人，积极奋战在医疗战线，用实际行动践行着"明德新民，止于至善"的校训。

贺　　信

河南大学北京校友会医药护分会：

欣闻北京校友会医药护分会成立，谨此向北京校友会及医药护专业驻京校友表示热烈祝贺，并向参会的各位校友致以诚挚问候和良好祝愿！

北京作为京畿之地，是全国政治、经济、文化的中心，包括医药护专业校友在内的广大驻京校友，利用所学知识，发挥自身专长，在各自领域取得骄人成绩，对经济发展、社会进步做出重要贡献，为母校赢得了荣誉，母校为你们感到骄傲和自豪。长期以来，广大驻京校友始终关注母校，宣传母校，支持母校发展，母校深表感谢。

校友是学校的宝贵财富，母校也一直牵挂着校友，关心着校友，通过校友会广泛联系、收集校友信息，为校友提供力所能及的帮助。校友会是我们校友的亲情家园、心灵港湾、联谊平台，希望医药护分会成立后，在北京校友会的指导下，积极开展工作，广泛联络校友，增进校友情谊，加强校友间深度融合，提升凝聚力和向心力，成为河大精神的传承者和传播者，并一如既往地关注和支持母校发展，促进校友与母校事业的共同进步。

最后，祝河南大学北京校友会医药护分会成立大会圆满成功！祝广大驻京校友身体健康、生活幸福、工作顺利、事业辉煌！

河南大学校友总会
二〇一六年五月二日

▷ 北京校友会医药护分会成立时校友总会发来贺信

医药护专业分会以"我参与、我奉献、我快乐"为根本宗旨,培养和发现了一大批热心公益、乐于助人,愿为校友积极奉献的中青年骨干力量。他们紧紧围绕"线上宣讲,线下活动"两条主线,开展丰富多彩的校友聚会活动,内容涵盖联谊活动、科研讲座、慈善敬老、嘉宾访谈、校企交流、职业介绍、书法学习、朗诵合唱培训、健康科普、服务母校等方面,切切实实让广大校友感受到母校的温暖与亲切,逐步形成一个连接母校和校友的坚实平台。

一、北京校友会医药护专业分会成立以来举办活动以及参与北京校友会活动的情况

医药护专业分会自成立以来,组织了丰富多彩的校友活动,也积极协助北京校友会开展各项活动,在京校友们乐于奉献,在北京校友会的各项活动中都活跃着他们的身影。

▷ 黄家强校友科研分享活动合影

2016年9月,医药护专业分会举行科研成果交流活动,黄家强校友作为主讲人,给大家分享了Car-T等最新分子生物的治疗手段和最新的进展,李运筹、陶襄萍、康鹏程和黄家强等20余名校友在活动中交流了自己的工作情况和科研成果。

2017年1月,北京校友会主办、医药护专业分会承办2017年年会,校党委书记关爱和与100多名在京校友参加了年会。基础医学院、药学院、护理与健康学院、第一临床学院等有关单位负责人到会祝贺。

▷ 2017年北京校友会医药护分会新春联谊会合影

2017年5月,北京校友会举行音乐基础培训活动,本次活动由医药护专业分会主办,由河南大学艺术学院李乐校友担任主讲,为大家介绍了乐谱知识、节拍、音节等方面的内容。

2017年6月,举办父亲节茶话会,活动主题为庆祝父亲节、祝贺李岳环等3位校友考上博士,欢送即将离开北京的3位校友。李运筹、陶襄萍、屈歌和20余名校友一起畅谈理想,分享考博经验,屈歌校友还为大家带来了钢琴演奏与伴唱。

2017年9月,北京校友会举办、医药护专业分会协办企业项目与资源共享交流活动。王颖、岳淑梅、陶襄萍、尚旭、朱广强等20多名校友参加了交流活动,大家分享自己的优势资源,增进了交流与合作。

2018年3月25日,医药护专业分会到位于丰台街道办的阳光敬老院参加爱心捐助、呵护老人的公益活动。王颖、岳淑梅、纠亚伟、苗润丰、朱广强等校友参加了慈善活动。

2018年4月15日,医药护分会在北京市香山公园举行户外健身爬山活动,活动主题为放飞心情、感受自然、爬山健身、加深友谊。

2019年春节前夕,在中国人民大学汇贤府,北京校友会主办,医药护分会与软件分会承办,举行了"筑梦健康,芳华永恒"北京校友迎新春联谊会暨明德健康公益讲堂活动。

2020年1月8日,在中国人民大学峰尚餐厅,北京校友会主办,医药护分会与软件分会承办,举行了庆祝新中国成立70周年北京校友迎新春联谊会暨明德健康公益讲堂活动。

2020年9月26日,北京校友会在中华世纪坛举行诗歌朗诵和合唱校歌等喜迎国庆活动,本次活动由医药会分会协办,陶襄萍、王正帅等10余名校友参加了活动。

▷ 2022年4月北京校友会为庆祝母校建校
110周年在奥林匹克森林公园举行健身活动

2020年11月28日,河南大学北京校友会在奥林匹克森林公园举行迎新暨"抗疫有我,健康生活"健步走主题活动,本次活动由医药护专业分会协办,为进一步丰富健步走活动文化内涵,增加活动的趣味性和挑战性,健步走活动同时增设河大校史校情及医学科普"趣味答题"主题活动。

二、河南大学北京校友的抗疫故事

作为"白衣天使",北京医药护校友在工作中救死扶伤,护佑生命。自新冠肺炎疫情暴发以来,在京工作的医药护专业校友们奋战在抗疫前线。他们坚守工作岗位,参与社区核酸筛查,不畏风险,克服困难,节假日无休,用自己的实际行动阐述着医者仁心。

就职于佑安医院的1980级的段钟平校友,2020年1月8日在北京校友年会明德健康公益讲堂,给大家分享了"肝病的预防与诊疗"。疫情暴发期间,他送医下基层,也经历了生病与手术及康复历程。病愈后他坚持出门诊,为病人解除病痛,积极开展科研活动,诠释着大医精诚精神。

就职于天坛医院的1982级王群校友,在武汉疫情暴发的时候,病房里有个病人就是来自武汉,是个密接者,科室里面的医护人员临时被封闭起来。当时王群校友正好出门在外,没有封进去,所以就担任了整个科室的物资采购工作。他从一线医生转变成了整个科室迫切急需的"后勤保障大后方",统计大家需要的各种生活物资,去超市采购,并想办法送进去,保证科室的正常运转。过程虽然烦琐而劳累,他却毫无怨言地坚持着。同时,王群校友在科研方面抓紧时间进行调研和计算,研究成人癫痫患者在疫情期间的心理情况,并写成文章发表,用科研的力量来帮助更多的人。以这样的方式在临床一线奋斗。

在疫情肆虐,豫南多家医院告急时,河南大学美国校友会与德国校友会及时准备医疗防护用品,支援河南基层医院。就职于北京大学第一医院的1982级陶襄萍校友,积极联系豫南两家医院院长校友,与国外校友会对接,传递防护用品信息,以解基层医院燃眉之急。疫情期间,为更好地为患者解除病痛,方便患者就医,她与同事们主动开启"节假日无休"工作模式,并严格执行医院感控

▷ 杨奕校友创作的抗疫漫画

北京校友会志愿者掠影 反哺母校梦魂牵

制度。她牺牲休息时间，认真整理医疗设备与临床资料，完善各项管理制度与应急预案，顺利完成科室搬迁任务。她还积极学习新技术新业务，开展科研工作，发挥临床医师与心理治疗师专业优势，运用心理学与临床专业知识，义务为患者做健康科普及心理疏导工作，努力践行现代医学模式，以实际行动防疫抗疫、护佑生命。

▷ 北京校友群英谱

就职于北京大学第六医院的2001级的王久菊校友，在疫情期间关注儿童学习情况与心理健康，开展线上讲座，培训家长对阅读障碍儿童进行学习辅导与心理疏导，保障儿童的身心健康。作为一名研究人员，她还调查了疫情下大学生的焦虑抑郁等精神状况，并发表文章。作为一个医务人员，她还积极参加核酸检测采样工作。

2014级医学院临床医学专业李戈校友系首都医科大学附属北京朝阳医院研究生。2022年5月北京疫情再次暴发，各个社区开始了每天一轮的大规模核酸筛查，已经超负荷的医院只能派出学生参与到外采核酸的工作中,炎热的夏天,工作结束衣服都会汗湿,但李戈校友说,看着满满的采样管,听见社区人民说的"谢谢",心里的成就感油然而生。虽说不是救死扶伤,但参与抗疫工作也很自豪。

就职于航天中心医院的2013级医学院临床医学专业张溥校友,多次参加了应急支援海淀街道核酸检测任务,多次参与新冠疫苗的接种及保障任务。

就职于国家心血管病中心中国医学科学院阜外医院的2006级护理学院护理学专业的朱志鸿校友,在疫情期间参与了本单位西山园区的防控管理,包括起草管理制度、应急预案,组织核酸采样及在现场沟通协调等工作。

像这样的校友还有很多,他们默默地为抗疫贡献着自己的力量,书写着人间大爱。厚厚的防护服让我们甚至都看不到他们的模样,只能通过他们衣服上写的字来分辨,但就是这么一群被叫作"白衣天使""大白"的人,为我们的生命安全保驾护航。

北京校友会医药护专业分会在母校的关心支持和北京校友会的领导下,正成长为北京校友会中的一支坚强有力的队伍。值母校110周年校庆之际,医药护专业分会的校友们为百年母校献上最真诚的祝福,祝福母校越来越好,猗欤吾校永无疆!

(本文图片由北京校友会提供)

校友祝福寄语及书法美术音频作品精选

祝福吾校永无疆

河南大学 110 周年校庆祝福寄语

大河泱泱,桃李芬芳,明德新民,国家栋梁。

——河南大学北京校友会

庆贺母校一百一十华诞

祝母校 110 周年生日快乐!

——1950 级数理学院(物理专业)金击强

1951 级数理学院(数学专业)杜静远

上联:教育强国 科技启民 一百四十精英学子创中原现代学府之翘楚

下联:明德新民 止于至善 七十余万才俊校友展世界一流名校之雄风

横批:勇创双一流 挺进九八五

注:

一、"教育强国 科技启民"是河大首任校长林伯襄先生于 1921 年为河大设定的办学宗旨。当年 9 月招收首班学生一百四十名,百多年来河大学子笃定践行,代代相传,人才辈出,泽惠中原,福及全国。

二、"明德新民 止于至善"是 1936 年河大校门落成时,学校的大师们为河大拟定的校训。此校训寄意高远,河大人永志不忘,世代相传,展现了百年老校深厚的文化内涵和崇高的精神风貌。

百多年来,七十余万莘莘学子就是在此校训的熏陶下,一届届、一代代走向河南,走向全国,走向世界。

——1961级药学院张泽书

祝河南大学110周年华诞师生同乐,贺院士新校长反哺母校再立新功!

——北京校友会名誉会长李运筹

河南大学是我的第二故乡。我从求学、工作、一直到退休,亲眼见证了母校成长的艰辛、曲折和坚强。她自强不息、坚韧不拔,厚德载物、海纳百川,秉承"明德新民,至于止善"的校训,发展成为今天的省部共建、"双一流"、河南高校的领跑者,培养了一代又一代的国之栋梁。我由衷地为母校骄傲和自豪!在母校即将迎来110华诞之际,我衷心祝福母校越来越强盛、越来越辉煌!

——1977级药学院王颖

在河南大学即将迎来110华诞之际,我衷心祝福母校更强大、更辉煌!

——1977级药学院岳淑梅

河南大学110周年校庆即将到来,祝福河南大学在"双一流"学科建设方面,取得更大的成就!

——1979级中文系王立群

百年学府,盛世华章,学贯中西,万千栋梁,响彻寰宇美名扬!

——1979级艺术学院王小宁

昔日求学少年郎,今时平碌花甲翁,时光虽去四十载,难却一怀母校情！恭祝河南大学110岁华诞！

——1979级药学院康鹏程

河南大学110岁了。校训"明德新民，止于至善"应该在新的历史时期，做出应有的贡献。格物致知，诚意正心，能让年轻人真正走上属于他自己的、属于他跟这个时代友好互动的一条路。再加上"修身、齐家、治国、平天下"，应该是中国教育的道路。祝福我的母校在未来的高等教育中，一枝独秀。

——1980级化学系刘向阳

祝福母校蓬勃发展！发挥河南大学文史厚重的优势，培养德智体全面发展、爱自己爱世界的人。

——1980级化学系周晓蔚

时光荏苒，几十年转眼就过去了。我们这些学子不管走到祖国的四面八方，无时无刻不在牵挂着母校的发展与建设。我衷心祝愿母校在"双一流"学科建设中再接再厉，取得更大的进步。我以四句打油诗来表达对母校的心情，祝贺母校110周年校庆：风雨沧桑百年余，明德至善终不移。悬壶济世虽未竟，梁城校训在梦里。

——1980级医学院段钟平

在母校喜迎110周年庆典之际，作为一名饱受母校滋养的学子，我心中充满无限感念之情。回想当年河大求学的点点滴滴，虽然已经过去四十载，却仍然如在眼前。古色古香的老校门，为我开启人生的梦想。典雅雄浑的大礼堂，让我浸润深厚的学养。恩师们的无私教诲，助我步入传统语言学的学术殿堂。此情可待成追忆，深恩永志梦萦间。无论走到哪里，我都以铁塔学子的身份为荣，也为母校的快速发展深感骄傲。盛典在即，深深祝愿母校继往开来,再创辉煌,薪火相传,谱写时代新华章。

——1981级中文系王立军

热烈祝贺河南大学110周年校庆,也祝母校在"双一流"学科建设过程中取得更优异的成绩。

——1982级医学院王群

明德新民,追梦京华,饮水思源,薪火相传;
护佑生命,抗疫有我,微火成炬,止于至善。
猗欤吾校永无疆！祝福母校110周年生日快乐！
祝愿河南大学师生一起向未来,共谱新华章！

——1982级医学院陶襄萍

百十年风雨兼程,明德新民,桃李天下;新时代继往开来,奋发图强,止于至善。贺河南大学110周年。

——1982级医学院江其生

祝亲爱的母校110周年生日快乐,岁岁桃李,年年芬芳。

——1983级音乐系陈真

感恩母校对我的培养。祝母校110周年生日快乐,祝母校永远蒸蒸日上、欣欣向荣。

——1983级音乐系孙伟国

谨祝母校河南大学一百一十周年华诞！百年蕴存,永铸辉煌！

——1983级医学院黄家强

学校就是人才培养的接力赛中的一个环节,河南大学的价值就是接好了,精心培养几年,送出去的时候增加了学生的价值感和自信心。

——1984级数学系王子玉

感谢母校的教育之恩！祝福学校110岁生日！祝福母校越办越好！相信母校明天会更好！

——1985级药学院张建华

心底深处的那片天空属于母校,河南大学。她在中华民族灾难深重之际兴办,也必将在伟大复兴中涅槃。在母校百拾年华诞之际,给全体校友送上真诚的祝福！

——1987级物理系冉广照

在丹桂飘香的金秋时节,喜迎母校河南大学110周年校庆,年华流转,青春如歌,师魂绚丽如虹,师恩永留心间。祝福母校永远朝气蓬勃,桃李芬芳,继续创造金色辉煌,不断谱写绚丽华章！

——1987级物理刘文霞

值此母校110周年校庆之际,希望母校秉承"明德新民,止于至善"的校训,再创百年名校的辉煌。

——1988级生物系赵要风

在河南大学110周年华诞之际,祝愿母校以"双一流"大学建设为契机,承前启后,开拓创新,再创辉煌！

——1991级地理系李强子

祝母校110周年生日快乐,愿母校师生更上一层楼,游目骋怀。

——1997级药学院苗润丰

愿母校桃李满天下,祝老师幸福安康,望学子学业有成。

——1997级药学院周永刚

值母校110周年华诞,衷心地祝愿母校生日快乐,为祖国培育更多的优秀人才,开拓进取,勇于创新,再创河南大学新的辉煌。

——1997级药学院王正帅

时光飞逝,转眼间,已毕业22年,曾经在母校的美好记忆,如今仍然历历在目。在河南大学建校110周年之际,非常感谢母校对我们的培养。期待母校明天灿烂辉煌!祝福母校桃李芬芳!

——1997级药学院郑立松

在河南大学110周年华诞之际,祝愿母校以双一流建设为契机,创新发展.祝愿更多河大学子在伟大祖国建设中建功立业。

——1998级贸易经济周武广

在母校110年华诞之际,祝愿母校积历史之厚蕴,更展宏图,再谱华章。

——1998级药学院王坤

难忘母校,明伦校区的西操场,留下我们奔跑的身影;
难忘母校,九十年校庆的大礼堂,留下我们庆祝的声音;
难忘母校,二十年来多次梦回,我站在南门拥抱阳光;
难忘母校,西蓝花之战有我参与,教授毕业寄语多次播放;
难忘母校,明德新民止于至善铭记于心,猗欤吾校永无疆;
祝福母校,双一流再攀高峰,再展宏图,再谱华章!

——1999级体育学院刘沛

在北京祝母校110岁生日快乐,祝愿母校未来有更大的发展,为社会做出更大的贡献。

Happy birthday Henan University, my best wishes to you.

——2000级外语学院丁富彦

目光所及皆美好,踏足所处均畅途。祝愿母校繁荣昌盛!

——2000级计算机与信息工程学院常向魁

母校生日快乐!祝福您永远年轻,铸就更多高尚的人格,成就更多优秀的河大人。

——2001级药学院朱广强

河大埋藏着我的青春和灵魂,在外飘荡多远、飞翔多高,母校永远是我心安的地方。祝福母校110岁生日快乐!

——2002级法学院杜东林

祝愿母校积历史之厚蕴,宏图更展!再谱华章!

——2002级土木工程学院陈巍

喜迎110年华诞,继往开来,再铸辉煌。

——2004级医学院朱恩军

扎根京华,感恩河大,祝母校110岁生日快乐!

——2004级外语学院董世盼

知识的海洋,文化的殿堂,思想的宝库,精神的圣地。百年辛勤汗水结硕果,万里芬芳桃李满天下。

——2005级民生学院王小茜

在母校110年华诞之际,祝愿母校积历史之厚蕴,永铸辉煌,再谱华章!

——2008 级物理电子学院胡永华

百十华诞,母校生日快乐!

——2008 级土木建筑学院宋丹青

回顾过去,我们无比自豪。展望未来,我们信心十足。祝愿母校永远辉煌,永远充满生机!

——2009 级软件学院王玉杰

110 载风雨沧桑,110 载奋发图强,培育出万千栋梁,猗欤吾校永无疆! 祝愿母校宏图更展,再谱华章!

——2010 级药学院陈孟毅

110 年对于历史长河是转瞬即逝的一小段,但是对于母校是漫长和深刻的,无数铁塔学子遍布世界,为社会的进步贡献着自己的一份力量。身为铁塔的一分子我感到很骄傲,祝福母校为社会为世界贡献更多德智双优的学子,同时也祝母校生日快乐!

——2011 级软件学院陈福军

百十春秋,恰是风华正茂;百十历程,接续再谱华章。思念母校,祝福母校,愿母校永远辉煌! 祝老师们及海内外校友工作顺利、幸福安康!

——2011 级护理学院李芳芳

时光荏苒,岁月悠长,祝福母校 110 周年生日快乐,愿母校如月之恒,如日之升。

——2015 级护理学院李阿漫

祝母校110周年生日快乐,祝母校英才辈出,越来越好。

——2016级体育学院齐亢亢

"嵩岳苍苍,河水泱泱,中原文化悠且长……"在河南大学110周年华诞之际,祝愿母校乘"双一流"建设之风,继往开来,再创辉煌,猗欤吾校永无疆!

——2017级新闻与传播学院徐照朋

校友书法美术作品

▷ 1977 级中文系校友王刘纯书写的北京校友会校庆寄语

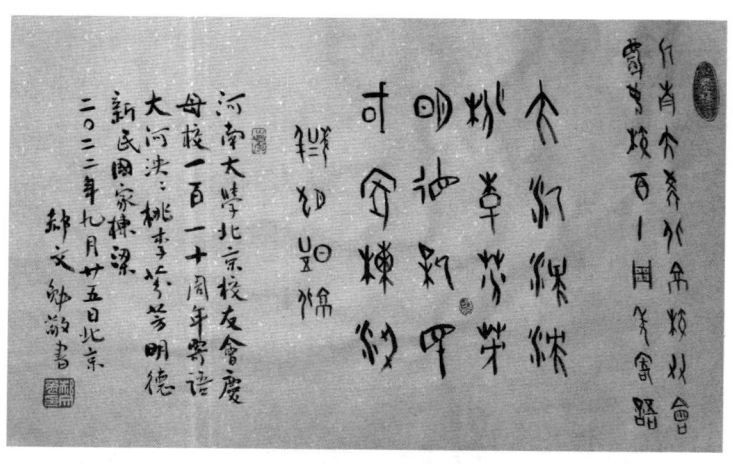

▷ 1978级中文系校友郝文勉书写的北京校友会校庆寄语

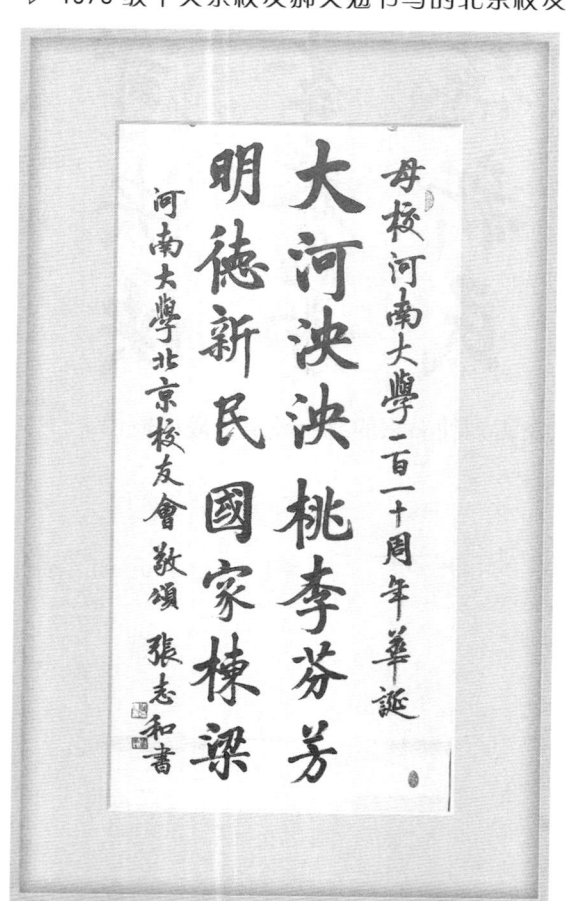

▽ 中文系校友张志和书写的北京校友会校庆寄语

河南大学北京校友会标志设计

河南大学北京校友会标志采用河南大学校徽的基本构图,表现了河大最具地标性的建筑大礼堂,唤起校友们对母校的怀念与感恩。水波图形寓意了黄河的哺育和河大历史的悠久,以及校友对母校的绵绵思念。下部的城墙形态,既是北京地域的长城,也是河大老校区的开封古城墙,寓意在京的河大校友虽远离母校在京工作打拼,但是始终有"错把杭州做汴州"的深深情怀。同时,长城或城墙形象,寓意了河大北京校友会积极工作,团结校友,和校友们一同打造了北京校友齐心协力,众志成城的良好局面。

设计:中华人民共和国香港、澳门区旗区徽设计最高奖得者
九届、十届全国人大代表
国务院政府特殊津贴专家
中国美术家协会会员
北方工业大学艺术学院二级教授   肖红

▷ 1978 级美术系校友肖红设计的河南大学北京校友会标志

▷ 1978级美术系校友肖红为河南大学建校110周年设计的纪念邮票

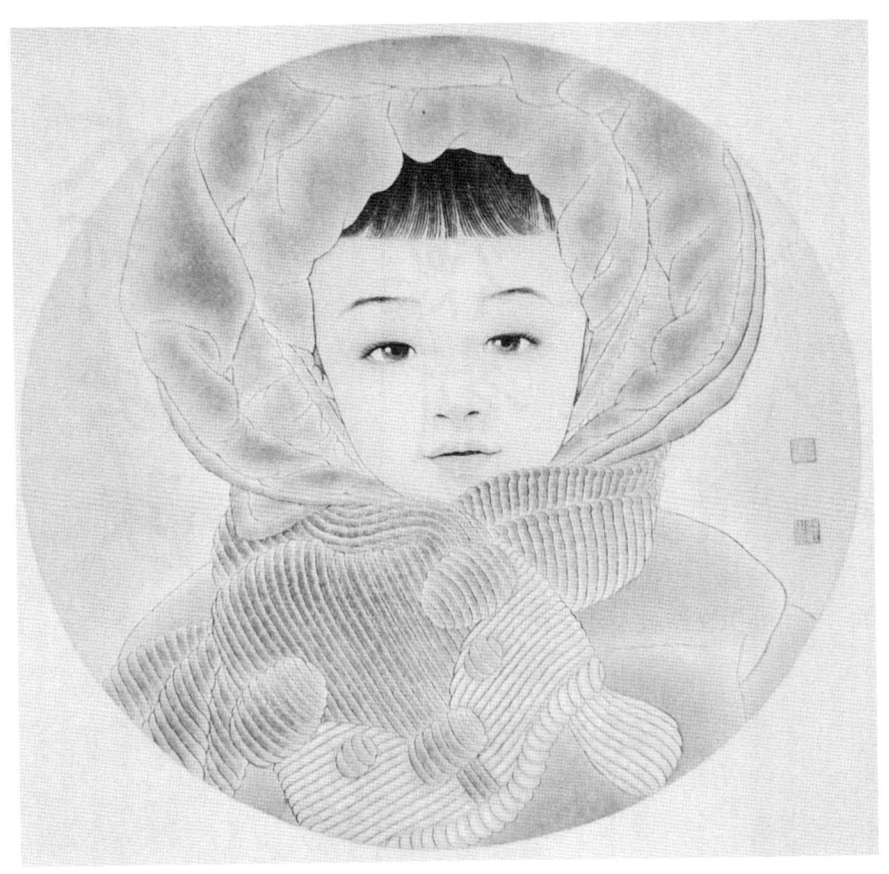

▷ 1988级美术系校友付洛红创作的《工笔人物肖像》

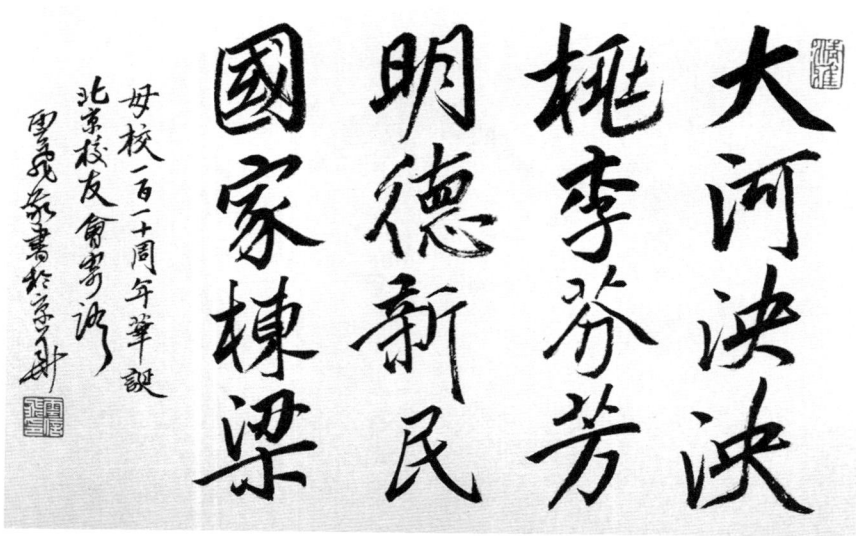

▷ 1991 级中文系校友孟云飞书写的北京校友会校庆寄语

▷ 1991 级中文系校友孟云飞书写的王立群创作的校庆歌曲《我的大学》歌词

▷ 1978 级中文系校友郝文勉书写的王立群创作的校庆歌曲《我的大学》歌词甲骨文书法

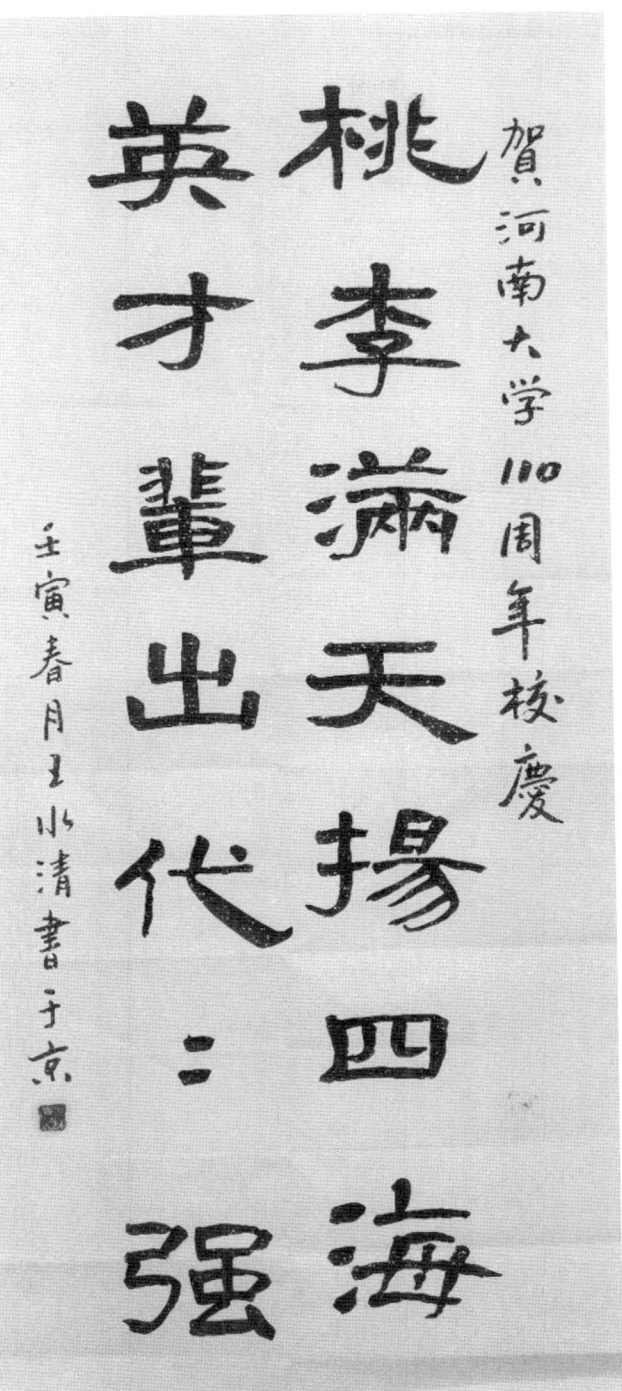

▽ 1992级美术系校友王水清为河南大学110周年创作的书法作品

▽ 1992级美术系校友袁玲玲创作的美术作品《童悦图》

明德京华录

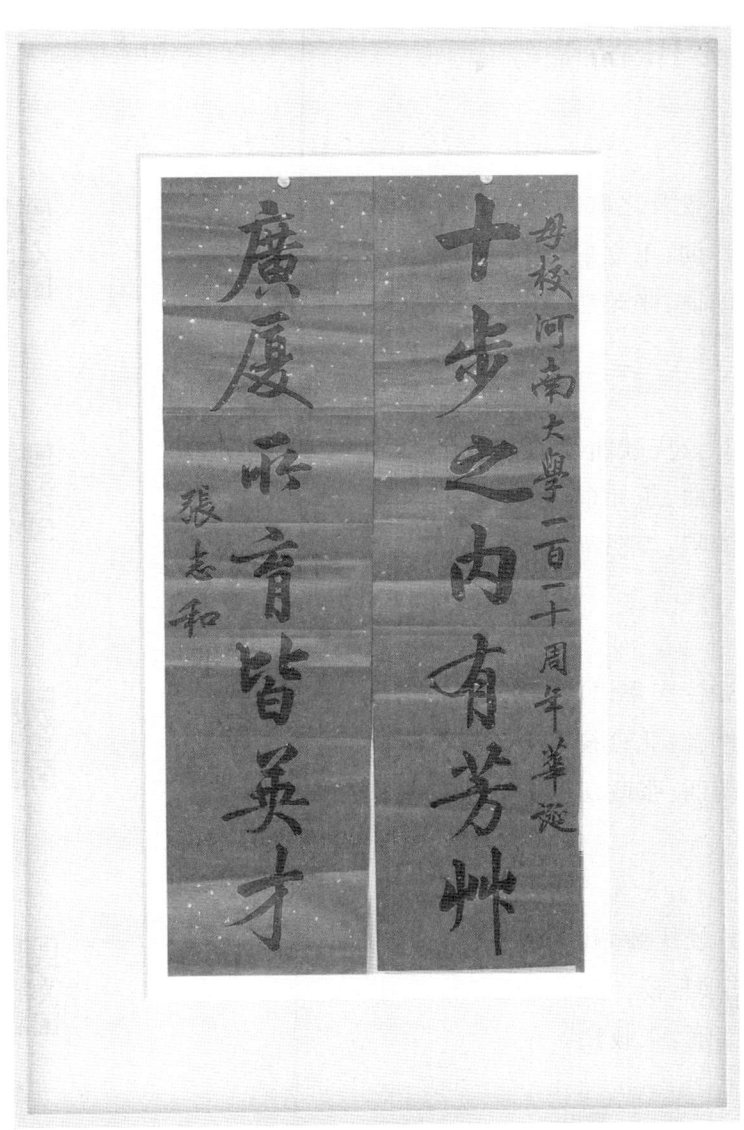

▷ 中文系校友张志和为河南大学 110 周年创作的书法作品

音频作品

1. 校友之歌《我的大学》歌词朗诵
   作词:王立群
   朗诵:张政法

2. 校庆歌曲《我的母校》
   词曲:玺儿(李明玺)
   演唱:李明玺(主唱)　董宏蕾

3. 校庆寄语朗诵
   作者:北京校友会
   朗诵:张政法　李水仙

4. 校庆雕塑《大河泱泱》释词朗诵
   作词:杨　奕
   朗诵:张政法

后 记

薪火永相传，一起向未来

谁言寸草心，报得三春晖。

《明德京华录》是北京校友会为庆祝河南大学110周年编撰的献礼公益之作，内容共分四个部分：访谈录（口述历史）、回忆录、北京校友会志愿者掠影、校友祝福寄语精选暨书法美术和音频作品集锦等。

本书饱含众多校友对母校培养自己成长的感恩之情与祝福之意，也希望借此达到为母校存史的目的。访谈录（口述历史）彰显了"中原文化悠且长"的主题。访谈学校创始人后代与知名校友后代，饮水思源、致敬先贤；访谈当代杰出校友代表，薪火相传、后继有人。回忆录收录了各专业校友情深意长的青春时光与京华岁月初心不改的追梦故事。北京校友会志愿者掠影"反哺母校梦魂牵"则选择代表性校友为母校110周年校庆写词、谱曲、创作纪念雕塑的历程，凸显校友们为母校校庆尽心竭力的赤子真情。而在疫情特殊时期，北京校友们在工作中的抗疫奉献精神，也是对母校精神养育的最好回馈和报答。祝福寄语和书法音频部分"吾校永无疆"是众多北京校友对母校未来的美好祝福。

河南大学折枝成林、辛苦育人，培养出了许多社会精英和栋梁之材，可谓人才济济，遍布华夏，桃李天下，誉满神州。北京是祖国的首都，是政治、科技、文化教育与国际交往的中心。河南大学北京校友会成立于1992年9月，首任会长为岳光鑫校友，秘书长为宋德民校友。北京校友四世同堂、藏龙卧虎、根深叶茂、人才辈出。

广大校友秉承校训,努力奋斗,积极进取,在不同的工作岗位上都以优异的学习成绩和工作业绩回报祖国、反哺母校。他们之中有保卫祖国安定的将校军官和公安战士,有活跃在国家行政管理、经济运行和司法执法中的公务员,有科研院所的研究员、大学教授、中学教师、医务人员,有媒体著名主持人和编辑记者,还有企业创业者与追梦者……每名校友都有独特的励志故事,追梦星辰大海,平凡中蕴含精彩。张锁江校友就是从河南大学走出的中科院院士、杰出校友代表,是践行科技强国的典范,深受大家拥戴。王立群校友也是从河南大学走出的著名文化学者,被群众誉为央视"百家讲坛最佳学术主讲人",是享受国务院特殊津贴的专家。作为杰出校友,他们为母校增光添彩,是河南大学的骄傲,是校友们的学习榜样与人生楷模。

北京校友会非常注重人才梯队组织建设,致力于为校友们提供平等而宽松的公益平台,通过公益活动与日常工作,逐步建立了老中青校友志愿者队伍,微火成炬,薪火相承。母校河南大学90周年校庆,北京校友会献礼了铭刻校训的"京友石";100周年校庆献礼了"京友林""京友亭"与北京校友通讯录,为北京校友工作奠定了扎实的基础与样板。110周年校庆,北京校友会献礼纪念书籍《明德京华录》、雕塑《大河泱泱》、歌曲《我的大学》《我的母校》,以致敬母校与前辈,展示校友风采与赤子情怀。在王立群先生的提议下,北京校友会立项口述历史(访谈录),是饮水思源、薪火相传的具体实践,以此凝聚校友,可谓功德无量。110周年校庆献礼工作一年前开始筹备,从策划、调研、宣传、联系、建立志愿者团队,到培训、分工、组稿、编辑、实施推进等等,都是在疫情的此起彼伏中进行。在北京校友会常务理事会主持下,秘书处与校友志愿者们,不辞辛劳、无私奉献。从耄耋之年到芳华青年,历届校友积极参与本次校庆献礼工程,汇聚了中文、医药护、化学、历史、音乐、美术、法律、外语、新闻传播、生物、物理、数学、教育、体育、经济、建筑等诸多专业的校友。大家群策群力、众志成城,体现了河南大学百折不挠、自强不息的精神风貌与校友们爱国爱校的深情厚谊。也希望更多的校友加入到志愿者队伍,一起弘扬"奉献、友爱、互助、进步"志愿者精神,践行"明德新民,止于至善"的校训。

由于疫情影响与时间仓促,收入这本书的口述历史(访谈录)只是原计划的一部分,希望后续的口述历史(访谈录)更完善更精彩。我们希望凭借这一方式,饮水思源,凝聚校友,达到为母校存史的目的。

大河泱泱、桃李芬芳,明德新民、国家栋梁。这是北京校友会110周年校庆祝福寄语,凝聚了广大校友的赤子心血与博大情怀,也是我们新时代的使命担当。

本书从选题立项到编撰出版都得到了母校各级领导、老师与北京校友会前辈们的热情鼓励与大力支持。在此,编委会衷心感谢河南大学党委宣传部、河南大学校友总会、河南大学出版社的领导,衷心感谢为此辛勤付出的母校老师,也感谢参与写作和编辑的所有志愿者!

在母校110周年校庆之际,衷心祝福母校更强大更美好,祝福祖国繁荣昌盛、国泰民安!

河南大学北京校友会《明德京华录》编委会

2022年7月